Susanne Schaup · Noch nie hab ich so gern gelebt

Susanne Schaup

Noch nie hab ich so gern gelebt

Wandlung durch eine Krebserkrankung

KÖSEL

ISBN 3-466-20442-9
© 1999 by Kösel-Verlag GmbH & Co., München
Printed in Germany. Alle Rechte vorbehalten
Druck und Bindung: Kösel, Kempten
Umschlag: Elisabeth Petersen, München
Umschlagmotiv: Aquarell von Hannelore Clemens-Rau, Rosbach

2 3 4 5 · 03 02 01 00

Gedruckt auf umweltfreundlich hergestelltem Werkdruckpapier
(säurefrei und chlorfrei gebleicht)

Inhalt

Man stirbt an der Angst
und lebt aus der Zuversicht

Henry David Thoreau

Vorwort

Es gibt Zeiten, in denen das Leben aus der Bahn läuft. Nichts ist mehr so, wie es gestern war. Jede Sicherheit stürzt ein und hinterlässt eine Leere, die uns auf uns selbst zurückwirft. Es ist, als wäre einem plötzlich die Lebensbasis genommen. Das kann zuschlagen wie ein Blitz, zum Beispiel wenn ein Mensch erfährt, dass er Krebs hat. Krebs ist ein Unglück, von dem man meinte, es könne nur den anderen zustoßen, nie einem selbst. Aber nun ist es da, und die Welt hat sich mit einem Schlag verändert.

Was im vorigen Jahrhundert die Tuberkulose war, ist heute der Krebs. Er wird ebenso tabuisiert und dämonisiert wie in früheren Zeiten die Schwindsucht. Der Krebs ist der Feind schlechthin, »die Geißel unserer Zeit«. Er kann jeden Menschen in jedem Lebensalter befallen. Er kann jedes Organ angreifen und führt trotz den Fortschritten der Medizin in jedem zweiten Fall zum Tode. Nach dem Herzinfarkt ist er die häufigste Todesursache. Jedes Jahr sterben in Deutschland 200.000 Menschen an Krebs. In Österreich erkrankt jeder vierte, nach anderen Statistiken jeder dritte Mensch an Krebs. Die Tendenz ist steigend. Nach dem Bericht der Weltgesundheitsorganisation werden in den nächsten fünfundzwanzig Jahren doppelt so viele Menschen an Krebs erkranken wie heute. Ob es einen Impfstoff zur Verhütung von Krebs, an dem die Forschung arbeitet, je geben wird, ist ungewiss. Vorläufig hat die Menschheit keine Möglichkeit, sich wirksam gegen Krebs zu schützen. Eine Diagnose auf Krebs ist zwar kein unbedingtes Todesurteil mehr, aber in jedem Fall eine ernste Bedrohung des Lebens. Nach wie vor wird Krebs als ein tödliches und kompromittierendes, ja, geradezu obszönes Leiden empfunden, das einen hinterrücks überfällt und auf heimtückische Weise den Körper zerstört. Da fressen sich Krebszellen in das gesunde Gewebe und vermehren sich hemmungslos, ohne dass der Organismus sich gegen die Eindringlinge wehren kann. Wir wissen, dass der menschliche Körper vom Tag seiner Empfängnis an Krebszellen produziert, doch der gesunde Körper kann sie unschädlich machen. Im geschwächten Zustand ist er dazu nicht in der Lage; die interne Polizei funktioniert nicht mehr. Der Körper wird zum Kriegsschauplatz im Wettlauf mit der Zeit. Eine furchtbare Schlacht wird in den Körperzellen ausgetragen. Der ganze Sprachgebrauch im Zusammenhang mit Krebs zeigt, dass es sich um eine Art von Kriegführung handelt, die oft genug mit der Niederlage, das heißt mit dem Tod des »Opfers« endet. Fast täglich haben die Medien von der Krebsfront Neues zu berichten – nur, was geht es uns an, solange wir nicht davon betroffen sind? Der Mensch ist es gewohnt, die Schattenseiten des Lebens, wie Krankheit und Tod, aus dem Bewusstsein zu verdrängen.

Das wird immer schwieriger, wenn man, wie fast jeder in der heutigen Zeit, einen Bekannten, Freund oder Angehörigen hat, der an Krebs erkrankt ist. Wir nehmen Anteil am Schicksal der Betroffenen, am Verlauf der Behandlung, an ihrer Genesung oder an ihrem Sterben. Immer mehr Literatur erscheint über Krebs, veröffentlicht von Therapeuten, Ärzten oder Patienten oder von Selbsthilfezentren. Es gibt – zumindest in den größeren Städten – ein reichhaltiges psychotherapeutisches Angebot für Krebskranke. So dringt der Krebs immer tiefer in das Bewusstsein der Öffentlichkeit, als ein Schicksal, das jeden betreffen kann, als Leidensweg, als Forschungsgegenstand mit ungelösten Rätseln. Tatsache ist, dass man über Krebs sehr viel mehr nicht weiß, als man aufgrund der intensiven Forschung der vergangenen Jahrzehnte als gesichertes Wissen betrachten kann. Warum stirbt ein Patient trotz gutem Therapieverlauf, während ein anderer mit schlechterer Prognose sich »wie durch ein Wunder« erholt? Auch über die Ursachen von Krebs gehen die Meinungen auseinander. Man nimmt an, dass Erbfaktoren, die Belastung der Umwelt durch Schadstoffe, Lebensgewohnheiten wie Ernährung oder der Missbrauch von Nikotin und Alkohol, ein geschwächtes Immunsystem sowie psychische Komponenten eine Rolle spielen.

Eine Reihe von Faktoren dürfte bei der Auslösung von Krebs zusammenwirken, aber welche es in einem konkreten Fall sind und in welchem Verhältnis sie zueinander stehen, lässt sich mit Bestimmtheit nicht sagen. Es gibt Nikotinsüchtige, die nie an Lungenkrebs erkranken, ein anderer raucht wenig oder gar nicht, und eines Tages wird bei ihm ein Lungenkarzinom diagnostiziert. Nicht immer geht ein Darmkrebs auf eine zu fette, ballaststoffarme Ernährung zurück, obwohl dieser Zusammenhang nahe liegt und oft zutrifft. Der Brustkrebs, die häufigste Krebsart bei Frauen, befällt auch vitale Frauen, die immer gesund gelebt haben. Warum erkrankt ein Mensch an Leukämie, an einem Melanom oder an Lymphdrüsenkrebs? Die letzte Ursache liegt im Dunkeln, es sei denn, der Betroffene findet selbst die Antwort, weil er über sich mehr weiß, als alle medizinischen Untersuchungen ermitteln können. Die Krankheit kann ihre Wurzel in einer allgemeinen Lebenskrise haben, die sich vielleicht seit Jahren angebahnt hat, die man nicht wahrhaben wollte oder nicht bemerkt hat, denn das Leben »funktionierte« ja noch. Es kann sein, dass der Krebs die Krise erst auslöst oder zu Bewusstsein bringt. Zu dem Leidensweg einer Krebstherapie kommt oft die quälende Frage »Warum?«, das schmerzhafte Aufarbeiten von Lebensproblemen, von verkehrten Weichenstellungen und die Notwendigkeit einer Neuorientierung. Krebs kann heißen: in die Vergangenheit blicken, von vorne anfangen, bereit sein zu Umkehr und Neubeginn. Es gibt Hilfen, wenn man sie sucht, aber vor allem ist nötig, dass man selbst forscht, sich selbst in Bewegung setzt und die eigenen Lebensgrundlagen unter die Lupe nimmt: Wie habe ich gelebt? Was war mir wichtig? Habe ich mein Leben so eingerichtet, wie ich wirklich leben möchte? Krebs kann dazu führen, dass man aufhört, sich auf Gegebenheiten auszureden, die das Leben bestimmt haben, auf so genannte Sachzwänge, denen man angeblich unterworfen ist. Wir erkennen vielleicht, dass sie in Wirklichkeit etwas ganz anderes sind: übernommene Meinungen, Einbildungen, die Summe unserer Trägheit und Bequemlichkeit.

Eine schwere Krankheit ist neben der Bedrohung, die sie mit sich bringt, auch eine Chance. Krebs kann in diesem Sinne eine besondere Herausforderung sein. Jeder Mensch hat seinen Krebs, der sich nicht vergleichen lässt mit einer, medizinisch gesehen, identischen Erkrankung, die ein anderer hat. Krebs ist, wie die amerikanische Essayistin Susan Sontag in Anlehnung an Wilhelm Reich schrieb, eine »wildgewordene Energie«, die sich gegen den eigenen Organismus richtet.[1] Wenn wir sie doch auffangen und in andere Bahnen lenken könnten, statt uns von ihr zerstören zu lassen. Krebs kann eine große Erfahrung sein, eine Mobilisierung psychischer und geistiger Kräfte, eine Öffnung und Entdeckung von Neuland. Wer diese Erfahrung einmal gemacht hat, gewinnt ein anderes Verhältnis zu seinem Krebs. Er ist nicht nur der Feind, nicht nur das Böse schlechthin, das Elend der Therapie und der reduzierten Kräfte. Er ist auch ein Lehrmeister, wie Elisabeth Kübler-Ross, die Tausende von Krebskranken begleitet hat, immer wieder sagte. Er kann auch heilsam sein und dazu führen, dass wir Heilung, Heilwerden auf eine neue Weise erfahren. Krebs ist nicht nur etwas Erlittenes, das eine Opferhaltung fordert, sondern auch ein Erlebnis, an dem ein Mensch aktiv beteiligt sein kann. In den Unwägbarkeiten des Krankheitsverlaufs ist das nicht immer möglich, aber hin und wieder, in einer guten Stunde, in einem Augenblick vielleicht, und durch diesen Augenblick der Einsicht – oder der Gnade – verändert sich die Krankheit. Sie wird zum persönlichen Weg, den ich als den meinen angenommen habe. Die Not ist damit nicht verschwunden, aber es tritt ihr etwas anderes zur Seite. Sie ist nicht mehr der schwarze Abgrund, der mich zu verschlingen droht, sondern es gibt einen Weg hinüber auf die andere Seite der Angst.

Von einer solchen Erfahrung möchte dieses Buch berichten. Während meiner Erkrankung hat der Gedanke, anderen diese Erfahrungen mitteilen zu können, mir viel bedeutet. Dieses Jahr des Ausnahmezustands wird nicht verloren sein. Wenn ich es überstehe, werde ich etwas mitnehmen können in das wiedergeschenkte Leben, für mich selbst und für andere.

Dieses Jahr wird nicht nur ein Einbruch sein, ein unersetzlicher Verlust an Lebenszeit, sondern es hat mir etwas gebracht, wozu die Krankheit offenbar nötig war. Ich möchte dies einen Zuwachs an Lebensintensität nennen; ein Bewusstsein, noch auf einer anderen Ebene als der des konkreten Lebensvollzugs zu leben, diesen jedoch ernster zu nehmen und seine Möglichkeiten besser auszuschöpfen. Anders gesagt, ich habe heute mehr Lust zu leben als früher. Etwas ist weiter geworden in mir, und ehe ich heute eine Begrenzung meines Lebens akzeptiere, sage ich mir: Schau hin. Gehört das wirklich zu dir?

Die Bedrohung durch die Krankheit ist nicht restlos aufgehoben. Wer einmal Krebs gehabt hat, wird von dem Gedanken, dass er wiederkommen könnte, nie ganz frei sein. Trotzdem, es ist das Bild der Gesundheit, das ich in mir trage und jeden Tag bewusst erneuere. Krebs ist nicht mehr das Tabu, das er vor meiner Erkrankung auch für mich war. Anderen Krebskranken gehe ich nicht aus dem Wege, wie viele es tun, um jede Berührung mit dem Dämon Krebs zu vermeiden. Auch äußerlich habe ich mich verändert, aber eine Ähnlichkeit, so hoffe ich, wird künftig noch zunehmen – diejenige mit mir selbst, mit der Person, die ich wirklich bin oder werden soll.

So wünsche ich mir, dass die Geschichte dieser Erkrankung auch für andere einen Sinn haben möge. Wie viel Glück, ich könnte auch sagen, Gnade mir zuteil wurde, ist mir bewusst. Die Krankheit hätte auch einen ungünstigen Verlauf nehmen können. Die Kraft, zu reflektieren und meine Erfahrungen niederzuschreiben, hätte mich verlassen können. Dass das nicht der Fall war, danke ich dem Leben und der »anderen« Wirklichkeit, die mich berührt hat. Jeder Weg, auch der durch eine Krankheit, vollzieht sich in einzelnen Schritten. An seinem Anfang aber steht ein Blitz aus heiterem Himmel.

1 Ein Blitz aus heiterem Himmel

Nie hätte ich mir träumen lassen, dass ich einmal Krebs bekommen könnte. Das alte Stadthaus, in dem ein Teil der weit verzweigten Familie seit Generationen lebt, heißt in der Nachbarschaft das »Krebshaus«, weil immer wieder jemand darin an Krebs gestorben ist. Aber was kümmert mich das, da ich nur wenige Jahre meines Lebens in diesem Haus verbracht habe und unter meinen nächsten Angehörigen bis jetzt niemand an Krebs erkrankt ist?

Keiner der äußeren Faktoren, die mutmaßliche Auslöser von Krebs sind, liegt bei mir vor. Ich lebe gesund, ernähre mich vernünftig, rauche nicht und trinke außer bei geselligen Anlässen wenig Alkohol, und auch dann nur mäßig. Ich atme verhältnismäßig gute Luft, da ich das Glück habe, in einem grünen Stadtteil zu wohnen. Von meiner Haustür ist es nur ein Sprung in den größten und schönsten Park, die »grüne Lunge« unserer Stadt, wo ich oft spazieren gehe. Mein Beruf erlaubt mir, meine Zeit selbst einzuteilen, und damit fällt mancher Stress weg, der für andere Menschen eine Belastung ist. Seit geraumer Zeit, wohl schon seit einigen Jahren, registriere ich lediglich eine gewisse Mattigkeit, die ich auf die Wechseljahre zurückführe. Da ist diese lästige Energielosigkeit, ein Mangel an Antriebskraft, von dem ich immer meinte, dass er mit Willenskraft und Disziplin zu überwinden sei. Außerdem bin ich anfällig für Erkältungskrankheiten. Mit zwei Grippen oder mindestens einer Bronchitis im Jahr ist zu rechnen, und dann werde ich den Husten oft wochenlang nicht los. Viele Menschen haben einen gesundheitlichen Schwachpunkt. Dieser ist meiner. Damit lässt sich leben.

Als ich nach einer leichten Lungenentzündung auf den Rat meines Hausarztes eine Röntgenpraxis aufsuchte, erlebte ich einen Schock. Der Arzt klemmte das Röntgenbild gegen die

Leuchtplatte und zeigte mir einen großen Lichtfleck an meinem linken Lungenflügel. Wie hübsch das aussieht, dachte ich einen Augenblick, dieser helle Fleck auf dem dunklen Lungenlappen, wie eine Blume. Der Arzt erklärte mir, dass es sich bei diesem Lichtfleck um eine »Raumforderung«, wie es im medizinischen Jargon heißt, von circa vier Zentimeter Durchmesser handelte, mit anderen Worten um einen Tumor. Er sah mich ernst an und sagte: »Sie sind sehr krank.« Eine Computertomographie, bei der mein ganzer Körper Millimeter für Millimeter durchleuchtet wurde, ergab, dass der Tumor noch nicht gestreut hatte, das heißt, es waren noch keine Metastasen vorhanden. Metastasen! Ich hatte doch nur eine unbedeutende Lungenentzündung gehabt, nicht viel schlimmer als eine schwere Grippe. Noch war das Wort »Krebs« nicht gefallen. Immerhin bestand die Möglichkeit, dass der Tumor gutartig war. Es musste ja nicht gleich das Schlimmste sein. Schließlich rauchte ich nicht und hatte auch nicht abgenommen. Im Gegenteil, ich hatte in letzter Zeit sogar etwas an Gewicht zugelegt und sah nach dem Urteil meiner Bekannten blühend aus.

Eine Bronchoskopie wurde angeordnet, um aus den Bronchien Gewebe zu entnehmen und histologisch zu untersuchen. Sobald wie möglich sollte operiert werden, am besten gleich.

Es war ein schöner Tag im Herbst. Die Stadt, in der ich so gerne lebe, hatte noch einmal einen goldenen Schimmer, bevor die Kälte einbrechen und die Blätter fallen würden. Ich kam aus der Arztpraxis und schwang mich wie gewohnt auf mein Fahrrad. Hatte sich denn etwas verändert? Es fiel mir schwer, das, was ich eben gehört hatte, zu diesem wunderschönen Tag in Beziehung zu setzen, zu meinen Plänen, zu den Besorgungen, die ich machen wollte. Wie konnte es sein, dass alles, mein Lebenszusammenhang sich mit einem Schlag, praktisch von einer Minute auf die andere, verändert hatte? Ich war doch dieselbe, die vor einer knappen Stunde das Fahrrad hier abgestellt hatte, durch diese Tür gegangen und wieder herausgekommen war. Ich spürte nichts von dem Ding, das sich auf dem Röntgenbild als Lichtfleck manifestierte. Vielleicht war es gar nicht wirklich in mir, sondern ein Phantom, der diabolische Reflex eines technischen Irrtums. Auch Apparate können sich irren.

Wie betäubt fuhr ich den schmalen Radweg neben der verkehrsreichen Straße entlang, stieg mechanisch ab, als die Ampel auf Rot schaltete, und setzte mich bei Grün wieder in Bewegung. Plötzlich stieg ein Gefühl der Kälte in mir hoch, und ich spürte einen Drang, das Geburtstagsgeschenk für mein Patenkind, das erst in einem halben Jahr fällig war, noch heute zu besorgen. Unabhängig von meinem Willen empfand ich eine Nötigung, an dem Tag möglichst viel zu erledigen, weil später vielleicht keine Zeit mehr dafür bliebe. Zu Hause angekommen, benachrichtigte ich einige mir nahe stehende Menschen und beschloss, mein Testament in Ordnung zu bringen. Vor längerer Zeit hatte ich eines aufgesetzt und sowieso vorgehabt, noch Ergänzungen anzubringen. Als ich damit fertig war und mich ein wenig hinlegte, kam mir plötzlich zu Bewusstsein, wie leer meine Wohnung war, wie weit entfernt die vertrautesten Gegenstände gerückt waren. Als hätten diese Dinge, mein Schreibgerät, das Kissen, auf dem ich lag, die Teekanne, meine Küchenutensilien, keine Beziehung mehr zu mir, als hätten sie mich aufgegeben, da ich sie vielleicht bald nicht mehr brauchen würde.

Es ist, als wäre ich in eine andere Wirklichkeit eingetreten. Zwischen dem Befund und dem Termin der Bronchoskopie liegt eine Woche. Am darauf folgenden Tag soll ich operiert werden. Etwas in mir protestiert: Das geht mir alles zu schnell. Ich brauche Zeit, um mich darauf einzustellen, dass ich ernsthaft krank bin. Ich versuche, mich auf eine Arbeit zu konzentrieren, die ich mir vorgenommen habe. Auch wenn ich sie erst, wer weiß wann, beenden kann, will ich doch wenigstens damit anfangen. Dann überkommt mich wieder die Mattigkeit, die mir schon so lange zusetzt – wie lange schon? Es muss Jahre her sein, seit ich zum letzten Mal auf einen Berg gestiegen bin. Das Steigen ermüdete mich, und so vermied ich es. Einige Jahre hielt ich mich mit Tanzen fit, dann gab ich es auf, aus Zeitmangel und weil die körperliche Bewegung mir nicht mehr dieselbe Freude machte wie früher. Was ist geschehen? Bin ich einfach träger geworden? Innerlich bin ich es nicht, aber ich verbringe zu viel Zeit an meinem Schreibtisch. Früher ging ich viel spazieren und unternahm auch alleine längere Wanderungen, den Fluss entlang, der durch unsere schöne Stadt fließt, oder in den bayerischen Bergen. Auch das Wandern habe ich aus verschiedenen Gründen eingeschränkt, und dazu kommt, dass meine Füße begonnen haben, mich zu schmerzen, wenn ich länger als eine Viertelstunde gehe. Vor einiger Zeit hinderten mich Schmerzen im Rücken oder im Kreuz daran, mehr Bewegung zu machen. Im Urlaub werde ich das ausgleichen, denke ich immer, Sonne und Meer bringen mich wieder auf die Beine. Aber zu einem Urlaub ist es schon seit längerem nicht mehr gekommen. Ich kann mir keinen Urlaub leisten. Da ist die etwas größere Wohnung, für die ich dreimal so viel Miete bezahle wie für das kleine Appartement von früher, Aufträge müssen erfüllt werden, Termine drängen. Mein Alltag hat sich so eingependelt, dass ich mit wenigen Unterbrechungen an meinem Schreibtisch vor dem Computer sitze. Schon zweimal habe ich den Frühling und den Sommer ins Land gehen sehen, ohne richtig auszuspannen. Es gab Signale, die mir sagten, dass es an der Zeit war, innezuhalten, aber ich überhörte sie. Ich ging der Mattigkeit und den in meinem Körper wandernden Schmerzen nicht nach. Da sind die verschleppten Grippen, die mich auf Reisen erwischten und nicht auskuriert werden konnten. Mit einer schweren Bronchitis bin ich durch den Sinai getreckt und habe mich in den eisigen Wüstennächten unter freiem Himmel jede Nacht von neuem erkältet. Nach solchen Abenteuern wurde die Mattigkeit, die Zerschlagenheit an allen Gliedern, die mich ständig begleitet, immer ein Stück größer. Ärztliche Untersuchungen ergaben keinen nennenswerten

Befund. Ich ließ mich behandeln und vertraute im Übrigen auf meine Hausmittel. Ich suchte Orthopäden auf wegen der Schmerzen im Rücken und in den Füßen, ließ mir Spritzen geben und versuchte es mit Gymnastik, doch ohne Erfolg. Die Schmerzen wanderten zeitweilig in die Schulter, dann in den Oberschenkel, und auch die bequemsten Schuhe schienen meine Füße zu malträtieren.

Was ist los mit mir? Irgendetwas stimmt nicht mit meinem Körper. Seit dem erschreckenden Röntgenbefund sind einige Tage vergangen. Ich fange an nachzudenken. Warum habe ich das Ding da in der Lunge bekommen, obwohl ich nicht rauche? Danach hat der Röntgenologe gleich gefragt, aber ich konnte guten Gewissens verneinen. Der Tumor, wenn es denn einer ist, sitzt nahe an meinem Herzen. Ich muss zugeben, seit Jahren hat mir so manches »das Herz abgedrückt«.

Einige Tage vor dem Befund träumte ich, dass mir ein kompaktes, fest verschnürtes Fleischpaket vor die Füße geworfen wurde. Da liegt es, und ich spüre, dass dieses Paket mit mir zu tun hat. Ich nehme ein Messer zur Hand und versuche, daran herumzuschnipseln, um es von seiner Hülle zu befreien und zu sehen, was sich in seinem Inneren befindet. Es ist schwere Arbeit, und so sehr ich auch stochere und schneide, die Verpackung will nicht nachgeben. Dann dringe ich endlich zu einem Innenraum vor, einer Höhlung voll von verrottetem Gerümpel, wie man es im Wrack eines versunkenen Schiffes finden könnte. Das Bild taucht mehrmals auf und lässt mich nicht los.

Ich weiß, dass ich viel »Gerümpel« mit mir herumschleppe, einen alten Schmerz, den ich nicht loslassen kann. Wenn ich mich in eine interessante Arbeit oder in eine neue Begegnung stürze, meine ich, ich sei darüber hinweg, denn ich will ihn ja loswerden, aber dann taucht er wieder auf, verfolgt mich im Schlaf bis in meine Träume, und morgens wache ich mit schwerem Herzen auf. Ich ertappe mich dabei, dass ich beim Atmen unwillkürlich seufze, dass mein Atem flach und gepresst geht. Wann habe ich zum letzten Mal tief und wohlig durchgeatmet? Seit Jahren, angeregt durch Autogenes Training und Yoga, übe ich das bewusste Atmen. Jeder Atemzug, vom Unterleib bis zum oberen Brustraum, vermittelt mir ein tiefes Wohlgefühl, das ich schon lange nicht mehr gespürt habe. Dann vernachlässigte ich die Übungen. In diesen Tagen, nach dem Schock des Röntgenbefunds, beginne ich wieder zu üben und nehme mir die Bücher von Hetty Draayer vor, der holländischen Atemtherapeutin, die mir schon einmal geholfen hat.[2]

Der Mensch gerät »außer Atem«, wenn er gehetzt und gestresst ist. Wie habe ich es nur geschafft, mich in einen Dauerstress zu manövrieren? Schon lange fühle ich mich gehetzt, weniger aus äußeren als aus inneren Gründen – aus Ungeduld, aus einem Gefühl der Unzulänglichkeit oder Unzufriedenheit mit mir selbst. Wahrhaftig, es hat sich manches Gerümpel in meinem Leben angesammelt. Das Bild des riesigen Fleischpakets, säuberlich verschnürt und vor mich hingeschleudert, drängt sich wieder vor mein inneres Auge. Da sieh dir den Mist an! Im Inneren des Pakets ist tatsächlich lauter verrotteter Mist. Vor einiger Zeit habe ich in einer akuten Not einiges davon mit Hilfe eines kinesiologisch arbeitenden Therapeuten entrümpelt. Könnte es sein, dass diese Arbeit einen Prozess ausgelöst hat, durch den das, was mir auf der Seele liegt, sich nun körperlich manifestiert? Vielleicht musste das Übel »zur Darstellung kommen«, wie es in dem Befund heißt, und sich als Knoten in meiner Brust materiell verdichten.

Mir kommt zu Bewusstsein, dass ich mich in der Vergangenheit manchmal heimlich nach einer Krise gesehnt habe – damit die Dinge sich klären, damit die innere Hetze ein Ende hat. Jetzt hat sich ereignet, worum ich gebeten habe. Es ist wichtig, Ruhe zu bewahren und auf das zu hören, was mein Inneres mir sagen will. In den ersten Tagen nach dem Befund schwankt meine Stimmung ständig.

8. November

Um 8 Uhr früh bin ich bei meinem Internisten zur Blutabnahme bestellt. Es ist ein föhnig klarer Morgen, und ich fühle
mich ganz wohl. Die Nacht war gut, ich habe kein Fieber
mehr, und der Husten ist abgeklungen. Auch die heftige, seit
Tagen andauernde Blutung hat fast aufgehört. Ich habe drei
Briefe geschrieben und mein Testament neu aufgesetzt.

Jetzt ziehen dunkle Wolken auf mit hellen Rändern und
Rissen, durch die der blaue Himmel scheint. Die schon kahlen
Äste bewegen sich im Wind. Wie schön ist das alles, mein
sonnendurchflutetes Zimmer mit den blühenden Pflanzen.
Auf meinem Balkon blühen noch Margeriten, Bethunien und
Geranien, wenngleich schon recht ausgewachsen und vom
Wind zerzaust. Es ist ein solcher Frieden hier, aber ich vergesse
keinen Augenblick, dass mir etwas bevorsteht, das diesen
Frieden zerreißen könnte. Vergangenes drängt sich in meine
Gedanken und sucht einen Zusammenhang mit der Gegenwart. Wie ist mein Leben frostig geworden. Vor einem Jahr
empfand ich eine große Dürre und Einsamkeit. Ich habe eine
schöne, neue Wohnung bezogen, habe eine Menge anregen-
der Arbeit und einen Freundeskreis, der mir viel bedeutet. Was
will ich mehr? Warum kann ich in der Fülle, die mich umgibt,
meine Kost nicht finden? Eine Einsamkeit, die niemand mir
ansieht, hat sich wie Frost auf mein Leben gelegt. Ja, ich habe
einen Verlust erlitten. Das ist mein schwärzester Kummer – zu
wissen, dass ein Mensch lebt, der für mich tot ist, weil es den,
für den ich ihn hielt, nicht gibt, vielleicht nie gegeben hat.
Daraus ist ein unentwirrbarer Knoten aus Enttäuschung,
Scham- und Schuldgefühlen entstanden, eine Liebe, die ins
Leere läuft, die niemanden wärmt und mich verbrennt. Dann
kam der Zorn, auf mich selbst, auf ihn, auf alles, und hinterließ
eine Leere, eine brütende Einsamkeit, an der ich würgte, an
der ich immer noch würge. Darüber zu sprechen erleichterte
mich nicht, und so schwieg ich, und die Leere fing an, sich auf
andere Dinge, andere Freundschaften zu legen und alles mit
sich zu reißen, bis ich an nichts mehr Freude fand, nicht einmal

an meiner Arbeit, die immer viel mehr für mich war als ein Broterwerb. Oft denke ich an den Satz von H. D. Thoreau: »Es gibt kein Mittel gegen die Liebe, als noch mehr zu lieben.« Aber das vermag ich nicht. Mir fällt auf die Seele, dass es trotz meinen Freundschaften, trotz den geistigen Anregungen, interessanten Erlebnissen und viel spontaner Herzlichkeit und Wohlwollen einzelnen Menschen gegenüber, wenig wirkliche Liebe in meinem Leben gibt. Das erschreckt mich. Der Zustand der Liebelosigkeit bedeutet Stillstand, Erstarrung, Lähmung des Herzens, Depression. Ist das nicht die Wurzel der Verdüsterung, der Arbeitshemmung, gegen die ich seit einiger Zeit ankämpfe? Ohne es zu merken, begann ich, mich nach einem anderen Leben zu sehnen. Manchmal ahnte ich, dass das Dunkel noch dichter werden, dass ich krank werden könnte.

Dann erfuhr ich, dass die Schwester dessen, den ich verloren habe, an unheilbarem Krebs erkrankt war und nicht mehr lange leben würde. Da erfasste mich eine große Traurigkeit. Ich dachte an diese Frau, die ich nicht kannte, betete für sie und schickte ihr heilende Gedanken. Ihr Leiden und Sterben ging mir nahe, als wäre es meine eigene Schwester. Was konnte ich tun, um ihr zu helfen? Manchmal dachte ich, dass sie auf eine geheimnisvolle Weise an meiner Stelle erkrankt ist. Ich bin gemeint, aber sie hat es getroffen.

Es war eine Traurigkeit zum Tode, mit der es noch eine andere Bewandtnis hat. Als Übersetzerin mehrerer Bücher von Elisabeth Kübler-Ross sollte ich zu ihrem 70. Geburtstag ein kleines Buch zur Würdigung ihres Lebenswerks verfassen. Die Arbeit drängte, und ich stand unter Termindruck. Als ich mich wieder in die Bücher vertiefte, die mich einmal so stark berührt haben, erfassten mich die einzelnen Sterbephasen, wie Kübler-Ross sie schildert, als müsste ich selbst hindurch. Schon beim Übersetzen war ich ihnen nahe gekommen, aber jetzt empfand ich die Todesnähe als ein Faktum. Es war, als läge die Phase des Grauens und der Angst schon hinter mir. Jetzt herrschte nur noch unsägliche Trauer, das vorletzte Stadium im Prozess des Sterbens. – Heute frage ich mich, ob das die Vorboten des Geschehens waren, das mich ein Jahr später treffen sollte wie ein Blitz aus heiterem Himmel.

Eines Tages fiel diese Traurigkeit von mir ab. Ich fühlte mich weniger elend und stand morgens unerwartet frisch auf. Vielleicht werden wir im Schlaf an einen Ort geführt, wo Heilung stattfindet, und nach dem Aufwachen wissen wir nichts mehr davon. Damals stieg mir eine Ahnung auf von einer Liebe zu allem Seienden, die ich in der Vergangenheit nur empfunden habe, wenn ich liebte. Ich nenne diesen Zustand den »Silberblick«. Er war beseligend, aber er hielt nie lange vor. Könnte es sein, dass diese Erfahrung wiederkehrt, dauerhafter, durch eine andere Art der Gipfelerfahrung – die Todesnähe? Zum Tode muss man reif werden, und das Erlebnis einer Traurigkeit zum Tode erscheint mir aus heutiger Sicht wie ein Vorgriff auf eine Wirklichkeit, die ein Jahr später – jetzt – mit dieser noch ungeklärten Erkrankung einsetzt. Muss ich krank werden, um reifen zu können, weil nichts anderes mehr hilft? Ist nicht jeder Schritt einer inneren Entwicklung mit Angst und Trauer verbunden? Das Alte wehrt sich vehement gegen Reifwerden und Wandlung. In einem Buch von E. Kübler-Ross steht der Satz: »Unsere Erfahrung der Reife ist erfüllt von Angst und belastet mit dem Gefühl der Gefahr, mit Erregung und dem Gefühl der Erfüllung, mit Schmerzen und mit Freude.«[3]

Das Jahr vor meiner Erkrankung war schwer. Ich arbeitete zu hart und unter Zeitdruck, gönnte mir zu wenig Erholung und stand im Bann von äußerlich unbegreiflichen Geschehnissen. Wie immer ich mir diese Traurigkeit zum Tode zu erklären suche, letztlich ist alles nur Mutmaßung. Ich kenne die wahren Gründe nicht, warum dieses Jahr so aus dem Rahmen fiel. Etwas kündigte sich an – was, warum? Nach außen hatte mein Leben sich nicht geändert. Es gab Zeiten, in denen ich fröhlich war, wenn ich ausging, Besuche machte, Musik hörte, einen guten Film sah, zu Tagungen fuhr, hin und wieder einen Vortrag hielt und mit Freunden ein Fest feierte.

Nur manchmal, etwa im hektischen Gedränge eines Kaufhauses, kam ich mir abhanden. Der aggressigve Sog der Warenwelt erfasste mich und spie mich aus mit Dingen in Plastiktüten, die ich nicht haben wollte und nicht brauchte. Nach jedem Kaufhausbesuch war ich schwindlig und niedergeschlagen. So geht das nicht weiter, sagte ich mir. So kannst du nicht mehr leben.

Tage nach dem Röntgenbefund schwanke ich zwischen der Zuversicht, dass der »Tumor« sich als harmlos erweisen würde, und der erschreckenden Möglichkeit, dass es sich um ein Lungenkarzinom handeln könnte.

Ich bereite mich innerlich auf die Operation vor und bemühe mich, Tritt zu fassen in regelmäßigen Atemübungen und Meditationen nach den Anleitungen von H. Draayer. Wie habe ich meine Füße vernachlässigt, den Kontakt zur Erde, bis ich nicht mehr laufen konnte. Zu der noch nicht ganz abgeklungenen Lungenentzündung ist eine Rippenfellentzündung gekommen, und ich habe Wasser in der Lunge. Wenn mich beim Üben der Husten überfällt, habe ich Hettys Mahnung im Ohr: »Unten bleiben, von der Beckenschale her atmen, dann muss man nicht husten.«

Wie soll ich in diesem Zustand eine Bronchoskopie durchstehen, bei der eine Plastiksonde durch die Nase und die Luftröhre in die Bronchien eingeführt wird? Mir graut davor.

Dann kommt plötzlich alles anders.

2 Ein Experiment: Der Heiler

An dem Wochende, bevor ich zur Bronchoskopie antreten soll, ruft eine Bekannte an und berichtet mir von einem Heilpraktiker, der ihr und einem ihrer Freunde sehr geholfen habe. Er arbeitet mit Körperschwingungen und braucht einen Patienten nicht einmal zu sehen. Es geht alles über das Telefon. Ob ich ihn nicht anrufen möchte, bevor ich mich der Medizin ausliefere? Ich zögere. Im Grunde vertraue ich der wissenschaftlichen Medizin und bin stolz auf die Reihe prominenter Ärzte in meiner Verwandtschaft. Warum soll ich mich auf eine Alternative einlassen? Es gibt unter den selbst ernannten Heilern bekanntlich viele Scharlatane. Aber dann rufe ich den mir empfohlenen, unbekannten Heiler doch an. Er versichert mir, dass ich nichts Schlimmes habe, auf keinen Fall Krebs, und »Operieren wäre Wahnsinn«. Allerdings sei ich krank aufgrund der hochgradigen Übersäuerung meines Körpers. Davon habe ich noch nie etwas gehört. Er rät mir zu einer radikalen Umstellung auf eine basische Ernährung mit ein bis zwei warmen Einläufen pro Tag. Nach einer Woche könne ich die Einläufe weglassen, solle aber für eine längere Zeit auf eine Reihe von Nahrungsmitteln verzichten: Zitrusfrüchte, Milchprodukte, Zucker in jeder Form, auch Honig, Fett außer kaltgepresstem Olivenöl. Nur Vollkornbrot, Dinkel und braunen Reis mit gedüngstetem Gemüse und bestimmte basische Kräutertees will er mir erlauben. Ich beschließe, ein zeitlich befristetes Experiment mit dieser drastisch eingeschränkten Ernährungsweise zu machen, und sage die Bronchoskopie und die Operation vorerst ab.

Ich bin beeindruckt von dem, was Herr F. mir am Telefon erzählt, wie er sich vor elf Jahren nur durch Diät von einem Darmkrebs geheilt habe. Die Ärzte wollten ihm die Hälfte seines Darms herausschneiden, aber er verweigerte die Operation und machte sich auf die Suche nach alternativen Wegen der Heilung. Er las alles über Ernährung, was er finden konnte, und begann, sich selbst eine Diät zu verordnen, um die Übersäuerung, ein weit verbreitetes Übel unserer Zivilisation, durch basische Nahrungsmittel auszugleichen. Damit leitete er einen Heilungsprozess ein, der schließlich zu seiner vollkommenen Gesundung führte.

Warum soll ich ihm nicht glauben? Der Mann, dessen Rat ich probeweise befolgen will, klingt aufrichtig, und seine schlichte, sachliche Ausdrucksweise ist mir sympathisch. Er stellt keine Honorarforderung, sondern überlässt meinem Ermessen, was ich ihm für die Konsultation geben will. Auf keinen Fall ist er einer von den geldgierigen Scharlatanen, von denen man immer wieder in den Medien hört. Über die Schwingungen meines Körpers hat er massive Entzündungen im Darmbereich, in der Speiseröhre und einer Nebenniere festgestellt, außerdem eine Entzündung beider Lungenflügel, und meine linke Lunge sei voll Wasser. Ich hatte ihm nicht mitgeteilt, dass ich eine Lungenentzündung und eine Pleuritis noch nicht ganz überstanden habe. Wenn ich recht überlege, habe ich seit Jahren gewisse Darmbeschwerden, ohne zu wissen, woran es liegt, da ich mich, wie ich meine, gesund ernähre. Nach der Meinung von Herrn F. hängen alle meine Probleme mit dem Darm zusammen, auch die Verknotung an der linken Lunge. Von einem Tumor will er nichts wissen, schon gar nicht von Krebs.

Ist es möglich, dass die Grunderkrankung gar nicht das Gewächs an der Lunge ist, sondern der erkrankte Darm? Können die »wandernden Symptome«, die Schmerzen im Rücken und in den Füßen, sowie meine unregelmäßigen, starken Blutungen nicht auch darauf zurückzuführen sein? Vielleicht hat Herr F. Recht, und alle diese ungeklärten Beschwerden, samt der ominösen »Raumforderung« an meiner Lunge, hängen miteinander zusammen. Kein Arzt, den ich kenne, vertritt eine solche Ansicht. Jeder Mediziner geht von seiner Fachdisziplin aus, nicht von der Wechselwirkung aller organischen Funktionen. Hier steht, so scheint mir, die Schulmedizin der intuitiven Diagnose eines Heilpraktikers gegenüber, der sich auf seine unorthodox erworbenen Kenntnisse, seine Intuition und seine Erfahrungen, nicht zuletzt auf die seiner Selbstheilung, verlässt. Soll ich mich wirklich auf ihn einlassen?

Es sprechen genug Gründe dagegen, aber es spricht auch manches dafür. Wenn es tatsächlich einen Weg gibt, ohne Operation und noch schlimmere Maßnahmen gesund zu werden, so ziehe ich diesen Weg der konventionellen Medizin vor. Auf jeden Fall brauche ich mehr Zeit, um mich zu entscheiden, und in der begrenzten Frist von einigen Wochen kann ich es mit den Ratschlägen des Heilers immerhin versuchen.

Eine Freundin, die mit dem Pendel umzugehen versteht, bestätigt mir Herrn F.s Ansicht. Sie hat mir schon mehr als einmal einen guten Rat gegeben. Ich spreche selten darüber, weil ich weiß, wie die meisten Menschen über solchen »okkulten Unfug« denken. Meine Freundin ist eine vernünftige, klar denkende Person, die neben ihren rationalen Fähigkeiten auch diese andere besitzt, eine intuitive Klarsicht, wenn sie ihr Pendel in Bewegung setzt. Auch sie meint, dass ich zwar krank und dass eine gewisse Verknotung an der Lunge nicht wegzuleugnen sei, dass es aber keiner Operation bedürfe.

Ich befolge Herrn F.s Anweisungen genau, und schon nach einer Woche fühle ich mich wohler, leichter und beweglicher. Das Druckgefühl im Magen und die Blähungen verschwinden nach wenigen Tagen. Auch die lähmende Gliederschwere bessert sich. Natürlich bin ich nicht ganz gesund, schließlich laboriere ich noch an den Folgen einer Lungenentzündung und Pleuritis. Ich habe leichtes Fieber und Nachtschweiß, aber mein Zustand stabilisiert sich zusehends. Da ich schon wegen der Einläufe und der Diät ans Haus gebunden bin, fällt es mir leichter, jeden Tag für eine Zeit in die Stille zu gehen.

In allen Übungen und Meditationen von Hetty Draayer geht es darum, dem Atem in alle Organe zu folgen, die Poren

24

zu öffnen und durchlässig zu werden. Die Kraft der Erde soll durch die Füße und den Beckenboden aufgenommen und die heilende Kraft von oben empfangen werden. Während ich auf dem Boden liege und den Übungen folge, beginnt sich in meinen Füßen etwas zu regen. Meine Gliedmaßen werden warm bei dem achtsamen Ein- und Ausatmen. Das Ding in meiner Brust spüre ich nicht. Auch der quälende Husten lässt nach.

Wenn der medizinische Befund im günstigsten Fall nur ein Schreckschuss war, dann ist er dennoch eine Aufforderung, gewisse Veränderungen in meinem Leben vorzunehmen. Ich sollte öfter und regelmäßig in die Stille gehen, achtsamer werden für Menschen und Dinge, Abwehrkräfte aufbauen gegen schwächende und schädliche Einflüsse.

Das ist die mittlere Ebene, auf der Heilung geschieht. Es gibt noch eine obere und eine untere. Die erste oder untere ist die physische Ebene der Entgiftung und Kräftigung des Körpers. An dieser arbeite ich durch die neu verordnete Kost, die Einläufe, die Fußmassagen und die kleinen Spaziergänge, die ich wieder aufnehme. Die dritte oder obere Ebene ist die spirituelle, und auf dieser geht es um die Liebe. In der Vergangenheit habe ich sie nur punktuell, auf einen oder wenige Menschen beschränkt, und meistens zeitlich begrenzt, erleben können, nicht als den warmen Strom, der mich erhält und mit allem Seienden verbindet. In einem anderen als meinem gewohnten Umfeld fällt mir die Liebe schwer. Mein ausgeprägter Individualismus, meine Empfindlichkeit, meine Neigung zu Abgrenzung und Kritik stehen mir im Wege. All dies müsste die Liebe überwinden. Das sind jetzt nur Worte, aber ich denke viel darüber nach und weiß, dass an der Liebesfähigkeit die wahre Gesundheit hängt. Was ist Sünde anderes als Getrenntsein, Liebelosigkeit? Die Wunderheilungen aus der Bibel fallen mir ein und das Wort Jesu: »Gehe hin und sündige nicht mehr.« Was kann er anderes gemeint haben als die Sünde des beziehungslosen, liebearmen Lebens? Diese Sünde macht krank.

In einem gefährdeten Zustand ist der Mensch dünnhäutiger als sonst. Ich bemerke, dass manche meiner Freunde und Bekannten mir jetzt wohl tun und andere nicht. Die meisten wissen nun, dass ich möglicherweise sehr krank bin, und reagieren unterschiedlich. Für Anteilnahme in wenigen, aufrichtigen Worten und für praktische Hilfsbereitschaft bin ich sehr dankbar. Meine alte Freundin E., die einmal Krankenschwester war, gibt mir immer Kraft, wenn sie bei mir ist. Sie versteht, welche inneren Prozesse in Gang gekommen sind, und bestärkt mich in dem Entschluss, zunächst auf diesem alternativen Weg Heilung zu suchen. Auch M., die Kinderärztin, ist derselben Ansicht und ermutigt mich. Die nüchterne Herzlichkeit dieser beiden tut mir wohl. M., eine Bekannte aus der Schweiz, will mich besuchen kommen und mir in dieser Zeit der Ungewissheit beistehen. Nicht alle meine Freunde sind einverstanden, dass ich mich einem Heiler anvertraut habe. Meine Geschwister äußern sich besorgt. Liebe, hilfsbereite Nachbarn zweifeln sogar an meinem Verstand. Wie kann ich als vernünftiger Mensch die Medizin zurückweisen und den Ratschlägen eines Heilpraktikers folgen, den ich nicht einmal gesehen habe? Sie halten es geradezu für kriminell, den objektiven Röntgenbefund herunterzuspielen und einem kranken Menschen weiszumachen, er hätte diese Krankheit nicht. Aber eine Diagnose liegt ja nicht vor, sondern nur ein Verdacht. Wir wissen alle nicht, was ich habe, und um das Wort »Krebs« machen wir einen großen Bogen. Manchmal bin ich selbst im Zweifel, ob ich richtig entschieden habe. Dann wieder spüre ich, dass etwas Gutes mit mir geschieht. Durch die Ernährungsumstellung fühle ich mich eindeutig wohler, und die Übungen geben mir innere Kraft.

17. November
In einem neuerlichen Telefonat bestärkt Herr F. mich in dem Entschluss, vorläufig keine medizinischen Maßnahmen zu ergreifen. Jeder Eingriff, ob Spritze, Bronchoskopie oder Operation, würde dem kranken Organismus gegenwärtig nur

schaden. Das Ding in meiner Brust sei eine Bagatelle, nicht der Rede wert. Die Einläufe brauche ich nur noch bei Bedarf zu machen, höchstens ein- bis zweimal pro Woche. Die Palette der erlaubten Nahrungsmittel kann geringfügig erweitert werden, aber von Tee, mit Ausnahme bestimmter basischer Kräutertees, soll ich weiterhin Abstand nehmen, auch von grünem Tee oder Mate.

Am Schluss der einstündigen Besprechung geschieht etwas Merkwürdiges. Ich erzähle ihm von den Schmerzen, die sich ins Kreuz verlagert haben, und er sagt darauf einfach: »Ich schicke Ihnen jetzt göttliche Heilkraft rein.« Da sind die Schmerzen mit einem Mal weg. Ich bücke mich und spüre sie nicht mehr. Das Kreuz tut nicht mehr weh. Was ist das? Hypnose kann es nicht sein, da ich bei vollem Bewusstsein war. Suggestion? Warum kann es nicht einfach das sein, was der Mann sagte: göttliche Heilkraft? Ich sperre mich nicht gegen diese Vorstellung. Wer Hilfe braucht, ist offen für Wunder.

Ich unternehme einen Spaziergang und gehe so weit wie schon lange nicht, ohne schmerzende Füße, ohne bei jedem Schritt mein Kreuz zu spüren. Bin ich wirklich mit einem Schlag geheilt, weil einer mir göttliche Heilkraft geschickt hat? Und wenn das möglich ist, kann ich nicht ganz geheilt werden? Kann das Ding in meiner Brust nicht einfach verschwinden, wegschmelzen unter dem Strahl der göttlichen Heilkraft? Mir ist leicht ums Herz wie schon lange nicht mehr.

Angenehm müde, aber nicht erschöpft, kehre ich nach Hause zurück. Wieder muss ich an die Wunderheilungen in den Evangelien denken: »Dein Glaube hat dir geholfen.« Einen solchen Glauben, der nichts mit Konfession und Kirche zu tun hat, möchte ich haben.

Die Evangelien geben keine Auskunft darüber, was aus den von Jesus Geheilten später geworden ist. Wie erging es der blutflüssigen Frau, dem Aussätzigen, dem Blinden und Lahmen nach ihrer Heilung? »Nimm dein Bett und wandle«, »Gehe hin und sündige nicht mehr.« Es wird ihnen aufgetragen zu schweigen. Sie sollen über das, was ihnen widerfahren ist, mit anderen nicht reden, es nicht breitwalzen, sondern still nach Hause gehen und ein neues Leben beginnen.

Nirgendwo in den Evangelien steht, wie schwer das ist, wie allein man sich fühlt, wenn die Aufregung und die Freude sich gelegt haben, wenn das Interesse der Anteilnehmenden und Neugierigen schwindet. Jetzt geht es darum, den Glauben an die göttliche Heilkraft jeden Tag aufs Neue zu bekräftigen und mit der anderen Wirklichkeit in Verbindung zu bleiben. Das kostet Arbeit, für die kaum ein Mensch vorbereitet ist, damals so wenig wie heute. Man würde sogar denken, heute weniger denn je, und doch gibt es ein wachsendes Bewusstsein für solche Dinge. In meinem Bekanntenkreis gibt es eine Reihe von Menschen, die einen bewussten Weg der Entwicklung und inneren Wandlung gehen. Das ist ermutigend, aber mit der täglichen Arbeit an sich selbst ist jeder allein.

Die Hochstimmung von gestern hat nicht vorgehalten. Ich habe wieder Fieber und keine Lust auf einen Spaziergang. Ich bin nur kurz draußen gewesen, um das Nötigste einzukaufen. Ich habe mit einer neuen Arbeit begonnen, kann mich aber nicht lang am Schreibtisch halten. Ich versuche, die Wohnung aufzuräumen, aber auch das ist zu anstrengend.

Die Einsamkeit ist für mich größer geworden, seit ich weiß, dass ich krank bin. Zwischen mir und der Welt der Gesunden hat sich ein unsichtbarer Graben aufgetan.

20. November
Trüber Herbsttag. Ich bin nicht hinausgegangen, arbeite lustlos und fühle mich matt und krank. Ich weiß, dass ich mich mehr bewegen sollte, bin aber nicht in der Lage dazu. Die Schmerzen im Rücken sind wieder da. Mein Glaube war wohl nicht stark genug, oder liegt es an Herrn F.? War seine Vermittlung göttlicher Heilkraft nichts weiter als ein Placebo-Effekt, der sich nach wenigen Tagen verflüchtigte? Durch die körperliche Schwäche falle ich in eine noch tiefere Einsamkeit. Könnte ich mich dauerhaft mit dem Selbst verbinden, wäre ich nicht einsam. Wenn die tiefe Freude wieder aufstiege, die ich

manchmal in der Einsamkeit erfahren habe, hätte ich diese Angst nicht, die mich jetzt überfällt. Ängste verschwinden mit dem Bewusstsein des Selbst, aber was nützt mir dieses Wissen, wenn ich es nicht leben kann?

23. November
Seit einigen Tagen geht es etwas besser. Während des gestrigen Spaziergangs hatte ich fast keine Beschwerden. Die Füße machen wieder mit.

Meine wichtigste Stütze sind die Übungen von H. Draayer. Ich werde den ganzen Kurs wiederholen, bis die Vorstellungsbilder mir geläufig sind. Bisher ist es mir nicht gelungen, den Ort des »heiligen Dreiecks« oder des »kosmischen Auges«, wie Hetty es auch nennt, im Beckenboden wirklich zu spüren, obwohl ich den Anweisungen genau folge. Die Beckenschale strahlt noch nicht. Am besten kann ich die Farbmeditationen nachvollziehen. Die Vorstellung von transparentem Grün wie junges Buchenlaub oder von zartem Hellblau ist ausgesprochen wohl tuend. Rosa, die »Farbe der Milz«, wärmt mich durch und durch. Violett, die kräftigste Heilfarbe, hüllt mich ein wie eine warme, schützende Decke. Wenn ich nachts aufwache, kann ich durch Konzentration auf den Atem wieder einschlafen. Ich schlafe jetzt länger und gönne mir das. Die Zeit sitzt mir nicht mehr so im Nacken. Meine Freundinnen sind unterwegs und erleben Neues, während ich hier sitze und dem »heiligen Dreieck« nachspüre. Entgeht mir etwas? Was ich brauche, ist Gelassenheit, die Verlagerung des Schwerpunkts von außen nach innen. Nur dort geschieht Heilung; nur von diesem Zentrum aus können die Lebensgeister sich erneuern.

Bis jetzt bin ich ohne Medikamente ausgekommen. Ich halte mich an die Diät und die regelmäßigen Übungen. Insgesamt geht es mir etwas besser, ich kann wieder gehen, und die Blutungen haben aufgehört, zu meiner Überraschung sogar das Zahnfleischbluten, das ich seit vielen Jahren habe und dem kein Zahnarzt abhelfen konnte.

Meine Freundin A., die Kenntnisse in Ayurveda hat, der traditionellen indischen Heilkunde, hat mir geschrieben. Aus ayurvedischer Sicht ist es ein Mangel an Lebensenergie, der den Knoten in meiner Brust verursacht hat. In der westlichen Medizin gibt es keine Bezeichnung für dieses schleichende Defizit, das mir seit Jahren zu schaffen macht und meinen Körper verändert hat. A. sagt ausdrücklich, dass der schädlichste Stress nicht der äußere, sondern der innere ist, den wir durch unseren negativen Gefühlsballast produzieren. Ja, das trifft zu.

Hetty betont die Notwendigkeit, »das Leben anzunehmen, so schwer es auch ist.« Dagegen habe ich mich gewehrt. Ich habe aufbegehrt gegen das Defizit, aber ich vermochte nicht, mein Leben zu ändern.

28. November

M. ist tatsächlich aus der Schweiz angereist, um mich zu besuchen. Sie berichtet ausführlich von ihrer eigenen Erkrankung. Sie hatte Brustkrebs, wurde operiert und bestrahlt und ist nun seit Jahren gesund. Sie ernährt sich sehr bewusst und ergänzt ihre Kost durch hohe Dosen von Vitaminen und »FlorEssence«, das Heilmittel der kanadischen Indianer gegen Krebs. M. hat mir eine Packung mitgebracht und hilft mir bei der Zubereitung. Noch ist nicht erwiesen, dass ich Krebs habe, anderseits kann es nicht schaden, diesen Tee aus Kräutern und Wurzeln prophylaktisch zu nehmen. M. hat eine ganze Mappe voll Literatur über Krebs mitgebracht, die mich erschreckt. Noch habe ich nicht Krebs und hoffe, dass der Kloß in meiner Brust sich als harmlos erweisen wird und durch meine Selbsttherapie während der vergangenen drei Wochen vielleicht weggeht.

M. rät mir dringend, das eine zu tun, aber das andere nicht zu lassen, also fortzufahren mit meinen Bemühungen, vor allem mit der Meditation, aber gleichzeitig den medizinischen Weg zu gehen.

»Du brauchst eine klare Diagnose. Solange du im Ungewissen bist, was dir fehlt, wirst du die Angst nicht los. Lass dich noch einmal untersuchen, bis eine Diagnose feststeht. Über die Art der Therapie kannst du dann noch immer entscheiden.«

Sie hat Recht. Tatsächlich geht es mir nach der kurzfristigen Besserung wieder schlechter. Ohne die Einläufe hätte ich überhaupt keine Verdauung. Die von der Körpermitte ausgehende Mattigkeit, die mir schon so lange in den Gliedern sitzt, hat sich verstärkt. Jede Bewegung, das Aufstehen und jeder Schritt, kostet mich Anstrengung. Für die T'ai-Chi-Übungen, die M. mir gezeigt hat, fehlt mir die Kraft. Untertags bin ich meist fieberfrei, aber gegen Abend steigt die Temperatur. Der schwere Husten dauert an. Es muss etwas geschehen.

Ich beschließe, zu einem anderen Arzt zu gehen, der von der Vorgeschichte nichts weiß, und meine Lunge noch einmal röntgen zu lassen. Vielleicht ist die »Raumforderung« zurückgegangen. Aber der neue Befund zeigt, dass der Knoten sich nicht verändert hat. Der Lungenfacharzt ist entsetzt von dem Bild und vereinbart sofort einen Termin für die Bronchoskopie. »Da müssen Sie hingehen. Es handelt sich um Ihr Leben.« Die Worte schüchtern mich ein. Um eine Bronchoskopie komme ich nun nicht mehr herum. Was nützt es mir, dass verschiedene Beschwerden nachgelassen haben, wenn das Wesentliche, die »Raumforderung«, sich nicht verändert hat? Zweifel steigen mir auf, ob Herr F. mich gut beraten hat.

Einige Tage hänge ich durch. Die Übungen fallen mir schwer, und ich gehe fast nicht aus dem Haus.

Ich habe ein langes Gespräch mit einer befreundeten Ärztin geführt. Sie ist Schulmedizinerin, doch grundsätzlich offen für andere Heilweisen. Sie sieht voraus, dass die Medizin der Zukunft sich sehr verändern wird. Was heute nur so genannte Geistheiler und Sensitive wie Herr F. fertig bringen, z.B. das Aufnehmungen von »Schwingungen« eines erkrankten Körpers, wird die Schulmedizin einmal nachvollziehen können, wenn solche Phänomene wissenschaftlich erforscht sind. In den vergangenen Jahren ist das Interesse an Ayurveda beachtlich gestiegen, und Bestandteile der traditionellen chinesischen Medizin, wie die Akupunktur, sind bereits in die westliche Medizin eingegangen. Die östliche Lehre von den Chakras, den feinstofflichen Energiezentren im Körper, und den Meridianen, den Energiebahnen, gilt nicht mehr als abstrus. In der fernöstlichen Heilkunde spielt auch die Ernährung eine große Rolle und wird auf den menschlichen Typus abgestimmt. Herr F. ist Autodidakt, nicht ohne Erfahrung und Erfolge, aber was hat sein Darmkrebs mit meinem Gewächs an der Lunge zu tun? Die Ernährungsumstellung hat sich in gewissen Grenzen als wirksam erwiesen, und ich möchte sie im Wesentlichen beibehalten, aber meine Lunge will ich doch lieber der Schulmedizin anvertrauen, wenigstens bis zu einer gesicherten Diagnose.

Die Bronchoskopie wird durchgeführt. Nach einer längeren, unangenehmen Prozedur der Betäubung des Nasen- und Rachenraums wird eine lange Plastiksonde durch ein Nasenloch und die Luftröhre in die Bronchien eingeführt. Ich spüre keinen Schmerz, nur einen quälenden Hustenreiz, dem ich nicht nachgeben darf. Wenn es schlimm wird, legt die Assistenzärztin ihre Hand auf meine verkrampften Fäuste, und dann löst sich die Spannung etwas. Dicht über mir in dem dunklen Raum befindet sich das Gesicht des Arztes, der meine Bronchien durchleuchtet und durch ein Mikroskop beobachtet. Dann führt er ein langes, dünnes Röhrchen ein, an dessen Enden eine kleine Zange angebracht ist. Damit holt er das winzige Klümpchen Gewebe heraus, das ich nachher in einer Flasche mit Konservierungsflüssigkeit betrachte. Dieses rote Klümpchen soll also darüber Auskunft geben, ob ich einen bösartigen Tumor habe oder nicht. Der Arzt kann nichts Auffälligen feststellen, gibt mir jedoch den dringenden Rat, der Sache weiter nachzugehen. Auf alle Fälle sollte zur Untersuchung der Lungenränder, an die er nicht herangekommen ist, eine Punktierung gemacht werden. Als ich berichte, welche Symptome sich mit Herrn F.s Hilfe schon gebessert haben, erklärt der junge, Vertrauen erweckende Arzt dezidiert:

»Die Übersäuerung Ihres Körpers und Ihr Lungenbefund haben nichts miteinander zu tun. Sie sind fehlgeleitet worden.«

Ich fühle mich beschämt, bin jedoch im Zweifel, ob es sich wirklich so verhält.

Bis jetzt ist alles gut gegangen: Es gibt keinen histologischen Hinweis auf etwas Bösartiges. Wieder sage ich mir, solange kein Tumor nachzuweisen ist, habe ich keinen. Wenige Tage später kommt die Bestätigung durch den zytologischen Befund: »Kein Nachweis von Tumorzellen«. Allerdings steht da auch etwas von einigen degeneriert veränderten kleinzelligen Elementen, deren Bedeutung unklar ist und die eine weitere Kontrolle erforderlich machen. Ich werde zur weiteren Untersuchung in eine Fachklinik für Lungenheilkunde geschickt. Die medizinische Mühle hat sich in Gang gesetzt. So schnell komme ich da wohl nicht wieder heraus.

3 Zwischen Hoffen und Bangen

Das Gefühl, vom Leben abgeschnitten zu sein, nimmt zu. Während des Übens ist die Ungewissheit aufgehoben, aber danach kommt sie unweigerlich wieder. Wenn Herr F. doch nicht Recht hätte, und wenn das Pendel sich geirrt hätte? Ich erwartete, dass auch die »Raumforderung« günstig beeinflusst würde, und nun ist sie immer noch vier Zentimeter groß wie beim ersten Befund vor genau einem Monat. Die Zeit vergeht, kostbare Zeit, die für die Diagnose genützt werden sollte.

Am Abend, bevor ich in der Klinik antreten soll, ruft Ch. an und erbietet sich, mich im Auto hinzubringen. Das ist ein wahres Geschenk. Ich bin klapprig geworden, und das Fieber geht nicht weg. Pünktlich um drei viertel acht in der Früh holt Ch. mich ab. Wir fahren ein Stück auf der Autobahn durch dichten Nebel und finden die Klinik problemlos. Ch. begleitet mich in die Aufnahme und dann auf die Station. Man hat mich darauf vorbereitet, dass die Untersuchungen vielleicht eine Woche dauern werden.

Ergebnislose Untersuchungen

So bin ich nun hier gelandet, in einem winzigen Zweibettzimmer mit einem Fenster direkt in den Wald. Jetzt spüre ich erst, wie erschöpft ich bin. Es macht mir nichts aus, einen ganzen Tag auf dem bequemen Krankenbett zu liegen und zu dösen. Wenn ich auf den Füßen stehe, spüre ich, wie müde und schlapp ich bin. Nach wenigen Tagen beginnt der Klinikbetrieb die Alltagswirklichkeit zu verdrängen. Mein Schreibtisch mit dem Computer rückt in weite Ferne. Ich bin froh, dass ich niemanden anrufen und mich nicht selbst versorgen muss. Die

Diätassistentin war eben da und hat sich nach meinen Wünschen erkundigt. Ich werde die Diät, die mir so gut bekommen ist, einigermaßen einhalten können.

Die erste Etappe beginnt – Blutabnahme, EKG, Ultraschall, Röntgenaufnahmen, Lungenfunktionstests. Es wird festgestellt, dass die beidseitige Lungenentzündung und Pleuritis noch nicht ausgeheilt ist. Die übrigen Befunde sind unauffällig. Eine Lungenspiegelung unter Vollnarkose wird angeordnet, um tiefer in das Lungengewebe vordringen zu können als bei der flexiblen Bronchoskopie. Die Narkoseärztin erscheint, um mich über das Geschehen und die Risiken zu informieren, und lässt mich den üblichen Revers unterschreiben. Auch die anderen Ärzte lerne ich kennen, ein nettes, freundliches Team. Sie reagieren irritiert, wenn ich den Heilpraktiker und die Diät erwähne. Dass die Blutungen aufgehört haben und dass ich wieder gehen kann, macht keinen Eindruck auf sie.

Die starre Bronchoskopie unter Narkose ist über die Bühne gegangen. Wenn der Befund wieder negativ ist, muss eine Biopsie von außen gemacht werden, damit man in den Kern der Wucherung vorstoßen und der Sache auf den Grund gehen kann. Der Stationsarzt erläutert mir noch einmal den Vorgang, bevor die Narkose eingeleitet wird. Ich bin dankbar, dass er sich, schon in Chirurgenkittel und Maske, die Zeit dafür nimmt, und habe ein gutes Gefühl. Als ich zu mir komme, ist der Eingriff schon vorbei, offenbar ohne Komplikationen. Ich bleibe noch eine Weile sitzen und werde dann von dem netten jungen Fahrer wieder auf die Station gebracht. Die Nachwirkungen der ersten Bronchoskopie, die tagelangen Hustenkrämpfe, bleiben diesmal aus. Ich habe einen leichten, aber tief sitzenden Husten und spucke etwas Blut. Es wurde mir angekündigt, dass das passieren kann.

Der Befund ist erst in vier bis fünf Tagen zu erwarten. Das Wochenende steht bevor, da geschieht nichts in der Klinik. Es geht alles sehr langsam. In dieser etwas veralteten Klinik, die einmal einen guten Ruf als Lungenheilstätte hatte, herrscht akuter Personalmangel. Das Schönste ist die Parkanlage mit dem Wald dahinter. Die Luft ist herrlich. Als Patientin der Untersuchungsstation habe ich freien Ausgang und kann fortgehen, sooft die Routine und die Untersuchungen es erlauben. Gerne kehre ich in der ungewöhnlich schönen, modernen Kapelle ein, in der ich nie einen Menschen antreffe. Einmal erhellt ein Lichtschaft das Kreuz, als die Sonne für einen Augenblick durch die Wolken bricht. Ich nehme es als ein Zeichen, dass mein Gebet erhört wird. Früher habe ich mich in Gebeten am wohlsten gefühlt, in denen ich um nichts bat, die nichts als eine nach innen gerichtete Aufmerksamkeit, eine andächtige Stille waren. Jetzt bitte ich um Gesundheit, innere Stärke und Klarheit darüber, warum ich hierher geschickt worden bin. Krebs – kann es denn möglich sein, dass ich, die Gesunde, die nie ernstlich krank gewesen ist, Krebs hat?

Ich ertappe mich dabei, dass ich abergläubisch werde wie viele Menschen, die Angst haben oder unter großer Spannung stehen. Wenn die Sonne sich heute auf dem winterlich bedeckten Himmel zeigt, ist das ein Zeichen dafür, dass mir nichts Schlimmes bevorsteht. Wenn ich den Handschuh wieder finde, den ich auf meinem Spaziergang verloren habe, bedeutet das, dass ich auch meine Gesundheit wieder finde. Ich habe sie nur vorübergehend verloren, – um etwas zu lernen. Ich finde ihn auf der Wiese, die ich so oft überquere, im Schnee und bin einen Abend lang zuversichtlich.

Ohne Zweifel soll ich etwas lernen. Ich habe mir wenig wirkliche Stille gegönnt und muss jetzt lernen, stillzuhalten. Die ich so geizig war mit meiner Zeit, soll mich nun Menschen zuwenden, die ich mir als Umgang nicht ausgesucht habe – einer fremden Frau, mit der ich die Intimität eines Krankenzimmers teile, oder den Patienten, die wie ich nervös in den Wartezonen vor den Untersuchungsräumen sitzen und zum Teil viel schlechter dran sind als ich. Es ist die Zeit, Freundlichkeit zu üben, wenn mir nicht danach zumute ist, weil andere sie brauchen. Das fällt mir schwer, wenn ich selbst traurig bin und in Ruhe gelassen werden möchte, aber dann bemerke ich, dass ein kleines teilnehmendes Gespräch, das ich mit einem Mitpatienten anknüpfe, mir selber wohl tut.

Da ist die alte Ordensfrau, die ein Lungenkarzinom hat. Sie weiß es und schluckt ihre Angst tapfer hinunter. Jeden Tag geht sie in aller Frühe in die Kapelle und kommt mit einem heiteren Lächeln zurück. Sie erzählt mir von dem Bauernhof, wo sie aufgewachsen ist, von der Arbeit im Stall und ihrer Liebe zu Tieren und Pflanzen. Sie bringt es nicht fertig, die Nacktschnecken, die so viel Schaden anrichten, in Salzwasser zu werfen. »Sie sollen sich nicht plagen«. Sie plaudert gern in ihrem urwüchsigen Dialekt. Es bringt sie auf andere Gedanken, und mir tut ihr schlichtes, gütiges Wesen wohl.

Da ist der kerngesund aussehende Herr O. mit seinem breiten Schwäbisch, der in den nächsten Tagen operiert wird. Er sieht aus wie das blühende Leben, aber sein Atem geht wie ein Sägewerk, und seine Stimme ist brüchig. Er spaziert auf dem Gang vor den Krankenzimmern auf und ab und spricht jeden an. Er verbirgt seine Unruhe hinter einem lärmenden, kumpelhaften Auftreten.

Ein junger Schwarzer fällt mir auf, der mit versteinerter Miene an allen vorbeiläuft. Vielleicht kann er nicht Deutsch und fühlt sich verloren in der Klinik. Was kann einem so jungen, kräftig gebauten Mann an der Lunge fehlen? Die meisten Patienten sind Senioren, viele von ihnen schwere Raucher.

Eines Tages erscheint ein älteres türkisches Paar, Bruder und Schwester. Sie ist die Patientin, Lungentumor. Er wurde mitaufgenommen, weil sie kein Wort Deutsch spricht. Der korpulente, hoch gewachsene Mann mit dem schwarzen Schnauzbart kümmert sich rührend um die blasse Frau, hilft ihr beim Anziehen und Essen, führt sie zu den Untersuchungen und geht mit ihr ein paar Schritte auf dem Gang spazieren. Es erleichtert ihn sichtlich, wenn er mit einem Menschen reden kann. Fast jeden Tag führe ich ein kleines Gespräch mit ihm und lächle seiner Schwester zu. Sie erwidert mein Lächeln scheu.

Meine Zimmergenossin ist wegen einer chronischen Bronchitis hier. Sie ist eine einfache Frau vom Land und wird zu meinem Leidwesen immer wortkarger, bis wir uns bei den Mahlzeiten stumm gegenübersitzen. Sie reagiert kaum auf meine Fragen nach ihrer Familie, die zahlreich ist und sie oft besucht. Sie nimmt keinen Anteil an mir und erwidert kaum meinen Gruß, wenn ich ihr einen guten Morgen oder eine gute Nacht wünsche. Das ist kein böser Wille oder eine Antipathie, sondern eher eine Stumpfheit oder Apathie, und ich gebe mir Mühe, trotzdem freundlich zu sein. Sie muss mit mir nicht reden, wenn sie keine Lust dazu hat. Mit anderen ist sie gesprächiger. Vielleicht grollt sie mir, weil ich den Fernseher wegbringen ließ, den wir nicht gemietet haben, den sie aber trotzdem gerne benützt und Sendungen einschaltet, die mir unerträglich sind. Ich sehe so gut wie nie fern und will in einem so kleinen Zimmer nicht mit einem elektronischen Gerät schlafen. Es steht auf dem kleinen Tisch, an dem wir essen, und ist buchstäblich nur einen Meter von meinem Bett entfernt. Ich lese, gehe spazieren, schreibe Post. Sie hat keine Ablenkung, wenn nicht gerade Besuch da ist. Ich habe ihr einige Zeitschriften gekauft, aber sie interessiert sich nicht dafür. Ihre Lieblingsunterhaltung, das Fernsehen, hat sie durch mich eingebüßt. Sie liegt auf ihrem Bett und schaut vor sich hin, einen bitteren Zug um den Mund. Ich habe ein schlechtes Gewissen und versuche, mich damit abzufinden. Ein Fernseher im Krankenzimmer ist für mich eine unzumutbare Belästigung. Zum Glück gibt es hier keine Zimmertelefone.

Die Menschen haben unterschiedliche Lebensgewohnheiten, aber in dem homogenen Milieu, in dem ich lebe, bin ich damit kaum konfrontiert. Ich bin fast nur von Menschen umgeben, die Ähnliches wie ich tun und sich für ähnliche Dinge interessieren. Jetzt muss ich lernen, mit Menschen zurechtzukommen, die mir fremd sind, und mich in sie hineinzuversetzen. Auch dazu bin ich hier.

Wenn diese Zeit etwas zu bedeuten hat, dann als Zäsur, als unfreiwillige Pause in meinem Leben, weil ich eine Pause nötig habe. Ich nehme mir vor, diese Zeit und alles, was mir noch bevorsteht, nicht passiv zu erdulden, nicht einfach als verlorene Zeit hinzunehmen und wegzustecken, sondern zu einer erlebten Zeit, einer echten *Lebenszeit*, zu machen.

Wenn ich hinter den Klinikanlagen über die verschneiten Felder in den Wald gehe, fällt mir dieser Vorsatz leicht. Seit ich die Meditationen und Atemübungen wieder aufgenommen habe, kann ich gehen, ohne zu ermüden. Mir kommt vor, als wären meine Sinne noch nie so wach gewesen wie jetzt. Nie ist mir die Schönheit einer Winterlandschaft so bewusst geworden wie in dieser Zeit. Jeder Schritt über die vereisten oder sumpfigen Fuhrwege ist eine Wohltat, und ich trete mit einer neuen, gleichsam lauschenden Andacht in den Wald, gefasst auf Wunder, wie das Singen eines Vogels oder den plötzlich von einem Ast herabrieselnden Schnee. Einmal sah ich zwei Mädchen mit fliegenden Haaren auf schlanken Pferden vorüberreiten. Wie jung, wie schön und voller Leben sie waren, und ich liebte dieses Leben auf einmal unendlich.

Der lange Nachmittagsspaziergang gestern wurde zu einem Abenteuer. Ich geriet tief in den Forst, die Wege gabelten sich, und ich befürchtete schon, nicht mehr herauszufinden. Ich bahnte mir einen Weg durch dichtes Gestrüpp und stapfte über gepflügte Erde auf leicht überfrorenen und über schneebedeckte Felder. Ich entdeckte einen Feldweg, der zu einer Baumgruppe führt, wo eine einsame Bank in der Sonne steht. Verschwitzt, mit glühenden Backen, ließ ich mich eine Weile nieder und kehrte dann auf die Station zurück.

Hinter den letzten Klinikgebäuden liegt ein Wegstück, das mich besonders anzieht, als schwebte über diesem Schotterpfad unter Fichten mit den schräg einfallenden Sonnenstrahlen ein magischer Geist. Hier schließe ich einen Pakt mit dem Himmel: Wenn ich meine Gesundheit wieder erlange, will ich sie nicht mehr veruntreuen und mein Leben so gestalten, dass es in irgendeiner Form zu einem *Dienst* wird. Das muss nicht heißen, dass ich andere Dinge als bisher tue oder einer anderen Arbeit nachgehe, aber ich nehme mir vor, alles auf eine neue Weise, mit mehr Achtsamkeit zu tun. Man müsste so leben, dass das Leben ein Kunstwerk wird, eine »Lebenskunst«. Vielleicht kann man das in einer Bedrohung besser lernen als im alltäglichen Leben, wenn einem nicht mehr alles selbstverständlich zufällt – Gesundheit, Wohlbefinden, Sicherheit.

Quälendes Warten

Der Befund ist wieder nicht gekommen. Seit Tagen warte ich darauf. Das Krankenhaus ist vor Weihnachten überlastet, und alles geht langsamer als sonst. Ich muss mich gedulden; eine gute Gelegenheit, Zuversicht zu üben. Ich meine nicht die Zuversicht in Erwartung einer guten Nachricht, sondern die andere, die alles anheim stellt, was immer geschieht. Dann gäbe es keine Angst mehr. Machmal wünsche ich mir, ich könnte wie aus einem Alptraum erwachen und ins normale Leben zurückkehren, und diese Zeit hier wäre nur ein böser Traum gewesen. Doch leider, das Aufwachen ist nur innerhalb der alptraumhaften Wirklichkeit möglich. Sie ist das Übungsfeld, der Ort der Bewährung.

Eine Freundin hat mir das Buch *Divine Therapy* geschickt. Es hat mir geholfen, als ich auf die nuklearmedizinische Untersuchung wartete, die mir wegen der Strahlenbelastung Angst macht. Ist ein solcher Knochenscan überhaupt nötig? Ich saß mit anderen Patienten in dem öden, fensterlosen, nur mit einer Neonröhre erleuchteten Raum, blätterte in dem Buch und fand die Stelle: »Es gibt zwei Wege der Heilung, einen materiellen und einen spirituellen. Der erste ist die ärztliche Behandlung, der zweite das Gebet, das ein spirituell veranlagter Mensch an Gott richtet, die Zuwendung zu Ihm. Man soll beide Wege gehen.«[4]

So will ich die Untersuchungen durchstehen und mich in Vertrauen und Geduld üben. Aber ich habe noch einmal Glück. Die Ärztin der nuklearmedizinischen Abteilung hat Verständnis für meine Bedenken und setzt die Untersuchung ab. Sie ist zum jetzigen Zeitpunkt tatsächlich nicht erforderlich. Gut, dass ich nachgefragt habe.

Ich nütze das gute Wetter zu einem langen Spaziergang. Ich gehe den Feldweg hinaus bis zu der Bank vor dem Buchenwäldchen, die ich neulich gefunden habe, dann über eine Abzweigung auf die Forststraße und in den Wald hinein. Ich verlasse die Wege und stehe auf moosbedecktem Boden. Die Moose sind weich wie ein Teppich. Die Verkehrsgeräusche von der Landstraße sind kaum mehr zu hören. Wie die Fichten duften! Ich hebe einen dunklen Zapfen auf, breche ihn entzwei und sauge das Aroma des feuchten Harzes ein, als könnte ich dadurch Gesundheit in meine Lungen saugen. Ich suche mir einen kräftigen Baum und lehne mich an seinen Stamm. Ich schlinge meine Arme um den Baumstamm und lege meine Wange an die rissige Borke. Sie fühlt sich sanft, beinahe zärtlich an wie die Hand eines Freundes. Könnten die Bäume mir doch von ihrer Stärke und zähen Kraft etwas abgeben. Auf dem Rückweg verweile ich ein wenig bei meiner Bank und führe, mein Gesicht der Sonne zugewandt, einige Übungen aus, die ich gelernt habe. Meine Füße stehen fest auf dem Boden und schlagen Wurzeln in die Erde. Mein Scheitel ist zum Himmel geöffnet. So können die Heilkräfte von unten und von oben durch den Körper strömen. Das stelle ich mir vor, und es strömt wirklich. Die Wintersonne, die tief am Himmel steht, scheint mir Kraft zu spenden. Meine Füße in den Winterstiefeln fangen an zu kribbeln. Wie gut es ist, hier draußen zu sein, trotz der nicht ganz abgeklungenen Lungenentzündung, trotz meines Hustens. Ich fülle meine Lunge mit frischer Luft. Nein, es kann nicht wahr sein. Krebs ist ausgeschlossen.

Meine Zimmergenossin wird nach Hause entlassen. Ich habe darum gebeten, das Bett am Fenster beziehen zu dürfen, und die Stationsschwester hat es mir widerwillig gestattet.

41

»Das machen wir sonst nicht, sonst wären wir die ganze Zeit am Bettenschieben.« Dann schickt sie mir aber doch eine Schwesternschülerin herein, die mir hilft, das Bett umzustellen. Es macht viel aus, ob ein Bett am Fenster oder an der Türe steht. Die Nähe zum Fenster schafft ein kleines Stück Privatraum. Auf dem Heizkörper unter dem Fenster können Sachen zum Trocknen ausgebreitet werden, und darunter kann ich die nassen Stiefel stellen. Manche mögen das Bett an der Türe lieber, da bekommt man mehr mit, was draußen vor sich geht, und ist schneller auf der Toilette. Wenn ich abschalten möchte, schaue ich einfach zum Fenster hinaus. Der Anblick der tief verschneiten Bäume hat etwas Beschwichtigendes, Tröstliches. Eine Weile kommt es mir vor, als wäre ich gar nicht hier, sondern in einer weiten, offenen Landschaft. Dann verschluckt die früh einfallende Dunkelheit die Silhouette der Bäume und bringt mich zurück in die Wirklichkeit. Ich befinde mich wieder im Krankenzimmer. Bald wird das Abendessen kommen.

Der Klinikbetrieb fängt an, mich zu bedrücken. Es findet ein beklemmender Prozess der Anonymisierung statt. Ärzte und Schwestern, mit denen ich ständig zu tun habe, laufen an mir vorbei, als hätten sie mich nie gesehen. Mir ist, als redeten sie mit den Patienten wie durch eine gläserne Wand. Zur Vorgeschichte meiner Erkrankung, meinen Überlegungen über ihre möglichen Ursachen, meine Ernährungsumstellung, zu meinen Ängsten und Hoffnungen verhalten sie sich so reserviert, dass ich es aufgegeben habe, darüber zu sprechen. Die Schwestern sind sachlich und kurz angebunden. Sie merken nicht, wie einem zumute ist, oder vielleicht merken sie es doch, wollen sich mit den Patienten über die Pflege hinaus aber nicht abgeben. Wenn ich seltenerweise am Schwesternzimmer anklopfe, weil ich etwas brauche, habe ich immer den Eindruck, dass ich den Schwestern lästig bin. Nun, ich kann es verstehen. Sie haben nur dieses Zimmer, wo sie unter sich sein können, und dann werden sie auch noch in diesem Refugium von Patienten gestört.

Die Welt ist in zwei Lager gespalten, in die Welt der Gesunden und die Welt der Kranken. Zur Ersteren gehört das gesamte Klinikpersonal, das sind die Mächtigen, die Befehlsgewalt haben, und zur zweiten gehören die Kranken, das sind die Unterlegenen, die Schwachen, die Versager, die man bevormunden und schroff zurechtweisen kann. In dieser Welt, in der Tüchtigkeit und Leistung zählen, ist es ein unverzeihlicher Fehler, krank zu sein. Dieser allgemeinen Wertvorstellung erliegen auch Ärzte und Krankenschwestern. Ich habe gehört, dass die Selbstmordrate unter Krankenschwestern besonders hoch ist. Viele haben nicht die Kraft, die Negativität, die der ständige Umgang mit kranken Menschen mit sich bringt, zu verarbeiten und loszuwerden. Sie verausgaben sich, und niemand steht ihnen bei. Dafür habe ich Verständnis, und doch wünsche ich mir eine Krankenschwester, die so richtig lieb ist, die auch einmal ein persönliches Wort an mich richtet.

Je länger ich hier ausharren muss, je mehr die Untersuchungen eskalieren, desto mehr quält mich die Frage: Was ist los mit mir? Warum geschieht mir das? Noch besteht die Möglichkeit, dass dieses Gewächs an meiner Lunge, das ich nicht einmal spüre, sich als harmlos erweist. Dann wird es sich wegoperieren oder sonst wie entfernen lassen. Auch wenn ich mit einer beruhigenden Diagnose entlassen werde, hätte ich Wochen des Bangens, der großen inneren Spannung durchlebt. Wenn ich in den freien Stunden nach der Ärztevisite und am Nachmittag draußen spazieren gehe, kreisen meine Gedanken immer wieder um die Frage, welchen Sinn diese Zeit hat. Warum bin ich aus meinem selbständigen Leben, in dem ich nie Zeit genug hatte für die Dinge, die ich tun wollte, herausgerissen und in eine erzwungene Untätigkeit, in die Ungewissheit und Abhängigkeit gestoßen worden?

Wenn ich gelassener und mit den Eventualitäten abgefunden wäre, könnte ich diese Zeit genießen wie einen Kuraufenthalt. Ich schlafe mich aus, bekomme zuträgliche Mahlzeiten serviert und habe diese Landschaft zum Durchstreifen. Ich bin nicht eingesperrt, ich kann ins Freie. Es geht mir etwas besser, aber die knochentiefe Mattigkeit von der Körpermitte her ist nach wie vor da. Es fällt mir schwer, vom Bett oder von einem Sessel aufzustehen oder mich zu bücken. Wenn ich beim Wandern in einen gewissen Rhythmus der Bewegung komme, geht es einigermaßen.

Freunde rufen an. Ch., der Schatz, hat mich besucht und mir eine rosa Amaryllis gebracht, die dem engen, kahlen Krankenzimmer einen Hauch von Schönheit verleiht. Diese herrliche Blume bedeutet mir unendlich viel, auch die kleine Adventkerze dazu. Es ist ja bald Weihnachten.

18. Dezember

Heute teilte der Stationsarzt mir mit, dass der neue Röntgenbefund darauf schließen lasse, dass die Wucherung zurückgegangen sei. Ein Krebs sei zwar nicht hundertprozentig auszuschließen, aber er persönlich glaube nicht mehr daran, dass ich Krebs habe. Um sicherzugehen, solle deshalb nochmals eine CT gemacht werden. Wenn diese den Röntgenbefund bestätigt, dann liegt eine Rückbildung vor, und es braucht keine Punktierung mehr vorgenommen zu werden. Dann könnte ich am Heiligen Abend entlassen und mit Antibiotika weiterbehandelt werden. Das wäre der günstigste Fall. Wenn aber doch punktiert werden muss, ist der Befund abzuwarten.

Mir fällt ein Stein vom Herzen. In meine Mittagssuppe fallen Tränen der Freude. Habe ich es doch gewusst! Der Heiler hat Recht behalten, ich habe keinen Krebs. Es darf so sein, wie ich gehofft habe: Diese Zeit der Ungewissheit und des Bangens war eine Prüfung, die ich bestehen musste, aber der schlimme Ausgang einer Krebsdiagnose bleibt mir erspart. Das Überantworten, das Loslassen sollte ich üben, als hätte ich Krebs. So wie die Todesanwandlungen vor einem Jahr eine Übung und Vorbereitung für den Ernstfall waren, der nicht einzutreten braucht.

Dass die »einschmelzende Raumforderung« sich zurückgebildet hat, ist ein Indiz dafür, dass es sich um einen entzündlichen Tumor im Zusammenhang mit meiner Lungenentzündung handelt. Die letzte Bestätigung steht noch aus, aber mit einer Wahrscheinlichkeit, die für mich an Sicherheit grenzt, ist das der Sachverhalt.

Lektionen

Ist nicht der Weg, den ich seit dem ersten Röntgenbefund gegangen bin, das Entscheidende?

Vieles ist in Bewegung gekommen, das heilsam für mich war: die Reinigung meines übersäuerten Körpers, die Heilmeditationen, die ich fortsetzen werde, die Gewissenserforschung. Auch im Krankenhaus ist es mir gut ergangen. Am wichtigsten waren die Ruhe und die langen Spaziergänge, für die ich mir zu Hause nie die Zeit genommen hätte. Wenn ich es recht bedenke, habe ich in den vergangenen sechs Wochen Lektionen auf mehreren Ebenen empfangen:

1. Mein Leben soll nie wieder so einseitig werden, dass ich meine Gesundheit vernachlässige. »Zeitmangel« soll nicht mehr gelten. Ich brauche mehr Bewegung an der frischen Luft und überhaupt mehr Muße.
2. Meine Ernährung, die ich für so gesund gehalten habe, ist zu überprüfen. Die Umstellung erfordert Disziplin und den Verzicht auf manche Genüsse, die mir jetzt schon nicht mehr abgehen (Süßigkeiten, Kaffee, Alkohol, die seltene Zigarette).
3. Die Übungen sollen zu einem festen Bestandteil meines Lebens werden; stetig weiter üben zur äußeren und inneren Reinigung.
4. Standfestigkeit in einer Prüfung lernen mit Hilfe von Meditation, Gebet, bewusstem Loslassen.

5. Auch im Leid aufgeschlossen sein für andere. Wie Hetty sagt: »ausstrahlen« können trotz eigenem Leid. Das ist das wirksamste und überzeugendste Strahlen der Persönlichkeit.
6. Hören auf den inneren Auftrag. In Zeiten der Krise ist er am besten zu vernehmen.

Nie ist das Leben im Hier und Jetzt mir wichtiger erschienen als in dieser Zeit. Manche Einbildungen, über mich selbst und andere, sind abgefallen. Noch muss ich ausharren, bis der Befund der CT vorliegt, der meine Entlassung sichert. Ich gehöre schon nicht mehr in die Welt der Kranken. Die schlechte Nachricht meiner Mitpatientin, der lieben alten Klosterfrau, berührt mich, jedoch vom Standpunkt der Davongekommenen, der fast schon Gesunden. Sie hat ein Lungenkarzinom, und wegen ihres hohen Alters wollen die Ärzte nicht mehr operieren.

»Sie tun sich das nicht mehr an«, meint sie bekümmert.

Mit ihren achtundsiebzig Jahren sieht sie nicht älter aus als Ende sechzig. Sie lebte ein langes, gesundes Leben, zuerst auf einem Bauernhof, dann im Kloster, wo sie den Garten betreute. Natürlich hat sie nie geraucht, und trotzdem hat sie Lungenkrebs. Sie wird nur noch palliativ behandelt, um Atemnot und Schmerzen zu lindern. Heilung gibt es für sie keine.

Ihre Zimmergenossin, eine große, blonde Frau in meinem Alter, wird morgen operiert. Ihr Lungenkarzinom wurde durch einen Zufall entdeckt. Es hat schon gestreut, und daher muss ein Teil ihrer Lunge mit entfernt werden. Auch für sie waren die Voruntersuchungen wegen der Ungewissheit am quälendsten.

Sie spricht ganz ruhig und lächelt dabei. Seit Tagen ist mir aufgefallen, wie liebevoll sie sich um die Ordensfrau kümmert, die ein wenig verwirrt ist und sich in dem Labyrinth der Stationen und Gänge nicht zurechtfindet.

Am späten Nachmittag bricht die Sonne durch die schon aufgelockerten, aber immer noch dunklen Wolken. In bin draußen und bleibe bei einem kräftigen Baum stehen, Körper und Wange an den Stamm geschmiegt. Ich sammle mehrere Fichtenzapfen, breche sie auseinander und inhaliere das kräftige Aroma. Der Duft des frischen Harzes ist mir zu einem Elixier geworden. Ich bin überzeugt, dass es den Heilungsprozess fördert. Das ist eine Aromatherapie, die schon in der Antike bekannt war und als ergänzende alternative Heilmethode heute wieder beliebt ist. Einen Fichtenzapfen nehme ich mit auf die Station und zupfe die Schuppen einzeln heraus. An ihrer Wurzel klebt das feuchte, duftende Harz.

Die Wanderung am Nachmittag war voll kleiner Zeichen und Wunder. Ich möchte sie nicht zerreden, und das Zarteste lässt sich nicht schildern. Es ging von der Sonne aus und von der blassen Mondsichel am blauen Himmel. Was für ein Wintertag, geschaffen zur Freude! Auf den zum Teil noch schneebedeckten Feldern stieg im Sonnenglanz ein Dunst auf wie Nebel, dahinter stand die dunkle Wand des Waldes. Davon ging für mich eine Vergewisserung aus, die ich nicht in Worte fassen kann.

24. Dezember. Heiliger Abend

Ich bin noch benommen von der bösen Überraschung, die Dr. B. mir brachte. Ich saß beim Mittagessen und merkte ihm gleich an, dass er schlechte Nachrichten hatte. Entgegen allen Erwartungen hat die CT ergeben, dass der Tumor sich nicht verkleinert, sondern im Gegenteil sogar stark vergrößert hat. Wie kann das sein? Dr. B. erläuterte mir, dass lediglich der von der Pneumonie zurückgebliebene entzündliche Herd geschrumpft sei, aber nicht der Tumor. Er zeigte mir die Bilder. Die graue Masse, die »dort nicht hingehört«, wie er sagte, ist tatsächlich größer geworden. Es ist ganz deutlich zu sehen. Zum Zweck einer Biopsie ist nun doch eine Operation erforderlich, die gleich im neuen Jahr gemacht werden soll. Dr. B. gibt mir kaum noch Chancen, dass es sich um etwas Gutartiges handeln könnte. Die Operation wird mit Vollnarkose durchgeführt werden, und ich werde eine Zeit brauchen, um mich davon zu erholen. Alles Weitere ist ungewiss. So bin ich wieder in quälende Ungewissheit gestürzt. Nur Ruhe bewahren. Ich zwinge mich dazu, mein Essen zu beenden.

Schlechte Chancen

Warum ist der Tumor gewachsen? Trotz allem Stress der Klinik ist doch in den vergangenen Wochen viel Heilendes geschehen. Nur das kanadische Mittel konnte ich nicht weiter einnehmen, da es einen komplizierten Kochvorgang erfordert, der sich in der Klinik nicht durchführen lässt. Auf dem Beipackzettel steht, dass ein Tumor nach Einnahme des Mittels sogar kurzfristig wachsen und sich verhärten kann, bevor er verschwindet. Ich habe das Mittel nur neun Tage einnehmen können. War das ein Fehler? Andererseits habe ich gut geschlafen, viel frische Luft getankt und bin so viel gewandert wie schon lange nicht mehr. Es gab Stunden, in denen ich erfüllt war von dem neuen Leben, das ich führen möchte, wenn alles vorbei ist. Daneben gab es viel Angst und Stress. Ich fürchtete die Untersuchungen und jeden Befund, und dazwischen verging eine qualvolle Zeit des Wartens. Gestern Nacht konnte ich kaum schlafen.

Nun ist die Angst wieder da. Es fällt mir schwer, mich ruhig auf den Atem zu konzentrieren oder an etwas Freundliches zu denken. Gestern versuchte ich lange vergeblich, mit Hilfe von Entspannungsübungen einzuschlafen. Die Schwärze meiner Gedanken zieht mich in eine Negativität hinein, gegen die ich mich vergeblich wehre. Dort will ich nicht sein, aber ich kann mir nicht helfen. Die vollständige Überantwortung, die Gewissheit, aufgehoben zu sein, was immer auch geschehen möge, ja, das wäre die Lösung. Ich habe diese Gewissheit nicht, ich sehne mich nur nach ihr.

Der große indische Heilige Ramakrishna litt an Kehlkopfkrebs und hatte zum Schluss so starke Schmerzen, dass er nicht mehr sprechen konnte. Aber sein Gesicht strahlte. Sri Ramana Maharshi, der große südindische Weise dieses Jahrhunderts, litt an einem unheilbaren Sarkom und hatte ebenfalls starke Schmerzen, war jedoch vollkommen unberührt davon. Noch in seinen letzten Stunden ließ er Menschen zu sich kommen, und sein liebevoller Blick war von seinem Leiden ganz unberührt. Auf Drängen seiner Umgebung wurde das Kresbgeschwür an seinem Oberarm mehrmals operiert, aber ihm selbst war an keiner Behandlung gelegen. Er starb in vollkommenem Frieden. Der Krebs berührte ihn nicht. Er war eine Lebensbürde, die er auf sich genommen hatte, um einen anderen Menschen – seine Mutter, so heißt es – von seinem Karma zu befreien. Wie dem auch sei, er hatte Krebs, er starb daran, ohne eine einzige der fünf Sterbephasen zu durchleiden. In Indien gebraucht man ein anderes Wort für den Tod: »Mahasamadhi«, die große Versenkung. Beide, Ramakrishna und Sri Ramana, waren erfüllt vom göttlichen Licht und kannten daher keine Angst. Schmerzen, ja, aber keine Angst, keine Not, keine Trübung des Bewusstseins. Es ist auffallend, wie viele heiligmäßige Menschen Krebs hatten. Krebs ist geradezu ein Berufsrisiko von Heiligen, wie der populäre Arzt und Autor erfolgreicher Bücher Dr. Andrew Weil bemerkt.[5]

Heute habe ich die Patientin wieder gesehen, die vor einigen Tagen an der Lunge operiert wurde. Ich traf sie an der Pforte, hochaufgerichtet und sehr blass. Die Intensivstation war das Schlimmste, sagte sie, die vielen Schläuche, die Schmerzen. Rund um die Uhr wurde ihr EKG überwacht, ständig kamen Schwestern herein. In zehn Tagen kann sie in häusliche Pflege entlassen werden.

Den Heiligen Abend verbringe ich zu Hause in meiner Wohnung. Nun weiß ich also, dass ich etwas Böses habe und dass mir eine Operation bevorsteht. Noch wehre ich mich gegen das Wort »Krebs«, aber die Angst umklammert mich wieder. Nur nicht der Negativität Raum geben. Ist mir nicht viel Gutes geschehen? Die Ärzte, die Schwestern haben getan, was sie konnten. Ich war gut aufgehoben in der Klinik, habe mich ausgeruht und viel Schlaf nachgeholt. Freunde haben angerufen und mich besucht. Die Meditationsübungen haben wunderbar geholfen. Ich kann ohne Beschwerden stundenlang laufen. Jeden Tag war ich im Freien und habe trotz meinen Sorgen viel Schönes erlebt.

Wie oft habe ich mir gewünscht, am Heiligen Abend einmal alleine zu sein, ohne Trubel, ohne Äußerlichkeiten. Einmal auf das achten, was im Inneren geboren werden will, statt auf einen geschmückten Baum und eine Krippe zu starren. Ich will nicht in meiner Angst gefangen sein. Es gibt so viel zu tun, über so vieles nachzudenken, so vieles möchte ich besser machen. Wer sagt, dass ein kranker Mensch nicht leben kann, vielleicht sogar besser und intensiver als früher?

Wann haben wir Weihnachten wirklich als ein Fest der Liebe gefeiert, als die Geburt der Liebe im eigenen Herzen? Unsere Feste waren fröhlich und durchdrungen von einem herzlichen Wohlwollen füreinander, aber unsere Lebenswirklichkeit haben sie nicht verändert. Einmal im Jahr die Liebe beschwören, ist zu wenig. Es müsste immer geschehen. Wenn in meiner von den Untersuchungen und dem wachsenden Tumor beschädigten Brust die Geburt der Liebe stattfinden könnte, wäre ich geheilt. Dann wäre ich heil.

Das fängt gleich bei den Mitpatienten an, denen ich trotz meiner guten Vorsätze doch eher aus dem Wege gehe. Da ist ein gestört wirkender Patient auf der Station, der mich neulich angesprochen und um Auskünfte gebeten hat. Ich gab sie ihm, aber als er dann wirr auf mich einredete und neben mir herlief, ließ ich ihn stehen und ging in mein Zimmer. Mit dem gemütlichen Allgäuer dagegen habe ich mich hin und wieder gerne unterhalten. Er gefällt mir mit seinem frischen Aussehen und seinem behäbigen Dialekt. So suche ich auch in der Klinik, wo wir alle Schicksalsgenossen sind, die mir Angenehmen und lasse die anderen, die einsamer sind und fremder in der Welt als ich, links liegen. Welche Liebe muss geboren werden, dass wir auch die Verstörten, die Menschen mit Macken und

Neurosen, die Lästigen und die Mühsamen ertragen, mehr noch, dass wir in der Lage wären, sie einzuhüllen in Liebe? Die *abstrakte* Liebe ist einfach – wenn man Vorsätze fasst, wenn der Pfarrer predigt, wenn man Weihnachtslieder singt oder einem besinnlichen Vortrag lauscht –, aber nur die *konkrete*, die gelebte Liebe zählt.

31. Dezember
Klapprig wie ich bin, fuhr ich nach Wien, um die letzten Tage des Jahres bei meinen Angehörigen zu verbringen.

Die Fröhlichkeit und Güte meiner Schwester sind mein Halt, so dass ich über die Depressivität der ersten Tage hinwegkomme. Sie bringt mich zu einem Professor, der sich die Röntgenbilder ansieht. Auch er bestätigt, dass es sich nicht um einen entzündlichen Herd, sondern wahrscheinlich um etwas Bösartiges handelt. Er meint jedoch, dass das Ding lokal begrenzt sei und gut operabel sein dürfte. Das gibt mir Auftrieb. Diese Auskunft passt zu dem Traumbild von einem fest verschnürten Paket voll altem Unrat. Dann muss es eben herausgeholt werden, und dann bin ich es los.

Den zweiten Feiertag verbringen wir bei der großen Familie meines Bruders. Zum ersten Mal in meinem Leben spüre ich, was es heißt, Rückhalt in der Familie zu haben. In meinen jüngeren Jahren habe ich mich eher abgegrenzt gegen die nahen Verwandten, um meine eigenen, verschlungenen Wege zu gehen, aber jetzt ist es ein Geschenk, eine Schwester zu haben, einen Bruder, eine Schwägerin, deren Nachwuchs und schon die Kindeskinder, und so wohlgeraten alle. Es ist leicht, diese Menschen zu lieben, die mich auffangen mit ihrer Teilnahme und unbeschwerten Herzlichkeit. Nach dem festlichen Essen, auf einem Spaziergang durch den verschneiten Wald, erzählt mir eine Nichte von der schweren Geburt ihres ersten Kindes. Sie würde dieselbe Tortur ohne Zögern noch einmal auf sich nehmen, um ein zweites zu bekommen. Sie strahlt vor Liebe.

Wir treffen Vorbereitungen für unsere kleine Silvesterfeier. Ich habe ein schweres Jahr hinter mir, und das neue wird noch schwerer werden.

2. Januar

Wieder in der Klinik. Überraschend wird mir mitgeteilt, dass die operative Biopsie abgesetzt wurde. Wegen des starken Wachstums des Tumors will man nun doch lieber punktieren. Nur wenn es sich um eine gutartige Geschwulst handelt, wird operiert. Bei Bösartigkeit sind die Alternativen Chemotherapie und Bestrahlung. Davor graut mir.

Die Nachricht ist ein Rückschlag. Ich habe mich auf eine Biopsie und eine rasch darauf folgende Operation eingestellt. Jetzt ist wieder alles anders.

Meine neue Zimmergenossin ist eingetroffen, eine blasse, junge Frau, Bosnierin, die wegen Tuberkuloseverdacht hier ist. Sie ist heiter und liebenswürdig. Wir werden gut miteinander auskommen.

Neue Röntgenaufnahmen, EKG und Lungenfunktionstests. Das habe ich alles schon durchexerziert, auch dieses Mal ohne Ergebnis. Wenn es den Lungenbefund nicht gäbe, wenn ich nicht so furchtbar schlapp und von innen her müde wäre, könnte ich für gesund gelten. Wenn die Ärzte mich früher nach nächtlichen Schweißausbrüchen fragten, konnte ich verneinen. Jetzt habe ich sie. Auf den neuen Röntgenbefund muss ich wieder tagelang warten.

Trotz der zunehmenden Mattigkeit ergreife ich jede Gelegenheit, ins Freie zu kommen. Mir ist immer wohler, wenn ich draußen bin und die Klinik, das Krankenzimmer, die sterilen Gänge und Waschräume mit ihrem penetranten Geruch nach Desinfektionsmitteln hinter mir lasse. Das ist die Ausnahmewelt, die Welt jenseits der Normalität, der Gesundheit, des Lebens. Ich gehe auf den Wegen wie auf einem weißen Teppich. Kreuz und quer über die Schneedecke laufen Wildspuren. Der Wald duftet nicht mehr – es ist alles zugeschneit. Die Fichtenzapfen, die ich so gerne aufhob, sind unter dem Schnee begraben. Es ist nichts zu sehen außer den auf der Schneedecke verstreuten, von Eichhörnchen abgebissenen Wipfeln.

Die computergesteuerte Punktion ist nicht so schlimm, wie ich befürchtet habe. Ich muss mich auf dasselbe Bett legen wie bei der CT und bekomme eine Kanüle in die Vene, in die das Kontrastmittel gespritzt wird. Dann markiert der Arzt zwei Punkte im linken oberen Brustbereich. Der Einstich mit der Sonde verursacht einen unangenehmen Druck, aber nicht mehr. Mit jedem Atemzug und Herzschlag wippen die Sonden auf meiner Brust, während der Arzt den Bildschirm beobachtet. Da ist der Tumor und mitten darin die Nadel. Ziemlich schnell kann mit den zwei Sonden genügend Gewebe herausgeholt werden. Der Arzt ist zufrieden und meint, wir hätten Glück gehabt. Die Prozedur hätte viel länger dauern und mehr Einstiche erfordern können.

Dass ich so glimpflich davongekommen bin, macht mich etwas euphorisch. Ich frage Dr. S. nach den möglichen Ergebnissen, und er wiederholt, was ich schon gehört habe: Nur wenn der Tumor gutartig ist, kann operiert werden, aber bei seiner jetzigen Größe ist diese Möglichkeit nicht mehr wahrscheinlich. Der Tumor ist jetzt so groß wie eine Orange.

Dieses virulente Wachstum erschreckt mich. Ich habe so viel für mich getan, dass ich annahm, der Tumor würde schrumpfen. Aber was ist mit »FlorEssence«, dem kanadischen Mittel, das angeblich ein vorübergehendes Anwachsen und Verhärten des Tumors bewirkt, bevor er abklingt? Könnte das Wachstum darauf zurückzuführen sein? Dann hätte ich das Mittel unbedingt weiter nehmen müssen. Ich werde nie erfahren, ob die Verschlechterung damit zusammenhängt, aber der Gedanke beunruhigt mich. Ich habe den Ärzten bisher nichts davon erzählt und bin im Zweifel, ob ich es tun soll. Sie haben eine andere Erklärung: In einem bestimmten Stadium wächst ein Tumor sehr schnell, und das ist ein schlechtes Zeichen. Ich bete darum, dass der Tumor gutartig ist. Es ist immerhin noch möglich, wenn auch nicht mehr wahrscheinlich.

Ich schlafe schlecht und wache in Schweiß gebadet auf. Auch untertags überfallen mich jetzt öfters Schweißausbrüche. Wehrt sich der Körper gegen das Wachstum des Tumors? Ich fange an, ihn zu spüren, ohne dass er das Atmen behindert. Wenn ich auf der linken Seite liege, spüre ich einen Druck in der Brust. Das ist neu.

Als ich unlängst in der Nacht wach lag, machte ich Atemübungen, betete und weinte etwas, nicht so sehr deshalb, weil ich krank, vielleicht sehr krank bin, sondern weil ich so vieles im Leben versäumt habe. Dann verscheuchte ich diese Gedanken und versuchte, mich für die Freude zu öffnen, trotz allem. Gestern, eine knappe Stunde vor der Punktion, war ich noch draußen und freute mich an den glitzernden Schneekristallen. In diesem Augenblick war ich vom Unglück unabhängig.

Meine Zimmergenossin erzählt mir viel aus ihrem Leben, von ihrer Familie, ihren zwei kleinen Kindern und von ihrem im Bürgerkrieg zerstörten Elternhaus. Sie ist gläubige Muslimin ohne jeden Fanatismus. Trotz ihren eigenen Sorgen ist sie immer fröhlich, sanft und rücksichtsvoll. Seit sie ihre Punktion hinter sich hat, ist sie noch heiterer. Man hat ihr eine Menge Wasser aus der Lunge entfernt. Sie erzählt mir von dem geliebten Großvater in Bosnien, der lungenkrank war und zuletzt, als er bettlägerig wurde, die Kinder wegen der Ansteckungsgefahr nicht mehr zu sich ließ. Hat sie sich bei ihm angesteckt?

Sie zeigt mir das Buch in serbokroatischer Sprache, das sie abends liest, mit Zitaten aus dem Koran in arabischer Schrift. Ich bewundere die schönen Schriftzeichen, die aussehen wie Bordüren.

Ich habe mir ein Herz gefasst und Dr. T. von »FlorEssence« erzählt. Er verwirft das Mittel als unwissenschaftlich und bezweifelt auch, dass meine Diät mir gut tut. Ich berichte von den Erfolgen, die mir diese Reinigungskur schon gebracht hat, aber er will nichts davon wissen und beharrt darauf, dass meine

Ernährung und die Bach-Blüten – die er offensichtlich mit »FlorEssence« verwechselt – mich höchstwahrscheinlich ungünstig beeinflusst haben. Ich versuche, ihm zu erklären, dass die Bach-Blüten gar keine negative Wirkung haben können und biete ihm den Begleitzettel von »FlorEssence« zur Lektüre an. Das Mittel ist erprobt und in Kanada als Heilmittel zugelassen, aber Dr. T. winkt ab. Auf ein so unsicheres Gebiet will er sich nicht einlassen. Er erwähnt Fälle von spontaner Heilung von Krebs und andere Fälle, wo die Ärzte sich vergeblich um einen Patienten bemühten und dieser trotz guten Prognosen starb. Und über die Ursachen von Krebserkrankungen wisse die Medizin sowieso nichts: »Wir fragen schon gar nicht mehr danach.«

Das Gespräch mit Dr. T. hat mich entmutigt. Er reagiert auf alternative Heilweisen wie die meisten Ärzte vom Standpunkt der Schulmedizin. Er ist ein netter Mensch und einem Gespräch nicht unzugänglich, aber was sich nicht anhand von wissenschaftlichen Statistiken beweisen lässt, zählt für ihn nicht. Ich bin verunsichert und verwirrt. Letztlich gibt es überhaupt keine Gewissheit, was für mich gut ist und was nicht, welche Therapie oder welche Ernährung die richtige ist. Auch die Ärzte tappen im Dunkeln. Zu vieles in der Medizin ist Glaubens- oder Glückssache: »Man könnte ja einmal dieses oder jenes probieren«.

Keiner will sich über die Daten meiner medizinischen Akte hinaus mit mir befassen und mir zuhören. Die Heilung von meiner Krankheit, die noch nicht einmal diagnostiziert ist, wird eine äußerst unsichere Angelegenheit sein. Wieder werde ich darauf gestoßen, dass es in diesem Prozess, in den ich geraten bin, nicht in erster Linie um äußere Heilung geht, so sehr ich mir diese wünsche. Es ist etwas in Gang gekommen, das ohne die Erkrankung nicht in Gang gekommen wäre. Ich würde die innere Heilung nicht suchen, wenn ich der äußeren nicht so bedürftig wäre.

Wie es in Notsituationen oft geschieht, kommt mir Hilfe zur rechten Zeit, aus einer ganz unvorhergesehenen Richtung.

Mit dem Walkman, den Ch. mir geliehen hat, höre ich zufällig eine Rundfunksendung über die Weisheit der Wüstenväter. Darin wird Bemerkenswertes über die Einsamkeit gesagt, über das Leben in der Wüste und das Schweigen als innere Schulung. Da ich alleine lebe, bin ich das Schweigen gewöhnt, aber ich suche auch Geselligkeit und Gespräch. Seit meiner Erkrankung bin ich hellhörig geworden für falsche Töne, und ein bloßer »geselliger Lärm« entnervt mich. Deshalb bin ich am liebsten draußen auf den Feldern und im Wald, in der ungestörten Einsamkeit.

Es ist sinnlos, mich über die Tatsache hinwegzutäuschen, dass ich kränker werde. Während die Untersuchungen ihren qualvoll langsamen Lauf nehmen, wächst der Tumor und zugleich meine Unruhe. Wenn ich nachts nicht schlafen kann, trete ich in eine neue Einsamkeit. Es kommt mir vieles zu Bewusstsein, das mich schmerzt, und dann weine ich. Es sind gute Tränen, eine Art Reinigung. Manches Belastende fließt mit ihnen aus mir heraus. Mir ist wohler, wenn ich »im Saft« bin, gebadet in Schweiß und Tränen. Es gelingt mir nicht immer zu beten. Mich tröstet, was ich in der Radiosendung hörte, dass die kurzen, inständigen Gebete besser sind als die wortreichen. Das empfinde ich auch so und breche das Gebet ab, wenn ich merke, dass ich in ein geschwätziges Fahrwasser gerate. Es ist so viel Unechtes, Unwahres dabei, gedankenlos übernommene Worte, Worthülsen. Natürlich bitte ich um Hilfe, aber das geschieht mit einem einzigen Wort, einem halben Satz. Das Wichtigste ist die Hinwendung, das Aushalten vor dem Berge, »von welchem mir Hilfe kommt«. Die Konzentration lässt nach, und ich schlafe ein – bis zum nächsten Erwachen. Dann lege ich mich wieder auf dem Rücken zurecht, die Hände entspannt auf dem Unterleib oder ausgestreckt neben mir, und beginne wieder die Atemzüge zu zählen und den Augenblick zu erwarten, in dem ich beten kann.

Die eigentliche Hilfe kann mir kein Ärzteteam der Welt geben. »Noch drei solche Nächte«, dachte ich gestern, »und du hast es geschafft.« Ich muss lachen. Es gibt keine an durchwachten Nächten gemessene Leistung, die zu erbringen wäre, damit das Dunkel sich lichtet. Es muss durchschritten werden, ohne zu verhandeln, ohne auf Belohnung zu schielen. Wer weiß, wie lange die Reise dauert? Aber um Klärung, um Nachlassen der Angst bitten, das darf man.

Zwei Probleme bedrängen mich: 1. Wie kann ich die Angst loslassen, und 2. wie kann ich im Unglück Freude finden? Es müsste eine vom Unglück unabhängige Freude sein. Wenn ich eine Antwort auf diese Fragen fände, wären das zwei große Schritte auf dem Weg zur inneren Heilung. Wie kann aus dem Alptraum ein Weg werden, der zwar durch die Finsternis, aber gleichzeitig zu heilsamen Erfahrungen führt, die ich ohne den Alptraum nicht machen würde? Wie die meisten Menschen hätte ich mich lieber davor gedrückt. Hätte ich die Wahl gehabt zwischen Gesundheit und innerer Reifung durch Unglück, hätte ich ohne Zweifel die Gesundheit gewählt und wäre dem Leiden aus dem Weg gegangen in der Hoffnung, dass sich ein anderer, weniger schmerzhafter Weg finden würde, um zu lernen.

6. Januar, Hl. Drei Könige

Heute früh führte ich ein Gespräch mit meiner Zimmergenossin. Sie hat wieder geträumt, aber nicht so schwer wie neulich. Sie träumt oft und weiß nicht, ob das gut oder schlecht ist. Ich sage ihr, dass ich die seltenen Träume, an die ich mich erinnern kann, sogar aufschreibe, damit ich sie nicht vergesse. Wenn uns Gedanken durch den Kopf gehen, die wir tagsüber nicht zu Ende denken oder loswerden können, ist es gut, wenn die Träume sich ihrer annehmen und uns in ihrer symbolischen Sprache etwas mitteilen. Auch ein Tagebuch zu führen, ist hilfreich. Es kann wie ein Freund sein, der immer ein offenes Ohr hat, dem wir unsere Freuden und Kümmernisse anvertrauen können. Was sie in ihrem Tagebuch ausspricht, kann ihr niemand nehmen, das gehört nur ihr. R. hält das für eine gute Idee und will sich auch ein Tagebuch zulegen.

Sie berichtet von einer Tante, die ihrem mit achtzehn Jahren tödlich verunglückten Sohn so lange nachtrauerte und immerzu weinte, bis er ihr eines Tages erschien, sie anlächelte und sagte, dass es ihm gut gehe. Da war der Tante geholfen. Wir sprechen vom Tod und von den Toten, die auf einer anderen Ebene existieren, aber es kommt vor, dass sie im Traum oder in einer »Erscheinung« zu uns sprechen. Das zu wissen, oder auch nur die Möglichkeit zuzulassen, dass es das geben könnte, erleichtert mein Herz. Der Tod bekommt dadurch eine andere Qualität. Die Toten sind nicht so restlos von uns abgeschnitten, wie wir in unserer Trauer meinen. R. versichert mir, dass sie immer davon überzeugt war.

Ich erkundige mich nach den muslimischen Gebetszeiten und ob es nicht schwer sei, fünfmal am Tag zu vorgeschriebener Stunde alle Tätigkeiten zu unterbrechen, um zu beten. R. erklärt mir, dass die Vorschrift so gehandhabt wird, dass man sich den Gegebenheiten anpassen kann. Die Verpflichtung ist nicht drückend, aber auch dann, wenn man die Gebetszeiten nicht einhält oder nicht einhalten kann, ist der Gedanke an Gott nie fern. Ich erzähle ihr von dem Herzensgebet in der christlichen Tradition, dem Beten ohne Unterlass, und den indischen Mantras, die auch dann verwandelnde Kraft haben, wenn man sie schweigend im Bewusstsein bewahrt. R. hat von diesen Traditionen noch nie etwas gehört, aber sie sind ihr nicht fremd.

Wir sind froh, uns einmal über etwas anderes als unsere Krankheiten zu unterhalten. Wir sprechen über Männer und Frauen. Ihr Mann ist eifersüchtig und will nicht, dass sie sich schminkt – damit sie anderen Männern nicht gefällt, sagt sie verschämt. Bosnische Männer sind eben so, und mit dem ihrigen hat sie noch Glück. Er hilft ihr zu Hause, ist ein guter Familienvater und arbeitet schwer, um seiner Familie einen bescheidenen Lebensstandard zu ermöglichen. In Bosnien ist er wie ausgewechselt, ein Macho unter Machos. Da schämt er sich vor seinen Freunden, von seiner Familie zu reden oder sich gar mit den Kindern abzugeben. Ihre Heimat ist jetzt

Deutschland. Sie hat gute Erfahrungen gemacht und überall hilfsbereite Menschen angetroffen. Sie schätzt das geordnete Leben, den Kindergarten und die gute Schule für ihre Kinder, die Krankenversorgung, da sie jetzt selbst krank ist, und natürlich den guten Lohn, den ihr Mann nach Hause bringt. Von dem, was er als Packer und Fahrer verdient, können sie hier anständig leben und sich in Bosnien sogar ein Haus bauen. Von der weltweiten Frauenbewegung hat sie noch nie etwas gehört. Sie ist Feuer und Flamme, und ihre blassen Wangen bekommen einen rosigen Schimmer.

Es ist ein langes, intimes Gespräch, das wir zwei Frauen miteinander führen. Es hat mich froh gemacht, dass ich in meinem reduzierten Zustand einer Mitpatientin etwas bedeuten kann, dass ein Mensch mir sein Herz geöffnet hat.

Dr. B.s freundliche Zuversicht – er ist frisch aus dem Urlaub zurück – überträgt sich auf mich. Der Befund würde bald da sein. Vermutlich könne der Tumor in einer größeren Operation entfernt werden, »so weit wie möglich«. Ich halte gegen alle Wahrscheinlichkeit daran fest, dass der Tumor immer noch gutartig sein kann und mache mich auf zu meinem Nachmittagsspaziergang, während R. auf ihre Familie wartet. Auch sie erwartet eine entscheidende Nachricht: ob sie Tuberkulose hat oder nicht.

Nach meiner Rückkehr liegt der Befund vor, kein guter. Die Laboranalyse der Gewebeprobe hat wieder nichts Definitives erbracht. Es gibt zwar keinen Anhaltspunkt für eine Bösartigkeit, aber eine eindeutige Diagnose lässt sich noch immer nicht stellen. Nun bleibt nichts anderes übrig als der operative Eingriff, den man mir durch die Biopsie ersparen wollte. Ob eine größere Operation angezeigt ist, wird sich dann entscheiden. Dr. B. gibt mir kaum mehr eine Chance, dass der Tumor gutartig sein könnte. Das rapide Wachstum spricht dagegen. Zum ersten Mal fällt das Wort »Lymphdrüsenkrebs«.

Auch R. hat schlechte Nachrichten bekommen. Der Tuberkulosetest ist positiv, muss aber noch verifiziert werden. Die Ärzte widersprechen sich. Einer versichert ihr, sie könne in wenigen Tagen nach Hause. Dr. B. sagt, sie müsse mindestens noch zehn Tage bleiben. Sie weint vor Kummer. Die Trennung von ihrer Familie, von den kleinen Kindern fällt ihr sehr schwer.

»Wir wollen uns gegenseitig helfen, ja, R.?«

»Ja«, sagt sie lächelnd unter Tränen.

»Wir müssen jetzt stark und ruhig bleiben.«

»Das wollen wir versuchen. Sie sind eine starke Frau.«

Ach nein, das bin ich nicht, und doch freut mich das Kompliment, das mir nicht zusteht.

Wir haben Glück miteinander. Ich habe die überschlanke, blasse Frau mit ihrem feinen Wesen und Herzenstakt lieb gewonnen. Mit wie viel Vertrauen sie sich in alles schickt, mit welcher Liebe und Hingabe sie von ihrer Familie spricht. Die Krise ihrer Krankheit ist eine andere als meine. Sie muss lernen, auch an sich selbst zu denken, auf ihre Gesundheit zu achten, sich etwas mehr Freiheit zu nehmen. Hingabe und Liebe braucht sie nicht zu lernen, davon hat sie genug. Bei mir ist es anders. Vielleicht ist diese Krankheit, die offenbar schon lange in mir geschlummert hat, ein Weg der Einweihung, um Hingabe zu lernen. Jetzt bin ich dran, und der Einsatz ist hoch. Hinter der Frustration wegen der endlosen Serie inkonklusiver Befunde, die in der Tendenz immer schlechter werden, steht die geheime Sehnsucht nach einer Krise, die mein Leben verändern möge. Wenn ich in der Vergangenheit in mich hineinhorchte, meinte ich manchmal zu spüren, dass mir kaum merkliche Ströme durch die Brust rieselten. War das die Manifestation einer unlösbaren Spannung? Jetzt weiß ich um die Zusammenhänge, wenngleich ich mit keinem Arzt darüber sprechen kann.

Seit zwei Monaten, seit dem Tag des ersten Röntgenbefundes, lebe ich mit der Angst. Es werden vielleicht Schmerzen kommen, die ich jetzt noch nicht habe. Noch spüre ich den Tumor lediglich als einen gewissen Druck, nicht als Schmerz. Ich kann atmen und bin stundenlang im Freien, aber das kann sich ändern. Der diagnostische Eingriff wird mich hernehmen, sagt Dr. D., und was kommt danach?

»Medizin«

Wieder ist mir von unerwarteter Seite Hilfe zugekommen. Eine Freundin hat mir das Buch *Vom Geist Afrikas* ins Krankenhaus gebracht, das mich sehr beschäftigt.[6]

Der Autor, Angehöriger eines Eingeborenenstammes in Burkina Faso, hat eine Schamaneneinweihung durchgemacht und schildert die Ängste bei den Prüfungen, denen er sich unterziehen muss. Sie erfordern die äußerste Geistes- und Seelenkraft, den größten Mut. Es ist eine Gratwanderung zwischen der diesseitigen und einer jenseitigen Welt. Das Risiko ist für alle gleich groß, und trainieren, sich für eine solche Prüfung vorbereiten, kann man nicht. Die Weisheit dieser mir fremden afrikanischen Kultur sorgt dafür, dass der Mensch den eigenen Mittelpunkt findet und möglichst früh die Aufgabe erkennt, für die er zur Welt gekommen ist. In unserer Zivilisation hilft einem niemand, die eigene Bestimmung zu finden. Ist es nicht vielmehr so, dass das moderne Leben den Menschen sich selbst entfremdet? Manche brauchen sehr lange, um bei sich anzukommen. Wie viele Umwege und Irrwege bin ich gegangen, um zuletzt in eine Krise zu geraten, in der ich krank geworden bin. Ist die »Einweihung«, die mir bevorsteht, vielleicht diese Krankheit, die ich noch nicht beim Namen nenne, weil ich an dem letzten Splitter einer Möglichkeit festhalte, dass ich glimpflich davonkomme? Wenn das nicht der Fall ist, dann steht auch mir eine Gratwanderung bevor. Werde nicht auch ich eine andere »Medizin« als die wissenschaftlich-rationale nötig haben, um diese Prüfung zu bestehen? Der Autor plädiert dafür, dass beide Welten einander brauchen, die magische, naturverbundene Welt der Stammesvölker und die wissenschaftlich-rationale Zivilisation des Westens.

Am Abend machte ich eine ganze Stunde Entspannungs- und Atemübungen mit R. Sie ging gut mit und sagte, dass die

Übungen ihr wohl getan hätten. Erst nachher merkte ich, dass das Sprechen mich angestrengt hat. Jetzt, da ich im Bett liege, spüre ich den Knoten deutlich. Zum ersten Mal hindert er mich am Einschlafen. Ich habe Schmerzen beim Atmen. Den Rat, den ich R. gab: durch Konzentration auf die Atemzüge wieder einzuschlafen, kann ich heute selbst nicht befolgen. Der Knoten sitzt mir wie ein Kloß in der Kehle, und ich spüre förmlich, wie er wächst. Wenn ich ihn doch einfach herauskotzen könnte.

Der Chirurg war da und hat mich auf den Eingriff vorbereitet. Sollte sich herausstellen, dass man den ganzen Tumor entfernen kann, wird man die Operation erweitern. Dann würde ein größerer Einschnitt gemacht werden müssen, von der Halswurzel über das ganze Brustbein hinunter. Ich würde drei Wochen brauchen, um mich von der Operation zu erholen, aber trotzdem sei das die günstigste Variante. Schlimmer wäre es, wenn der Verdacht eines bösartigen Tumors sich bestätigt. Dann kann er nicht entfernt werden, und es bleibt nur noch Chemotherapie. Das sind also die Optionen.

Das Sprechen fällt mir zunehmend schwer. Die Atemübungen, die ich R. am Abend wieder versprochen habe, mache ich mit Flüsterstimme. Dann gebe ich ihr eine Rückenmassage. Sie ist überrascht und glücklich darüber, wie gut ihr die Übungen tun, und schläft schnell ein. Auch ich bin zufrieden. Die Anstrengung hat mich von meinen Sorgen abgelenkt.

Die Schweißausbrüche werden jetzt häufiger, und der Knoten übt weiterhin einen spürbaren Druck aus. Dazu kommt, dass der Krankenhausbetrieb mich zusehends bedrückt. Der Mensch ist hier auf seinen Körper bzw. auf sein krankes Organ reduziert. Die Kommunikation mit den Ärzten und Schwestern beschränkt sich auf die Symptome meiner Krankheit. Jeder hält sich an seine Zuständigkeit. Dass ich noch etwas anderes bin als das Ding in meiner Brust, interessiert niemanden. Ein persönliches Wort ist am ehesten von den zivildienstleistenden jungen Fahrern und den jugoslawischen Putzfrauen zu erwarten.

Die Behandlungs- und Untersuchungsräume wirken durch die vielen technischen Geräte bedrohlich. Die technische Medizin ist ein Fortschritt, vor dem mir graut. Ich gewöhne mich nicht daran, im Gegenteil. Je länger die Untersuchungen dauern, je öfter ich im Röntgenraum meine Brust gegen die Platte pressen muss oder durch die Röhre des Computertomographen geschoben werde, desto anonymer komme ich mir vor, ein Teil der Apparatur, die ich nicht verstehe. Ihre Bedienung erfordert ein hochspezialisiertes Wissen und eine ungeteilte Aufmerksamkeit, so dass für den Patienten, der durch die Geräte geschleust wird, kein persönliches Wort, keine menschliche Geste übrig bleibt.

Die Ärzte sind unsere »Medizinmänner«. Vor allem die Chirurgen, die Halbgötter in Weiß, haben diesen Nimbus. Was in der bevorstehenden Operation mit mir geschieht, ist für mich Voodoo, reinster Schamanenzauber. Ich gehe hinein wie in ein magisches Ritual mit ungewissem Ausgang. Wie werde ich es überstehen; wie wird die Seele es überstehen?

Die Schwester bereitet mich auf die Operation vor. Sie gibt mir ein starkes Abführmittel, bringt Stützstrümpfe zur Vorbeugung einer Embolie, einen Wegwerf-Slip, das auf dem Rücken offene Operationshemd und einen Rasierapparat. Ich muss meine Sachen zusammenpacken. Falls die größere Operation durchgeführt wird, werde ich auf die Chirurgie verlegt. Ich habe darum gebeten, dass Professor T. noch einmal kurz hereinschaut. Ich möchte dem Mann, der mir morgen die Brust aufschneidet, noch einmal ins Gesicht sehen.

Morgen werde ich mich der Medizin unserer Ärzte – ihrem Können und ihren Geräten – anvertrauen. Das ist nicht immer die wirksamste »Medizin«, weil sie nicht den ganzen Menschen im Blick hat und die Seele außer Acht lässt. Der große Pathologe Rudolf Virchow erklärte gegen Ende des vergangenen Jahrhunderts die Seele für nicht existent, weil er sie beim Sezieren eines Körpers noch nie gefunden habe. Seine »Medizin« war das Skalpell, das Seziermesser, und wir sind heute noch nicht viel weiter.

Die »Medizin« einer Freundin von mir ist ihr Pendel, Herrn F.s »Medizin« ist seine Intuition, die es ihm ermöglicht, die Körperschwingungen eines Patienten aufzunehmen. Noch hat kein Befund den Nachweis erbracht, dass ihrer beider Überzeugung, dass ich keinen Krebs habe, ein Irrtum ist. So steht eine »Medizin« der anderen gegenüber. Ich habe keine Wahl, als mich auf die wissenschaftlich-rationale zu verlassen. Obwohl ich die Operation im Grunde nicht will, kann ich jetzt nicht mehr zurück. Alle würden mich für verrückt erklären, wenn ich weiter versuchen wollte, den Tumor nur mit Diät und einem kanadischen Wundermittel zu bekämpfen. Die Würfel sind gefallen. Es bleibt mir nichts anderes übrig, als der »Medizin des weißen Mannes« zu vertrauen. Nicht allein die Kunstfertigkeit der Ärzte, nicht die Beschaffenheit des Tumors, der sich so hartnäckig einer Diagnose entzieht, wird ausschlaggebend sein, sondern ebenso die Qualität meines Vertrauens und die Hingabe an den höheren Arzt.

In meinen Übungsbüchern habe ich ein Gedicht oder Gebet gefunden, das ich abschreiben und mir bis morgen einprägen will:

Von deinen Händen kommt alles Gute;
von deinen Händen fließen Gnade und Segen.
Meine Augen sind auf dich gerichtet.
Du bist meine Hilfe.
Sei nun bei mir in dieser Stunde.
Begleite und beschütze mich,
wenn mein Körper, dein Tempel,
durch die Hände dieses Arztes geöffnet wird.
Begleite und segne auch ihn
und führe seine Hände.

Da ich heute nicht mehr ins Freie komme, vergegenwärtige ich mir den gestrigen Spaziergang:

Wieder merkte ich, wie eine Ausnahmesituation – meine Angst und Ungewissheit – die Wahrnehmung schärft. Wieder suchte ich mir einen Baum, diesmal eine Fichte mit geradem, kräftigem Stamm. Welche Wärme, welche subtile Kraft geht von einem Baum aus. Er wird zu einer beseelten Gestalt, und wenn man an den Stamm geschmiegt eine Weile verharrt, findet ein Austausch statt, genauer gesagt: ein Überfließen der Baumkraft in meinen Körper. Malidoma Somé, der Autor des Buches *Vom Geist Afrikas*, schildert, wie er vor einem Baum das übersinnliche Schauen lernte, bis ihm schließlich die »Herrin der Bäume« erschien. In ähnlicher Weise übte ich mich in einer Art übersinnlichem Tasten. Ich probierte es einfach. Ich werde wohl nie die Gabe besitzen, »Baumgeister« oder »Devas« zu sehen wie manche Leute, etwa in der weltbekannten Findhorn-Gemeinschaft in Schottland, und danach verlangt es mich auch nicht. Es genügt mir zu wissen, dass Bäume einen großen, starken Atem haben, mit dem ich in Verbindung treten kann, wenn ich den Baum mit meinen Armen umschließe. Ich habe lange gebraucht, um Bäume als starke Wesenheiten zu erkennen. Früher zog ich Blumen den Bäumen vor, aber auch sie erkannte ich nicht wirklich. Ich dachte, sie seien nur zu meiner Freude, zu meiner Augenweide geschaffen. Erst später ging mir auf, dass sie um ihrer selbst willen da sind und keinem anderen Zweck dienen als ihrem eigenen Dasein. Seither pflücke ich nicht mehr so viele Blumen auf den Wiesen. Die Sträuße von Himmelschlüsseln und Margeriten, die ich früher zusammenraffte, waren oft zu groß für meine Hände.

Was führte mich zu der anderen Sicht von Blumen und Bäumen? Viele Dinge – mein Besuch vor Jahren in Findhorn; die japanische Kunst des Blumensteckens, deren Anfangsgründe ich erlernt habe; die sagenhaften Bäume Indiens; der verblüffende Schmerz, als einige alte Bäume unseres Gartens gefällt werden mussten. Ja, ich habe mich wohl verändert. Meine Wahrnehmung hat sich verändert, und diese neue Wahrnehmung vertieft sich mit jedem Spaziergang. Sie öffnet mir andere Räume der Wahrnehmung. Ein lebender Baum ist mehr als nur ein optischer Reiz auf der Netzhaut. Ich habe kein Interesse daran, die Substanz eines Baumes philosophisch zu ergründen. Ich möchte ihn anfassen, seinen Duft einatmen, seine Rinde an meiner Haut spüren und dadurch erfahren, was er ist. Er wird es mir selber mitteilen.

Ich vernahm die Vogelstimme wieder, die so nach Frühling klingt. In der Tiefe des Winters kündigt sich der Frühling an. Das wusste auch H. D. Thoreau, einer meiner Privatheiligen. Es ist gut, mich daran zu erinnern, dass nach der Dunkelheit immer das Licht kommt.

Operation und Diagnose

Professor T. ist tatsächlich noch einmal hereingekommen. Falls die größere Operation angezeigt ist, wird er den Schnitt nach Möglichkeit unterhalb der Brust ansetzen, statt das Brustbein aufzustemmen. Er erläutert mir die Risiken der Operation, die beängstigend sind. Es können Blutungen auftreten, Infektionen, die eine Reoperation nötig machen, das Unangenehmste, das passieren kann. Es könnte sich eine Luftfistel bilden, es kann zu Nerven- und Stimmbandläsionen kommen. Nur das nicht, bitte, ich lebe von meiner Stimme. Der Professor wird darauf achten, dass nichts passiert.

Immerhin erklärt einem der weiße Medizinmann, worauf man sich einlässt und wie vorgegangen wird. Der Schamane sagt nur, dass man im Verlauf des Rituals sein Leben verlieren kann. Nicht jeder ist der Begegnung mit der anderen Wirklichkeit gewachsen. Bei Malidomas Einweihung wurden mehrere Kandidaten in den Zwischenwelten eingeklemmt und kehrten nicht ins Leben zurück. In den Höhen und Tiefen dieser Reise ist das Bewusstsein aufs äußerste wach und angespannt. Im Zustand der Bewusstlosigkeit gibt es keine Einweihung. Mein Bewusstsein dagegen wird mit der chemischen Keule ausgeschaltet. Ich kann mich nicht »bewähren«, nur durch meine Einstellung zu dem Vorgang, durch mein Vertrauen zu den Ärzten und zum göttlichen Heiler.

14. Januar

Die Operation ist überstanden und hat einen ganzen Vormittag in Anspruch genommen. Zweimal musste unterbrochen und die Laboruntersuchung abgewartet werden. Die Biopsie mittels des kleinen Schnitts ergab wieder nichts. Daher musste die größere Operation vorgenommen werden, aber der Tumor erwies sich als inoperabel. Als ich aus der Narkose erwachte, erfuhr ich, was ich so lange nicht für möglich gehalten hatte. Ich habe ein hochmalignes Lymphom, mit anderen Worten: Lymphdrüsenkrebs.

Der Professor versuchte mich zu trösten. »Von allen bösen Varianten ist das die gnädigste.« Dank den hoch entwickelten Methoden der Chemotherapie und Bestrahlung gehört der Lymphdrüsenkrebs heute zu den »behandelbaren« Krebsarten mit guter Aussicht auf Heilung. Er nannte eine Heilungsquote von 70-80 Prozent. Zunächst ist mir das kaum ein Trost. Also doch. Ich habe Krebs.

Auf der Intensivstation sinkt die Nachricht in mein Bewusstsein. Nun ist es wahr geworden. Ich habe Krebs. Der Heiler und das Pendel haben nicht Recht behalten. Vielleicht war das zu Beginn anders, als der Tumor noch klein war. Vielleicht ist er erst später bösartig geworden. In dem wochenlangen Dauerstress zwischen Hoffen und Bangen kann etwas passiert sein. Die Schweißausbrüche, der wachsende Druck in der Brust, die Atembeschwerden begannen erst hier mit den Untersuchungen. Hätte man doch operieren sollen, bevor der Tumor so groß wurde, dass er nicht mehr operabel war? Hätte ich mit den Naturheilverfahren weitermachen sollen? Es ist zwecklos, mir jetzt diese Fragen zu stellen. Zur konventionellen Medizin gibt es keine Alternative mehr. Mir steht der Horror einer monatelangen Chemotherapie und Bestrahlung bevor. Ich werde die Haare verlieren, mir wird übel und unendlich elend sein. Trotz den guten Heilungschancen gibt es keine Garantie, dass die brutale Kur Erfolg hat. Krebsstatistiken gehen von einer Überlebenszeit von fünf Jahren aus. Wie geht es den Betroffenen nach dieser Zeit? Auch an Lymphdrüsenkrebs sterben Menschen. Mich befällt eine große Niedergeschlagenheit.

Die Tage auf der Intensivstation vergehen qualvoll langsam. Die grelle Beleuchtung wird nie abgeschaltet und blendet mich. Angeschlossen an Schläuche und Apparate kann ich mich nicht rühren und nicht schlafen. Dreimal habe ich darum gebeten, mir etwas zu trinken zu geben, meine Schleimhäute sind ausgetrocknet und meine Lippen rissig, aber die Schwestern haben keine Zeit. Endlich bekomme ich einen Spray, mit dem ich mir den Mund befeuchten kann. Neben mir, hinter einem ausgespannten Laken, röchelt ein Patient. Er hustet gurgelnd und stöhnt die ganze Nacht. Manchmal lallt er ein unverständliches Wort. Erst als ich durch einen Schlitz in dem Laken seinen Kopf sehen kann, erkenne ich Herrn O., meinen Mitpatienten aus dem Allgäu, mit dem ich mich öfters unterhalten habe. Man hat ihm die halbe Lunge entfernt. Ich weiß nicht, ob er mich erkennt.

Der Wundschmerz stellt sich ein. Mein Thorax wurde wie angekündigt durch einen Schnitt unterhalb der linken Brust, vom Rücken bis vorne zum Brustbein, geöffnet. Um an die Geschwulst heranzukommen, mussten die Rippen aufgespreizt, Nerven und Sehnen durchtrennt werden. Jeder Atemzug schmerzt mich. Ich weiß nicht, wie ich durch die erste Nacht und den darauf folgenden Tag gekommen bin. Herr O. neben mir ist nicht einen Augenblick still. Er hat offenbar große Schmerzen und leidet unter dem Schleim, den er nicht abhusten kann. Er versucht zu sprechen, aber ich verstehe ihn nicht. Zwischen den klickenden Geräten, dem ständig schrillenden Alarm sehne ich mich nach Ruhe. Ich möchte abschalten können.

Mit dem Atmen geht es sehr schlecht. Keine Rede vom tiefen Durchatmen aus der Beckenschale. Ich versuche zu beten, aber es sind Stoßgebete ohne Kraft. Als ob mir der Geist abhanden gekommen wäre. Mein Gott, wie schnell das geschieht. Es nützt nichts, mir zu sagen: Das ist die Zeit, um Hingabe zu üben, dich bedingungslos anheim zu stellen. Ich bin kein Mensch mehr mit Leib und Seele, sondern nur ein Bündel physiologischer Reaktionen. Wie schnell mir unter den eigenen Schmerzen das Mitgefühl für andere vergeht.

Die zweite Nacht ist noch schlimmer, da ich sie bewusster erlebe. Jedes Mal, wenn die Schwester kommt, um mich zu versorgen, schrillt der Alarm bei einem anderen Patienten, und sie läuft halbverrichteter Dinge wieder fort. Ich fühle mich im Stich gelassen und bin den Tränen nahe. Die Station ist unterbesetzt, die Schwestern sind überlastet – wer möchte schon Nachtschwester auf einer Intensivstation sein? Jeder Mensch weiß, dass es scheußlich und entwürdigend ist, Apparaten ausgeliefert zu sein, aber der nackte Groll steigt einem erst auf, wenn man es selbst erlebt. Nach drei Tagen werde ich auf die Chirurgie verlegt.

R., meine liebe Zimmergenossin von der Untersuchungsstation, kommt zu einem Abschiedsbesuch herein. Sie strahlt. Sie wird nach Hause entlassen. Der Verdacht auf Tuberkulose hat sich nicht bestätigt. Ich beglückwünsche sie. R. geht in ihre Familie zurück, geheilt; ich habe Krebs und gehe einem Leidensweg entgegen. Wir umarmen uns zum Abschied.

Der genaue histologische Befund ist eingetroffen. Aus der Beurteilung aller untersuchten Gewebeschnitte geht hervor, dass es sich um ein Non-Hodgkin-Lypmhom von hohem Malignitätsgrad handelt oder, wie es in einem zweiten Befund heißt, um ein primär mediastinales großzelliges B-Zell Lymphom. Daran ist nun nicht mehr zu rütteln. Das rasante Wachstum macht es zu einem besonders bösartigen Tumor, der aus diesem Grund nicht entfernt werden kann. Er sitzt auf dem Herzbeutel auf, ist mit der Lunge verbacken und berührt die Brustwand. Eine Radikaloperation ist nicht möglich, ohne diese Organe in Mitleidenschaft zu ziehen und die Stimmbänder zu gefährden.

Was ist ein Lymphom? Man sagt mir, dass Lymphome unter den Tumoren eine Klasse für sich darstellen und, streng genommen, nicht zu den Karzinomen gezählt werden. Wie sie entstehen, ist ein ungelöstes Rätsel. Manche Forscher vermuten, dass die Ursache ein Virus sein könnte, aber letztlich weiß niemand, warum das Lymphsystem aus der Bahn gerät und was die Lymphknoten bewegt, eine Geschwulst zu bilden. Eines Tages weigern sich die Lymphzellen, die richtigen Informationen durchzugeben und fangen an, sich krankhaft zu vermehren. Eine ertastbare Schwellung der Lymphknoten in der Leiste, in den Achselhöhlen und am Hals, sowie eine geschwollene Milz als Anzeichen eines erkrankten Lymphsystems, lag bei mir nicht vor. Es war nichts zu ertasten. Das Lymphom hat sich in dem Raum zwischen Brustbein, Herz und Lunge, im so genannten vorderen Mediastinum, eingenistet und konnte in diesem Hohlraum unbemerkt wachsen. Jetzt ist es mir so nahe wie mein Herz, ein Sinnbild dessen, was mein Herz beschwert, was ich mir habe allzu nahe gehen lassen. Ich habe zugelassen, dass dieses Fleischpaket voll Unrat mich überwältigte, dass es mir näher kam als mein Herz.

Der Wundschmerz ist noch ziemlich stark, klingt aber bereits ab, und das Wundödem, der hässliche Fleischwulst entlang der Naht, wird sich zurückbilden. In einigen Tagen werden die Fäden gezogen. Dann kann ich bald entlassen werden.

Die Klinikrealität hat sich seit der Operation und den Erfahrungen auf der Intensivstation verändert. Alle Augenblicke geschieht etwas Unvorhergesehenes, gegen das ich mich wappne wie gegen einen feindlichen Übergriff. Mir ist, als wäre ich in ein Netz geraten, das sich über mir zuzieht. Jedes Mal, wenn ein Arzt oder eine Krankenschwester das Zimmer betritt, gerate ich in Panik. Was bringen sie mir jetzt für eine Nachricht? Was wollen sie von mir? Mit der neuen Zimmergenossin kann ich nicht warm werden. Ich vermisse R.

Nach fünf Tagen werden die Fäden entfernt, und eine Woche nach der Operation bin ich zum ersten Mal wieder im Freien.

Am Nachmittag besucht mich meine Freundin E., die Starke, Strahlende. Ihr ganzes Wesen atmet Kraft und Frische, wie sie in das Zimmer tritt mit einem Korb voll Mitbringseln. Ich habe sehnsüchtig auf sie gewartet. Wir machen einen Spaziergang über die Felder. Wir gehen Hand in Hand und sprechen lange über den Sinn dieser Krise und die Aufgaben, die auf mich warten, wenn ich wieder gesund bin. Ich will durchkommen; ich bin bereit zu kämpfen.

»Dann wirst du die Therapie auch überstehen. Und wenn es dir bestimmt sein sollte, sie nicht durchzustehen, dann musst du auch das annehmen. Dann ist eben *das* die Aufgabe.«

Es tut mir gut, dass E. so nüchtern spricht, ohne einen Versuch, den Ernst meiner Krankheit zu beschönigen. Das hilft mir, der Möglichkeit ins Auge zu sehen, dass ich den Krebs vielleicht nicht besiege, dass er sich stärker erweisen könnte als meine Lebenskraft.

Unter den Geschenken, die E. mir mitgebracht hat, ist ein kleines Buch, das mich in der Seele berührt. Diese Texte hätten mich wohl auch früher angesprochen, aber jetzt lese ich sie mit dem Verlangen nach einer Wahrheit, die sich in meiner konkreten Situation bewährt. Die kurzen Lektionen über die Heilwerdung aus der göttlichen Quelle im Inneren besagen nichts anderes, als dass auch in der Not ein Leben aus der Fülle möglich ist. Ein Satz vor allem hat es mir angetan: »Ich bin das Zentrum deines Seins.«[7]

In der Nacht, nachdem E. hier war, habe ich fast zehn Stunden geschlafen. Es war ein wahrer Heilschlaf, als hätte sie mich angesteckt mit ihrer leiblichen und seelischen Gesundheit. Wie Recht hat Thoreau, der einmal schrieb:

»Die Gesellschaft eines Menschen kann für einen Kranken ein wahres Elixier, ein Gesundbrunnen sein. Wir möchten, dass unser Freund kommt und vor uns hintritt mit einem gesunden Atem, der nach Wiesen und Heide duftet, und wir werden in seinem Körper wohnen, bis der unsrige wiederhergestellt ist.«[8]

In der Tat, es gibt einen Trost, der aus dem »Überfließen der Gesundheit« eines Freundes oder einer Freundin kommt. Ich werde nicht vergessen, wie mir das Herz aufging, als E. mit einem Lächeln in der Türe stand, meine schöne Freundin, meine Starke.

71

4 Im finstern Tal

Auf der Rückseite der Angst

Meine Schwester hat mich für die Dauer der onkologischen Behandlung bei sich in Wien aufgenommen. Allein auf mich gestellt, würde ich sie nicht durchstehen. Der Chef der onkologischen Abteilung des Wiener Krankenhauses hätte mir noch einen bis sechs Monate zu leben gegeben, wenn ich nicht gekommen wäre. Aber das erfahre ich erst viel später.

Der lange Marsch durch die Chemotherapie beginnt. Zuerst werde ich durch neue Untersuchungen geschleust. Neue Röntgenaufnahmen, eine Computertomographie, ein Test mit Ultraschall und eine Knochenmarkpunktion müssen gemacht werden. Gott sei Dank, das Knochenmark ist gesund. Der Tumor ist auf das Mediastinum, den Raum zwischen Herz und Lunge, beschränkt und hat nicht gestreut. Wäre er ungehemmt weitergewachsen, hätte er bald auf die Gefäße gedrückt, und ich wäre erstickt.

Es wird beschlossen, das Lymphom mit einer Kombination hochdosierter Zytostatika der Formel CHOP in vier Zyklen im Abstand von je drei Wochen zu bekämpfen. Die Prognose ist am besten, wenn man in möglichst kurzen Intervallen schwere Geschütze gegen die Krebszellen abfeuert. Der Preis ist hoch: Eine Chemotherapie, insbesondere eine hochdosierte, verschont bekanntlich auch die gesunden Zellen nicht, wie in einem Krieg auch diejenigen Ziele bombardiert werden, die man nicht hatte treffen wollen. Bei dem Stand der heutigen Forschung lassen sich diese Vernichtungswaffen, die giftigen

Substanzen, viel besser auf den Tumor einstellen und die Auswirkungen genauer berechnen als noch vor fünfzehn oder zwanzig Jahren. Ich habe Glück: Gerade Lymphome haben heute eine wesentlich bessere Aussicht auf Heilung. Andererseits werden so schwere Gifte eingesetzt, dass andere Organe, Blut und Knochenmark, Nerven und Schleimhäute mitangegriffen werden. Ein hochdosierter CHOP wirkt sich unter anderem schädigend auf die Nerven aus. Eine Chemotherapie richtet massive Schäden im Organismus an, aber die unerwünschten Nebenwirkungen sind beherrschbar geworden. Schaden und Nutzen werden gegeneinander abgewogen und die Nebenwirkungen in Kauf genommen, damit der Feind effektiv bekämpft werden kann. Es ist gut, dass ich am Anfang nichts Genaueres weiß. Ich weiß zum Beispiel nicht, dass eine wiederholte Chemotherapie im Fall eines Rezidivs zu einem Wettlauf mit der Zeit werden kann. In vielen Fällen ist es nicht der Krebs, sondern die Therapie, die den Patienten das Leben kostet. Ich gehe naiv und hochmotiviert in die Behandlung. Ich weiß, dass ich keine Zeit zu verlieren habe und dass meine einzige Chance darin besteht, mich den onkologischen Fachärzten dieser hochmodernen, schönen Klinik anzuvertrauen. Die Chemo soll weitgehend stationär durchgeführt werden. Man möchte mich unter Beobachtung haben, wenn ab dem zehnten Tag nach Beginn der Behandlung die Leukozyten, die für das Immunsystem verantwortlichen weißen Blutkörperchen, praktisch auf Null herabsinken. Die Gefahr einer Komplikation durch eine Infektion ist dann sehr groß. Eine hochdosierte Chemotherapie ist immer ein Risiko. Man weiß nicht, wie der Patient anspricht und was für unerwartete Komplikationen eintreten.

Sobald ich mein Bett in dem freundlichen, hellen Dreibettzimmer bezogen habe, wird mir eine Kanüle gesetzt, der Venflon, und die Chemo wird angeschlossen. Aus einem Plastikbeutel tropft eine grellrote Flüssigkeit in meine Vene. Es ist unheimlich, dass man nichts spürt, wenn das Gift in die Adern rinnt. Der an einem Ständer aufgehängte Beutel leert sich verhältnismäßig rasch. Dann wird mir ein zweiter mit einer farblosen Flüssigkeit verabreicht, die noch giftiger ist. Dazu wird mir ein Schutz für die Nieren und ein Mittel gegen die Übelkeit gespritzt. Danach kommt eine große Flasche mit einer verdünnten Salzlösung, um die Venen durchzuspülen. Dieser Vorgang dauert mehrere Stunden, und in der Zwischenzeit wechselt eine Schwester mir die Eiskappe, die den Haarausfall verhindern soll. Durch die Kälteeinwirkung vereist die Kopfhaut, sodass die giftigen Substanzen die Haarwurzeln nicht angreifen können. Ich bin gewillt, diese neue Methode aus Amerika zu probieren. Es wäre schön, wenn ich mein dichtes Haar behalten könnte. Die schweren Kappen müssen mehrmals ausgetauscht werden, und am nächsten Tag wird die Prozedur noch einmal wiederholt.

Den ersten Tag habe ich gut überstanden, und am folgenden wird mir dieselbe Chemo noch einmal verabreicht. Ich habe keine Schmerzen, bin nur benommen und matt. Einmal muss ich erbrechen. Mir ist sehr übel, aber ich zwinge mich zum Essen und bin froh, dass ich es unten behalten kann. Schon in der Untersuchungsklinik habe ich stark abgenommen, und jetzt verliere ich jeden Tag ein weiteres halbes bis zu einem drei viertel Kilo. Ich fürchte die Schwester, die frühmorgens mit dem Stuhl zum Wiegen hereinkommt. So viel, wie ich ausscheide, kann kein Mensch essen. Es ist das schiere Gewebe, das durch die Gifte abgebaut wird. Bis zu sechsmal in der Nacht muss ich aufstehen, um auf die Toilette zu gehen. Die Chemo hat mich so sehr geschwächt, dass ich die schwere Türe zum Gang nur mit Mühe aufbringe.

Meine Mitpatientinnen, die auch Mittel gegen die Übelkeit bekommen, speien wie die Raben und können nichts bei sich behalten. Schon der Anblick des Essens ruft den Brechreiz hervor. Dazwischen sind sie munter und unterhalten sich, die junge Frau am Fenster, die Brustkrebs hat und gegen einen Rückfall ankämpft, und die schwergewichtige, gemütliche Patientin in der Mitte, die Bestrahlungen für die Wirbelsäule bekommt. Sie war schon mehrmals hier, und die Klinik ist für sie zum Alltag geworden. Sie lebt seit Jahren mit der Bedrohung ihrer Krebserkrankung. Wie lange werde ich brauchen, um mich an den Ausnahmezustand zu gewöhnen?

Noch geht alles gut. Ich bin mobil und durch die cortisonhaltige Chemo und die Cortison-Tabletten in einer leichten Euphorie. Mein Gesicht ist nach den ersten Tagen ein wenig aufgeschwemmt, aber ich habe Farbe und finde, wenn ich mich im Spiegel unseres kleinen Waschraums betrachte, dass ich noch »mein« Gesicht habe. Am fünften Tag wird das Cortison abgesetzt, und es beginnt das Warten auf den Abfall der Leukozyten.

Während ich auf dem Bett liege und döse, muss ich an die kasachische Heilerin denken, die ich vor einigen Jahren während einer Tagung in Alma Ata kennen lernte, eine schöne, groß gewachsene Frau in exotischer Tracht. Ich tauschte einen Gruß mit ihr aus, und sie sagte unvermittelt: »Sie sind krank, und Sie werden noch kränker werden, wenn sie nicht mehr Bewegung machen und mehr Weißkraut essen.« Diese Äußerung verblüffte mich. Ich hatte die Frau nicht nach meiner Gesundheit gefragt. Wozu hätte ich es auch tun sollen? Ich war doch gesund. Sicher, ich saß zu viel am Schreibtisch, ich sollte mich mehr bewegen, und Weißkohl ist gesund. In dem Hotel, in dem unsere Reisegruppe abgestiegen war, gab es jeden Tag zum Frühstück Berge von geraffelten roten Rüben und Weißraut. Da ich nicht erfuhr, was für eine Krankheit sie meinte, schlug ich ihren Rat in den Wind, aber die merkwürdige Begegnung blieb mir im Gedächtnis. Heute bin ich überzeugt davon, dass sie Recht hatte. Der Mangel an Bewegung in frischer Luft hat dazu beigetragen, dass ich aus dem Gleichgewicht kam, das heißt, dass die Zellen in meinem schon angegriffenen Organismus nicht mehr genügend mit Sauerstoff versorgt wurden. Inzwischen weiß ich auch, dass alle Kohlsorten Stoffe enthalten, die krebshemmend wirken. Der Krebs muss seit Jahren in mir geschlummert haben, ohne dass ich es wusste. Meiner Bewegungsunlust und ständigen Mattigkeit ging ich nie auf den Grund. Ich erinnere mich, dass ich manchmal, wenn ich am Schreibtisch bei der Arbeit saß, in mich hineinhorchte und so etwas wie ein feines Rieseln in meiner Brust, nahe am Herzen, spürte. Es war kein eigentlicher Schmerz, nur eine ungewohnte Empfindung. Es ging eine leicht betäubende Wirkung davon aus, die mir nicht unangenehm war. Ich fühlte mich nur ein wenig benebelt. Waren das Explosionen von Zellen, die in Schüben den Raum in meiner Brust überschwemmt, sich virulent vermehrten und erst dadurch zu Krebs wurden? Ich weiß es nicht, und kein Arzt wird es mir mit Sicherheit sagen können, aber ohne Zweifel ging etwas in mir vor, das mein Gewebe veränderte. Noch immer überhörte ich die Warnungen – aus Skepsis, aus Bequemlichkeit, vielleicht aus einer unbewussten Furcht vor einer schlimmen Entdeckung.

Ich döse vor mich hin. Alle vier Stunden, bis in die tiefe Nacht, kommt eine Ärztin an mein Bett und spritzt mir den Nierenschutz.

Die eigentliche Prüfung sind die Nächte, wenn ich nicht schlafen kann. Am zweiten Tag nach der Absetzung des Cortisons machen sich erstmals Entzugserscheinungen bemerkbar. Ich falle aus dem Stimmungshoch in ein Tief – »cold turkey«, »kalte Pute«, wie in der amerikanischen Drogenszene die Entzugserscheinungen bei harten Drogen genannt werden. Ich stürze in ein schwarzes Loch. Ich habe keinen Boden mehr unter den Füßen, keinen Halt in meinem Körper, kein Blut, das mich trägt. Das ist ein Anschlag, der sich mit nichts vergleichen lässt. Ich versuche, mir mit den bewährten Atemübungen zu helfen, aber bei so viel Aufruhr im Körper und der schmerzenden Operationswunde fällt mir die Konzentration auf den Atem schwer.

Die Therapie hat erst begonnen. Durch diese schwarze Nacht werde ich noch oft hindurch müssen. Mit diesem diffusen Schmerz, den ich nicht schildern kann, den niemand nachempfinden kann, der mit solchen Giften nicht voll gepumpt ist, muss ich zu Rande kommen. Wo bin *ich* in diesem Schmerz? Er ist mir nahe, entsetzlich nahe, ich spüre ihn mit jeder Faser meines Körpers. Er drückt mir auf die Seele, aber ich bin nicht er. Ich bin nicht der Schmerz. Ich muss mich mit ihm nicht identifizieren. Wo stehe ich selbst, die ich ihn fühle, ihn betrachte, nach Namen für ihn suche und außer in den schlimmsten Stunden sogar niederschreiben kann, was ich empfinde? Ich bin nicht das Elend, durch das ich hindurchmuss.

Wo bin ich selbst? Das ist, zen-buddhistisch gesprochen, ein gutes Koan, ein Rätsel, das durch folgerichtiges Denken nicht zu lösen ist. Bei einer solchen Frage muss der Kopf abdanken. Ganz andere Kräfte sind gefragt, von denen wir im normalen Bewusstseinszustand nicht wissen, dass wir sie haben. Wenn es mir gelingt, nur ein paar Augenblicke abzuschalten und bei der Frage zu bleiben: Wo bin ich?, komme ich besser zurecht in diesen Nächten, in denen es keine Ruhe gibt und keine Dunkelheit, in denen ständig die Türe aufgeht und grelles, die Augen schmerzendes Licht hereinfällt. Ich versuche, mir eine Strategie für die Elendsnächte zurechtzulegen. Es gibt Fragen, über die ich nachsinne, weitere Koans: Wie kann man aus der Zeit aussteigen? Was kann ich tun, um die Wirklichkeit, in der ich unentrinnbar stecke, wenigstens für eine Weile aufzuheben? Eine weitere Frage beschäftigt mich: Wie sieht der Garten aus, den ich bestellen soll? Vielleicht umfasst er nur ein kleines Stückchen Erde, ein bescheidenes Beet. Kenne ich es überhaupt? Habe ich mich nicht allzu oft in leeren Einbildungen darüber verloren? Und die letzte Frage: Wo ist die eigentliche Heilkraft? Wie kann ich mich zu ihr in Beziehung setzen?

Seit Tagen sind meine Leukozyten ganz am Boden. Ich fürchte die Besucher meiner Mitpatientinnen, besonders die hustenden und schniefenden. Auf der Krebsstation gibt es keine geregelten Besuchszeiten. Die Patienten dürfen rund um die Uhr besucht werden, und jeder bringt Keime von draußen mit. Außer während der Ärztevisite ist kaum Ruhe im Zimmer. Prompt bekomme ich den befürchteten Infekt. Ich habe Fieber, und mir werden Antibiotika in massiven Dosen verabreicht. Einmal bekomme ich mitten in der Nacht eine

Bluttransfusion, zwei große Beutel. Mein Blut ist zu sehr abgefallen. Seit fünf Nächten habe ich nicht geschlafen. Ich hänge die ganze Nacht am Tropf, ohne mich umdrehen, ohne schlafen zu können. Die rot-grünen Leuchtsignale der Infusoren, wahre Höllenaugen, funkeln, und alle drei Sekunden schrillt das durchdringende Alarmsignal, das eine technische Panne oder das Ende einer Infusion anzeigt. Hören die Ruhestörungen nie auf?

Trotz den Eiskappen fallen mir nach zehn Tagen die Haare aus. Ich kann sie mir in dicken Büscheln aus der Kopfhaut ziehen, den Rest lasse ich von einer Krankenschwester abschneiden. Jetzt bin ich so kahl wie die anderen. Ich trage eine Saunahaube aus Frotté wie die meisten Patientinnen. In der jetzigen Phase ist mir der Verlust meiner Haare gleichgültig. Er ist unwesentlich im Vergleich zu der Sorge, dass die Leukozyten sich nicht erholen wollen. Das müssten sie aber, denn ich bekomme seit Tagen Neupogen gespritzt, ein hochwirksames und sündteures Mittel, das die Leukozytenbildung anregt. Das Gift verwüstet mein Blut. Ich fühle mich elend wie nie in meinem Leben, als hätte mein Körper einen unsäglichen Schock erlitten, einen Vernichtungsschlag bis ins Blut, bis ins Knochenmark. In den ersten Tagen plauderte ich mit meinen Mitpatientinnen und kümmerte mich um sie, ich las viel, schrieb, hörte Radio und Musikkassetten und beschäftigte mich. Nun liege ich nur auf dem Bett, bin unfähig, ein Wort zu sprechen oder an irgendetwas Anteil zu nehmen. Jede Mahlzeit ist eine Qual. Mit Überwindung würge ich ein paar Bissen hinunter. Wie lange wird das so fortgehen? Warum erholt sich mein Blut nicht? Es muss sich erholen, damit das Protokoll durchgezogen werden kann, alle drei Wochen ein neuer Zyklus. Vielleicht ist die Dosis der Chemo stärker als die Kraft meines Blutes, sich zu regenerieren?

In einer schwarzen Nacht überfällt mich die Angst zum Tode. Wenn mein Körper diesem Anschlag nicht gewachsen ist? Das Gift greift nicht nur den Körper an, sondern legt sich bleischwer auf meine Seele. Ich kann keine lichtvollen Gedanken mehr fassen, wie ich das früher vermochte. Ich habe die Beherztheit und Zuversicht nicht mehr, mit der ich anfangs in die Therapie ging. Ich kann mich nicht mehr sammeln und vernachlässige meine Übungen. In der schwärzesten Nacht liege ich schweißgebadet in meinem Bett und begreife, dass es durchaus möglich ist, dass ich sterbe. War die Beschäftigung mit E. Kübler-Ross nicht eine Vorsehung, um mich auf mein eigenes Sterben vorzubereiten? Ich dachte immer, ich müsste alt werden, um meinen Auftrag in diesem Leben zu erfüllen. Ich kann nicht sterben. Ich brauche noch viel Zeit. Mit allem war ich spät dran. Bei Schulausflügen trottete ich hinter den anderen her, und wenn die Klassenkameradinnen beim Klingelzeichen aus dem Schulzimmer rannten, hing ich noch dem Unterricht nach und kramte in meiner Schultasche. Ich kam spät in die Pubertät, und ich habe erst spät begriffen, worum es im Leben geht. Mir kommt vor, als hätte ich mit dem Eigentlichen noch gar nicht angefangen. Jedes Leben, das zu Ende geht, sei es lang oder kurz, hat das ihm zubestimmte Maß erfüllt. Meines nicht – so viel ist noch zu tun. Und wenn es anders wäre? Wie viele Menschen denken, sie könnten nicht abtreten, und dann müssen sie es doch. Es ist sinnlos, sich an ein Leben zu klammern, wenn die Uhr abgelaufen ist.

In dieser Nacht dämmert mir, dass ich zu etwas anderem aufgerufen bin. Ich soll loslassen. Ich soll mich anheim geben: »Nicht wie ich will, wie du willst.« In der Vergangenheit schien das Leben nur lebenswert, wenn ich selbst bestimmen konnte, wohin die Reise geht. Jetzt ist etwas anderes gefragt, ein Untertauchen unter einen anderen Willen, sich von einem anderen führen zu lassen. Die Trauer, die diese Einsicht begleitet, löst sich auf, als ich sie einen Schritt weit vollzogen habe. Es ist nicht Verlorenheit, was ich jetzt empfinde, sondern eine ungekannte Freiheit und Geborgenheit. Dann steht mir ein neuer Gedanke vor der Seele, weniger ein Gedanke als eine blitzartig aufleuchtende Gewissheit: Gesundheit ist überall, auch wenn ich selbst krank bin. *Es gibt die Lebenskraft*. Sie ist vorhanden, auch wenn ich selbst von ihr abgeschnitten bin. Sie ist kein Quantum, von dem der eine viel und der andere wenig hat. Sie ist die Fülle selbst, die allgegenwärtige, unwandelbare göttliche Heilkraft. Krank wie ich bin, kann ich mich dennoch mit ihr verbinden. So krank kann ein Mensch gar nicht sein, dass er das nicht könnte. Es gibt Kulturen, deren Menschenbild und Heilkunde sich ausdrücklich auf diese kosmische Kraft beziehen. Bei den Indern heißt sie »Prana«, bei den Chinesen »Chi« und »Ka« bei den Japanern. Obgleich wir kein eigenes Wort dafür haben, hat es doch immer eine Vorstellung davon gegeben. In dieser Nacht habe ich mich ihr plötzlich so nahe gefühlt wie die Luft, die ich atme. War mir bis jetzt der Tumor, der meine Lebenskraft auffrisst, näher als mein Herz, so ist es jetzt diese Kraft, die aus dem Unendlichen kommt und sich nie erschöpft. Und wenn ich auch stürbe, so wäre sie trotzdem da. Mein Tod würde sie nicht widerlegen. Dieser Gedanke erfüllt mich, ich weiß nicht wie, mit Glückseligkeit. In diesem Augenblick bin ich auf die »Rückseite der Angst« gelangt.

Am nächsten Morgen teilt der Oberarzt mir mit, dass meine Leukozyten von praktisch Null auf einen Wert von 1700 gesprungen sind:

»Phänomenal! Das Neupogen tut endlich seine Wirkung.«

Ja, sicher, das Neupogen. Ich verschweige meine Erfahrung. Sie wäre nicht angekommen.

Von da an geht es aufwärts. Der entzündliche Infekt in den Bronchien ist noch nicht abgeklungen, aber das Fieber sinkt. Bis zur nächsten Runde kann ich entlassen werden, muss jedoch zur Blutkontrolle jeden zweiten Tag in die Ambulanz.

Die Ambulanz

Ambulanz – das heißt stundenlanges Warten in fensterlosen Zonen, wo dicht an dicht Patienten sitzen und auf ihre Untersuchungen, ihre Befunde, eine Besprechung mit dem Arzt warten. In einem separaten, mit Krankenbetten ausgestatteten Raum liegen Patienten, die ambulant behandelt werden, zumeist ältere Leute. Die Stimmung ist gedrückt. Es herrscht eine Atmosphäre dumpfer Ergebenheit. Blasse Frauen bekommen ihre Infusionen und Männer, denen man ihr Leiden ansieht, geben sich Mühe, mit kumpelhafter Lustigkeit ihre Nervosität zu überspielen. Oft sitzen zwei oder drei an dem kleinen Tisch vor den Betten, ihre Nadeln im Arm, und unterhalten sich dröhnend wie an einem Wirtshausstammtisch. Männer haben es leichter, denke ich manchmal. Unter ihnen entsteht schnell eine Art von Kameradschaft, wie die Alten sie aus der Schicksalsgemeinschaft des Krieges kennen. Jetzt sind sie wieder in demselben Boot, nur ist das nicht Krieg, sondern Krebs. Die Schwestern sind gestresst und nicht immer freundlich. Aber es gibt einen Engel auf der Ambulanz in Gestalt einer jungen Turnusärztin. Sie scheint überall zugleich zu sein, nimmt hier Blut ab, schließt dort eine Chemo an, organisiert Ständer, von denen es immer zu wenige gibt, und nimmt sich Zeit, mit den Patienten zu plaudern. Für alle hat sie ein aufmunterndes Wort, und ihre Fröhlichkeit wirkt ansteckend. Im Lauf der nächsten Monate bin ich oft zur Blutabnahme hier und lasse mich am liebsten von ihr stechen. Meine Venen sind durch das viele Stechen nicht mehr das, was sie anfangs waren, und ich bin angewiesen auf eine geschickte Hand. Aber Frau Dr. P. findet immer eine Vene und sticht auch an den unangenehmen Stellen mit leichter, sicherer Hand. Sie rammt mir nicht die breiten Kanülen hinein, sondern nimmt den kleinsten Venflon, den »Butterfly«, der für eine Blutabnahme ausreicht.

Am Anfang waren diese routinemäßigen Untersuchungen nicht der Rede wert, aber nach Wochen und Monaten werde ich nervös. Ich erfahre selbst und höre von anderen, wie viel in der fortschrittlichen medizinischen Technik schief gehen kann. Meine Nerven sind nicht mehr die besten. Mit jedem Zyklus erhält der Organismus einen neuen Schlag, von dem er sich langsamer erholt. Es tritt ein kumulativer Effekt ein, der die Nerven verschleißt. Ich merke, dass ich ängstlicher werde, leichter erschrecke und ständig in Schweiß gerate. Ich fange an, den Maßnahmen, denen ich unterworfen werde, zu misstrauen. Wenn ich Fragen stelle, bekomme ich zwar meistens eine Auskunft, aber ich würde gerne mehr wissen. Manche Ärzte sagen gar nichts, wenn man nicht hartnäckig fragt. Da ist der Oberarzt auf der Ambulanz, der einen hervorragenden Ruf als Wissenschaftler hat und mich kaum ansieht oder grüßt, wenn ich nach stundenlangem Warten zur Besprechung komme. Ihn interessieren vor allem die im Computer gespeicherten Daten. Es irritiert ihn, wenn ich um Erklärungen bitte, und so halte ich mich zurück. Ich weiß, dass er wenig Zeit hat. Er arbeitet hart, und wenn andere Mittagspause machen, warten noch Patienten auf ihn. Wie schafft ein Arzt es überhaupt, Jahr für Jahr auf der Krebsstation mit Patienten konfrontiert zu sein, die mit jedem Rückfall weniger Aussicht haben, den Wettlauf mit der Zeit zu gewinnen? Keiner sagt hier »Krebsstation«. Wir befinden uns auf Station 46 der Zweiten Medizinischen Abteilung.

Nach der Blutabnahme beginnt das stundenlange Warten auf den Befund. Wie wohltuend wäre eine leise, harmonische Musik im Hintergrund, vielleicht Mozart oder Bach, zur Aufhellung der Stimmung, aber ein Vorschlag in dieser Richtung, den die Psychologin des Krankenhauses einbrachte, stieß bei der Klinikleitung auf Ablehnung. Die meisten Patienten haben nichts mit, um sich die Zeit zu vertreiben. Nur wenige lesen. Diejenigen, die nicht mit einer Begleitperson gekommen sind, stieren vor sich hin. Es wäre kein großer Aufwand, die Ambulanz in diesem mit modernsten Geräten ausgestatteten Krankenhaus zu einem erträglicheren Ort zu machen. Ich wundere mich, warum das nicht geschieht, warum entsprechende Vorschläge als unmedizinisch und überflüssig abgetan werden.

Nach der Blutabnahme mache ich mich meistens auf die Wanderschaft, um nicht drei Stunden hier sitzen zu müssen. Wenn ich noch auf andere Ambulanzen geschickt werde, dauert es noch länger. Unter der Einwirkung der Chemotherapie bin ich schlecht zu Fuß und kann keine Treppe steigen. Die Gänge in diesem Spital sind endlos lang und auch für Gesunde beschwerlich, aber im Erdgeschoss befindet sich eine Cafeteria, und in den Grünanlagen kann man spazieren gehen. Es gibt keinen Wald, aber Rasenflächen und Bäume, und die Stimmen der Vögel höre ich sogar durch die geschlossenen Fenster meines Krankenzimmers. Mit Freude beobachte ich, wie draußen eine neue Parkanlage entsteht, wie das Gelände planiert, wie Erde aufgeschüttet wird und die ersten Bäume gepflanzt werden. Bald wird hier Gras wachsen. Wenn meine Therapie, so Gott will, überstanden ist, werden draußen Blumen blühen. Ich stehe oft am Fenster und schaue hinaus, und das Fortschreiten der Gartenarbeiten macht mir Hoffnung. Wir befinden uns in einem Industriegebiet jenseits der Donau, aber es gibt viel Grün hier, und in der Früh höre ich oft einen Hahn krähen – ein Geräusch, das mich entzückt. In meiner Kindheit war dieser kreatürliche Laut, der zum Tagesablauf gehörte wie die Kirchenglocken, alltäglich. Jetzt bedeutet er mir Gesundheit und Lebensfreude.

Auf der Station

Zwischen den ersten vier Zyklen habe ich jeweils nur einige Tage, höchstens eine Woche, um mich zu Hause zu erholen. Nach dem ersten Zyklus sind es infolge der Komplikation nur vier Tage. Ich bin so angegriffen, dass ich die meiste Zeit nur liege. Aus den Spaziergängen, auf die ich so gehofft habe, wird nichts. Ich kann in dem alten Haus ohne Lift die vielen Treppen nicht steigen. Meine Schwester gibt sich große Mühe, mir schmackhafte Mahlzeiten zu bereiten, aber ich bringe nur wenig hinunter. Die Übelkeit hält an. Ich muss viele Medikamente schlucken und breche ständig in Schweiß aus. In der Nacht muss ich mehrmals aufstehen und das verschwitzte Nachthemd wechseln. Jede Stunde, wenn nicht jede halbe Stunde, muss ich auf die Toilette. Ich scheide immer noch große Mengen aus, ekelhaft nach Chemie stinkendes Zeug. Mein Zimmer hat schon denselben Geruch. Der Körper wehrt sich und scheidet die Gifte über die Poren und den Atem aus. Wie hässlich mein Körper geworden ist. Meine Haut schlottert an mir wie ein Kleid, das mir um zwei Nummern zu groß ist. Ich vermeide es, meine hervorstehenden Rippen und meinen kahlen Schädel im Spiegel zu betrachten. Dieser abgemagerte, haarlose Körper ist mir fremd geworden, geschlechtslos. Nur mein Gesicht erkenne ich als das meine, außer im Leukozytentief. Dann bin ich käsig, und meinen Augen ist anzusehen, dass ich krank bin. Ich sehe solche Augen oft an anderen Patienten. Sie sind glanzlos, mit gelblich verfärbten Augäpfeln, ein Zeichen, dass die Leber gelitten hat. So sind wir jetzt alle gleich, die wir Krebs haben. Manche haben ihre Haare nicht verloren, aber die meisten sind kahl. Von meiner Mähne sind nur ein paar rötliche Stummeln übrig geblieben, alle braunen Haare und die grauen dazwischen sind ausgefallen. Nach der ersten Ambulanz, als ich mich kaum auf den Füßen halten konnte, hat meine Schwester mich in das große Perückengeschäft in der Inneren Stadt gebracht und eine Perücke für mich ausgesucht. Ich war nicht in der Lage dazu. Es war mir alles gleichgültig. Die Verkäuferin, eine junge Vietnamesin, die perfektes Wienerisch sprach, bediente uns mit ausgesuchter Zuvorkommenheit und Diskretion. Jede Anprobenische war durch eine hohe Wand von den anderen getrennt, so dass der kahle Kopf keines Kunden von irgendjemandem gesehen wurde außer dem Verkaufspersonal.

Der Schock der Chemotherapie sitzt tief. Das ist wie ein Bombenangriff von innen. Die Gifte wüten im ganzen Körper, gegen krankes wie gegen gesundes Gewebe. Vielleicht fühlt ein atomverstrahlter oder napalmvergifteter Mensch sich ähnlich zermalmt. Eine schwächer dosierte Chemotherapie mit anderer Zusammensetzung dagegen macht nur müde. Die ambulanten Patienten können nach den Infusionen nach Hause gehen. Mein HD-CHOP ist ein Trauma für Leib und Seele. Ich erfahre später, dass ich die höchste Dosis bekommen habe, die an diesem Spital je einem Patienten verpasst wurde. Ich fühle mich ausgelaugt und unfähig, meine Übungen wieder aufzunehmen. Nur mit Anstrengung kann ich mich von den dumpfen Gedanken lösen, gegen die ich zeitweise wehrlos bin. Mit dem körperlichen Elend kommen quälende Bilder aus der Vergangenheit. Wenn es mir gelingt, diese Bilder loszulassen und auf eine andere Ebene zu gelangen, geht es mir besser, und die diffuse Angst legt sich. Sie fällt wieder über mich her, wenn ich aufstehen muss, um die Toilette oder den Waschraum aufzusuchen, wenn ich essen soll, wenn ich ein Buch zuklappe oder ich die Hand ausstrecke, um einen Gegenstand vom Nachttisch zu nehmen. Der Wechsel von einem körperlichen oder geistigen Zustand in einen anderen ist von einer irrationalen Angst begleitet, die mir den Schweiß aus den Poren treibt.

Es geht wieder und immer wieder um das Loslassen. Nach dieser Freiheit sehne ich mich. Ich weiß mit Sicherheit, dass dies meine Heilung beschleunigen würde. Ich lege eine Kassette mit den bewährten Farbmeditationen ein. Es kostet mich eine fast unüberwindliche Anstrengung, den kleinen Kassettenrecorder einzuschalten. Ich übe liegend, manchmal sitzend, und versuche, den Herzraum mit dem wohl tuenden Grün zu durchstrahlen. Da ist die Wunde, da sitzt der Krebs. Mit jedem bewussten Atemzug kommt ein kleines, wenn auch noch so kleines Quäntchen Licht in das Dunkel, ein wenig Klarheit und Ordnung in die widerstreitenden Empfindungen. Ein paar Atemzüge lang kann ich mich sammeln, dann drifte ich weg und fange von vorne an, bis es mehr Atemzüge werden und ich ein paar Minuten durchhalten kann. Es ist tatsächlich so, der Atem erreicht buchstäblich jeden Körperteil, jeden noch so versteckten Winkel meiner Organe, die Wirbelsäule, die einzelnen Wirbel, ebenso wie die Räume dazwischen. Er kann die Innenräume des Gehirns, die Gelenke, ja, selbst die Blutbahn abtasten und jede Zelle gleichsam mit Bewusstsein erfüllen. Wenn ich meine Skepsis und Schwäche überwinde und einfach weiterübe, mache ich jedes Mal die Erfahrung, dass mir besser wird. Es ist nicht so, dass ich grundlegende Zweifel an der Wirksamkeit der Übungen hätte. Jede psycho-physische Disziplin beruht auf der Tatsache, dass alle geistigen Übungen, jede bewusste Vorstellung sich auf den Körper auswirken. Ich weiß, dass es so ist, aber meine Kräfte sind unter dem Anschlag der Chemotherapie wie gelähmt. Ich kann mich zu den Übungen nicht aufraffen, wenn ich nicht meinen ganzen Willen zusammennehme. Manchmal gelingt es mir, manchmal nicht. Wenn der kranke Körper meinen Geist herunterzieht, hilft es, wenn ich mir sage: »Ich bin nicht identisch mit meiner Krankheit.« Ich muss da durch, dieses Krebsleiden ist mir auferlegt, es gehört zu mir, *aber ich bin nicht der Krebs.* Mein Selbst, das mehr ist als das leidende persönliche Ich, kann an einem anderen Ort sein, in einem Bewusstsein jenseits des »schlafenden Wahns«, den wir das normale Wachbewusstsein nennen.

Wenn die geistigen Übungen mir schwer fallen, erweisen meine Baoding-Kugeln sich als unverhoffte Hilfe. In China werden sie seit Jahrhunderten zur Stärkung der Vitalkraft verwendet. Man lässt zwei oder mehrere dieser leise klingenden Metallkugeln in der Hand kreisen, und die Bewegung der Finger regt durch ihre Verbindung mit den Meridianen alle Organe des Körpers an. Ich habe anfangs über dieses seltsame Geschenk einer alten Freundin gelächelt, doch dann probierte ich es aus und fand, dass sie tatsächlich helfen. Ich nehme sie mit, wenn ich in den Tagen, die ich zu Hause verbringe, das Gehen übe und meine Runden durch die Wohnung drehe oder auch nur in meinem Zimmer auf und ab gehe. Manchmal fällt eine Kugel mit einem dumpfen Krach zu Boden, aber mit der Zeit werde ich geschickter, und es vergeht kaum ein Tag, an dem ich nicht nach den Kugeln greife. Im Krankenhaus spiele ich mit ihnen in den tiefen Taschen meines Schlafrocks, wenn ich die langen Gänge entlang wandere. Ich merke, dass ich frischer bin und besser gehen kann, wenn ich sie dabei habe und abwechselnd in der einen, dann in der anderen Hand kreisen lasse. Manchmal stellt die gute Wirkung sich erst ein, wenn ich wieder im Bett liege. Auch unter der Bettdecke kann ich mit ihnen spielen, wenn ich nicht die Kraft habe, aufzustehen.

Der letzte Tag zu Hause, vor dem Beginn des nächsten Zyklus, ist immer ein banger Tag. Ich habe eine ganze Palette von Medikamenten genommen, ich habe mir Neupogen gespritzt, mehrmals am Tag meine Temperatur gemessen, mit einem starken Desinfektionsmittel meinen Mund gespült und mich zum Essen gezwungen. Wird sich mein Blut so weit erholt haben, dass ich in die nächste Runde gehen kann? Ich möchte, dass die Behandlung weitergeht und fürchte mich gleichzeitig davor. Ich werde nur dann wieder aufgenommen, wenn die Werte der weißen und roten Blutkörperchen sich stabilisiert haben. Wieder müssen die Befunde auf der Ambulanz abgewartet werden, wieder beginnt das quälende Warten, bevor ich mein Bett auf der Station beziehen kann. Wenn alles gut geht, wird noch am selben Tag die Chemo eingeleitet. Ich kenne die Prozedur nun schon und weiß, was mich erwartet.

Die weiteren Runden laufen nach demselben Schema ab. Die Plastikbeutel werden an einem Ständer aufgehängt, und die Infusionen beginnen. Ein Plastikschlauch – manchmal sind es mehrere – wird an den Venflon angeschlossen, und dann kann ich zusehen, wie Tropfen für Tropfen die giftigen Flüssigkeiten in meine Adern rinnen. Wenn wir Patientinnen auf die Toilette müssen, wandern wir mit unserem »Christbaum« hinaus, um die Chemo nicht zu unterbrechen. Die ersten Tage geht es mir immer gut. Ich habe mich mit Lektüre eingedeckt und lese viel, höre Radio und meine Musikkassetten, vor allem Mozart. Diese Musik wirkt auf mich tröstlich, ja heilend. Immer wieder höre ich dieselben Stücke, Klavier- und Violinkonzerte, das Requiem, die »Freimaurermusik«. Außerdem schreibe ich viel, in mein Tagebuch und Briefe an Freunde. Es ist eine große Stütze, dass eine Reihe von Menschen an mich denken und einige mich in ihre Meditation und ihr Gebet einschließen. Ich spüre, dass ich eingespannt bin in ein Netzwerk heilender Gedanken, und weiß, dass es mir hilft. Gedanken sind Wirkkräfte.

Mit meinen Baoding-Kugeln gehe ich auf den langen Gängen spazieren. Genau 550 Schritte sind es bis ans Ende. Wenn ich die Länge dreimal schaffe, habe ich mehr als einen Kilometer zurückgelegt. Noch kann ich gehen. Gegen Mittag besucht mich meine Schwester. Ich horche immer auf ihren Schritt und erkenne ihn schon, wenn sie vom Lift kommend um die Ecke biegt. Ihr Besuch ist der große Lichtblick des Tages, vor allem in der Zeit des Durchhängens, wenn der Cortison-Entzug sich einstellt. Der Rhythmus ist immer der gleiche: zwei Tage Chemotherapie mit Zusatzmedikamenten, dann Beobachtung; zuerst das kurzfristige Hoch, dann Elend, »cold turkey«.

Die schlimmste Zeit dauert nur wenige Tage, aber sie nehmen kein Ende. Vor allem die Nächte kommen mir endlos vor. Ich habe angefangen, mir Schlafmittel geben zu lassen, um wenigstens ein paar Stunden durchzuschlafen. Es gibt immer eine unruhige Mitpatientin, der es schlechter geht als mir. Die Sauerstoffgeräte gurgeln die ganze Nacht, unterbrochen vom Schrillen der Infusoren. Wenn um sechs Uhr früh die Nachtschwester zum Fiebermessen kommt, bin ich nach halb durchwachter Nacht oft wie gerädert. Die Waage wird hereingefahren, die Pfleger kommen, die unsere Betten richten. Ich freue mich immer, wenn einer der jungen tunesischen Pfleger Dienst hat. Diese Männer sind sanft und fürsorglich wie Mütter. Einer wäscht behutsam die Schwerstkranke neben mir, die bei jeder Berührung aufschreit. Mit seiner weichen, fast zärtlichen Stimme kündigt er ihr jeden Handgriff an, um sie nicht zu erschrecken, und dreht sie geschickt auf die Seite. Sie stöhnt, aber ich sehe ihren dankbaren Blick.

Die Leukozyten stürzen wie erwartet wieder ab. Ich bin apathisch und bringe nicht die Stärke auf, mich mit der anderen Kraft zu verbinden. Diesmal habe ich mich auf das Neupogen verlassen, das ich mir jeden Morgen in den Schenkel spritze. Tagelang dümpeln die Leukozyten auf dem Tiefststand vor sich hin, fast auf dem Nullpunkt, dann geht es endlich aufwärts. Das von den Giften angegriffene Knochenmark, der Produzent der weißen Blutkörperchen, braucht diesmal lange, um sich zu erholen. Das beunruhigt mich. Ist das der angekündigte kumulative Effekt der Chemotherapie, die mit jeder Runde abnehmende Widerstandskraft? Oder hat es damit zu tun, dass ich dieses Mal den »archimedischen Punkt« nicht erreicht habe, von dem aus ich die Angst aushebeln kann?

Es gibt gute und schlechte Tage, depressive und solche, an denen ich gut über die Runden komme. Die Ärzte sind zuversichtlich, die täglichen Blutbefunde zufrieden stellend, alles läuft nach Plan. Ich übe auf dem Bett liegend oder im Gehen, wenn ich die Gänge entlang wandere. Manchmal fehlt mir die Kraft, das Bewusstsein in den Körper zu lenken. Ich weiß, dass es möglich ist, die inneren Räume auszuleuchten und gleichsam mit dem inneren Auge anzuschauen, aber ich vermag es nicht immer. Dann steigen mir Zweifel auf. Führt das Geschehen in meiner Brust nicht sein Eigenleben? Ist der Kampf zwischen den schweren Geschützen der Chemo und den Krebszellen wirklich durch mein Bewusstsein beeinflussbar? Wenn ich diese Zweifel zulasse, dann kommt mir vorübergehend die Gewissheit abhanden, dass Leib und Seele eine Einheit sind, obwohl ich es doch weiß.

Zweifel ist kein theoretisches Infragestellen, sondern die Unfähigkeit, sich der Gewissheit, dass es so ist, anzuvertrauen. Ich habe erfahren, dass eine starke Seele etwas über den Körper vermag, und diese Sicherheit hat mir über die Angst hinweggeholfen. An schlechten Tagen habe ich dieses Bewusstsein nur im Kopf; es hilft mir nicht, es beflügelt mich nicht. Wenn ich – auch das ist eine Erfahrung – trotzdem weiterübe und innerlich dabei bleibe, obwohl die Konzentration zehnmal erschlafft, obwohl meine Kraft und mein Glaube schwach sind, kann es geschehen, dass am nächsten oder übernächsten Tag so etwas wie ein Wunder geschieht. Die Angst ist plötzlich verflogen. Es hat sich etwas geöffnet. Etwas hat den dunklen Schleier gelüftet. Ich bin auf eine andere Ebene gelangt. Ich erlebe, wie das Zimmer mit den drei Krankenbetten, dessen Enge und Unruhe ich meinte nicht mehr ertragen zu können, plötzlich zu einem gemeinsamen Lebensraum wird, der es für die kleine Notgemeinschaft von drei Krebspatientinnen ja auch ist. Da ist das Fenster, durch das wir immerhin Bäume und ein Stück Himmel sehen, da ist der kleine Tisch mit den bequemen Holzstühlen, an dem ich sitze, wenn ich die Kraft habe aufzustehen, an dem ich esse und schreibe, an dem ich mit geschlossenen Augen meine Übungen mache, wenn es einmal still im Zimmer ist.

Hier neben meinem Bett ist der praktische, ausziehbare Nachttisch, in dem Platz ist für meine Bücher, für die Kassetten, den Walkman, das Baoding-Kästchen, für Spiele, die man mit sich allein spielen kann, für Schreibzeug und Briefe, für das von meiner Schwester mitgebrachte Obst, die Kefir-Becher und Säfte. In der Schublade ist Platz für frische Socken, Taschentücher und ein Fläschchen Eau de Cologne. An den Tagen, wenn meine Geruchsnerven infolge der Chemo abnormal empfindlich sind, lege ich mir ein mit Toilettwasser beträufeltes Taschentuch aufs Gesicht. An solchen Tagen kann ich mich selbst und andere nicht riechen. Die nach gesundem Schweiß und billigem Parfum duftende Hilfsschwester, die immer das Essen bringt, irritiert mich bis zur Übelkeit. Da hilft ein Griff auf den Nachttisch. Dort steht das Fläschchen, dort liegen die Taschentücher griffbereit. An guten Tagen segne ich die Fröhlichkeit und das heitere Lächeln dieser Frau, ihr gutmütiges, frisches Gesicht – na ja, sie riecht halt ein bisschen streng. Da ist noch eine andere Hilfsschwester, die um halb acht in der Früh die Türe aufreißt und mit Stentorstimme schreit: »Hallo, meine Damen! Frühstück auf Rädern!«, so dass ich jedes Mal in die Höhe fahre und die anderen sich tiefer in ihre Decken verkriechen. Es gibt Tage, an denen die aufgesetzte Lustigkeit und der »Schmäh« mir die Nerven zerfranst. Manche Menschen glauben wohl, dass sie Krebspatienten mit solchen Mitteln aufheitern müssen, aber mich deprimieren die lauten Stimmen und die Scherze, die so tun, als gäbe es keinen Krebs auf der Welt. Dann begreife ich, dass Menschen, die tagtäglich mit Krebspatienten umgehen, selbst einer Aufheiterung bedürfen. Sie sind lustig, um sich nicht anstecken zu lassen von der Atmosphäre einer Krebsstation.

Mein Nachtkasten, dieses gesegnete Allzweckmöbel, enthält alles, was ich brauche, um mir den Tag zu verkürzen. Es hilft mir, den Kontakt mit der Welt außerhalb des Krankenhauses nicht zu verlieren. Das ist wichtig: nicht zuzulassen, dass das Krankenhaus jede andere Wirklichkeit verdrängt.

Bevor das »Wunder« geschieht, habe ich fleißig geübt und mich auf eine besondere Übung konzentriert. Der Anleitung folgend habe ich versucht, mit dem bewussten Atem die Bandscheibe zwischen dem 7. Halswirbel und dem 1. Brustwirbel aufzusuchen, die den Raum des Herzens und der Thymusdrüse öffnet. Es geschieht tatsächlich etwas, wenn man an dieser Stelle verweilt: Das Herz wird weiter, und es atmet sich leichter. Ich wiederhole die Übung mehrmals, und obwohl es mir nicht immer gelingt, mit voller Aufmerksamkeit dabei zu bleiben, führt sie mich doch in ein Hier und Jetzt, das mich von meiner Krankheit abkoppelt, ohne sie zu leugnen. Ich *bin* krank, ich liege hier in einem Spitalsbett, und die Nacht wird mir vielleicht wieder sehr lang werden. Dann kommt ein neuer Tag, die Leukozyten werden weiter abfallen, und dann sind wieder die Hundstage durchzustehen, aber solange ich übe, befinde ich mich in einem anderen Raum und kann dieses Bewusstsein mit in den Schlaf nehmen. Am nächsten Tag mache ich die Übung noch einmal. Ich sitze an dem kleinen Tisch und übe, während meine Mitpatientinnen Besuch haben. Es geht trotzdem. Die Geräusche stören mich nicht mehr. Da taucht zum ersten Mal seit langer Zeit wieder die Vision des verschnürten Fleischpakets auf, diesmal als eine verschlossene Kapsel nahe an meinem Herzen, und das Gerümpel in seinem Inneren beginnt, wild durch die Luft zu fliegen, bis die Kapsel leer ist. Wie lauter kleine Luftballone steigt der Mist auf, oder wie die farbigen kleinen Kugeln, die über den Bildschirm eines Computers rollen. Wohin entschwinden sie, wenn sie so durch die Luft und davonwirbeln? Wie werden sie entsorgt? – Lass nur, darum brauchst du dich nicht zu kümmern. Sie wissen, was sie zu tun haben. Es ist negative Energie, die transformiert wird und sich auflöst. Diese wunderbare Alchimie kann durch das inwendige Schauen und Beobachten unterstützt werden. Es genügt, den Bewegungen einfach zu folgen, nichts zu forcieren.

Die Vision hilft mir durch den ganzen Tag. Es gelingt mir, ein wenig davon in den folgenden Tagen zu bewahren, den Hundstagen, die kommen wie das Amen im Gebet. Ich schleppe mich zum Waschraum, aber mir ist zu elend für eine ausführliche Morgentoilette. Zu den Mundspülungen muss ich mich zwingen. Ich will alles tun, um keinen Infekt mehr zu kriegen. Wenn meine Mitpatientinnen Besuch haben, erfasst mich eine hysterische Nervosität. Im Spital fliegen mehr Keime herum als zu Hause, das ist bekannt. Trotzdem gehen auch dieser Tag und die folgenden irgendwie vorbei, ohne dass ich wieder Fieber bekomme. Es sind Tage in einem Niemandsland, in dem das Leben an einem dünnen Faden hängt. Dann kommt, gleichwie aus dem Nichts, ein Rettungsseil.

Die Verbindung zum Selbst ist wieder da; das Blut erholt sich. Was war zuerst, die Vorstellung, die bewusste Übung, oder der Befund? Wenn es mir gelingt, tief in die Meditation zu gehen, steigen nach meiner Erfahrung auch die Leukozyten. Das ist nun schon dreimal so gewesen. In den ersten Tagen geschieht nichts. Ich bin zu darnieder, um mich zu sammeln, und dann kommt plötzlich der Sprung von 200 auf 1400. Ich habe eine gute Nacht gehabt und beginne mit einer Übung, in der man sich vorstellt, dass der Körper in eine hellblaue Ellipse eingehüllt ist, und darüber ist wieder eine weiße Ellipse. Diese Vorstellung gelingt mir noch nicht ganz. Die Ellipsen platzen oder zerreißen, bevor ich sie um meinen Körper schließen kann, und so konzentriere ich mich auf das Herz und meinen Blutkreislauf. Kann man das eigene Herz fühlen, wenn es nicht schmerzt? Man kann hindenken, hineinatmen, und das erweitert den Raum in der Brust. Das Herz ist nicht mehr beengt wie vorher, es kann frei schlagen, und mir kommt vor, als schlüge es durch das ganze Weltall. Kann man das Blut ertasten, die Adern und Gefäße im Körper? Man kann sich weiße und rote Blutkörperchen vorstellen, die im Knochenmark gebildet und ins Blut ausgeschüttet werden. Wenn das Knochenmark von den Giften der Chemo angegriffen ist, kann es diese lebenswichtigen Körperchen nicht produzieren. Man kann das Mark bei seiner Arbeit der Regeneration mit einem mentalen Feedback immerhin unterstützen. Es gibt zwar keinen Monitor, der mir die Vermehrung der Leukozyten anzeigt, aber es ist möglich, mit dem Bewusstsein tief in das Gewebe und ins Knochenmark zu leuchten. Ich glaube nicht, dass es nur das Neupogen ist, das meinem Blut von einem Zyklus zum anderen wieder aufhilft.

Die Visualisation verändert sich: Das herumwirbelnde Gerümpel in der Tumorkapsel verwandelt sich unversehens in Moder. Es ist zu einer trockenen, grauen Masse geworden, die zu Staub zerfällt und in die Kapsel zurücksinkt, darin aber keinen Raum mehr einnimmt. Ich möchte dieses Bild kommen lassen, ohne es durch Wunschdenken zu beeinflussen. Ich beobachte den Vorgang lediglich und registriere, was ich beobachte. Es ist ein sanftes und beruhigendes Bild.

Es gibt keinen Beweis, dass der Tumor wirklich verschwunden ist oder sich zumindest stark zurückgebildet hat. Die Ärzte vermuten es, aber eine CT soll erst am Ende der Chemotherapie gemacht werden. Mir genügt das wiederkehrende Bild.

Ich bin dankbar, dass es aufwärts geht. Es macht mir keine Mühe mehr, den Atem von der Beckenschale kommen zu lassen und die »heilenden Erdkräfte« aufzunehmen, wie Hetty sagt.

Zum Glück habe ich keinen bronchialen Infekt mehr bekommen. Das Mittel gegen die Übelkeit vertrage ich gut und muss nicht mehr erbrechen. Ich zähle die Tage, bis ich entlassen werde. Ich sehne mich hinaus ins Freie, wo es beginnt, Frühling zu werden. Wenn ich einmal wenigstens im Prater spazieren gehen könnte! Er liegt auf dem Weg in die Klinik, aber es geht noch nicht. Wir pendeln zwischen der Wohnung und dem Spital hin und her, und ich sehe die grünenden Bäume nur durch die Fensterscheiben des Autos. Ich werde noch viel Geduld haben müssen. Ein Zyklus ist noch durchzustehen, und viel Arbeit ist zu tun, vor allem die große Lektion des Loslassens und Anheimgebens. Mir ist unwiderruflich klar geworden: Wer Krebs hat, muss sein Leben ändern.

Wenn ich aufmerksam bin, bekomme ich Anregungen und Hinweise von allen Seiten. Da war zum Beispiel in einer Rundfunksendung die Rede von den »glücklichen Augen«. Wer solche Augen hat, kann auch dem Gleichgültigen und sogar dem Widerwärtigen etwas abgewinnen. Nichts ist ganz schlecht. Keine Situation ist so verfahren, dass nicht etwas aus ihr herauszuholen wäre, dass aus einem anderen Blickwinkel nicht etwas Neues zu sehen wäre. Was ist los mit meinen Augen, dass ich mich so viel bei Dingen aufhalte, die mich bedrücken und mir gegen den Strich gehen? Wie viel Energie verschlingen Aversionen, Kritik, alte Schuldgefühle. Keine »glücklichen Augen« haben bedeutet, so viele Gelegenheiten zur Liebe versäumen. Heute Nacht, als ich schlaflos lag, dachte ich, ein wie großes Betätigungsfeld für glückliche Augen es allein im Krankenhaus gibt. Hier und überall in Bereitschaft sein. Auf meinem ersten Spaziergang im Prater wollen die Beine noch nicht so recht, und die kleinste Unebenheit des Bodens droht mich zu Fall zu bringen, aber wie schön ist es, über eine Wiese zu gehen. Die ersten Veilchen rühren mich zu Tränen. Die Wiesen sind ganz blau davon. Das erste Laub, das ich so liebe, verleiht den Bäumen einen zartgelben Schimmer. Es ist, als erlebte ich den Frühling zum ersten Mal. Ja, auch die nächsten Runden der Chemo werden vorübergehen. Mir graut vor jedem neuen Zyklus, aber ich werde es schaffen. Und ich werde Ernst machen mit den glücklichen Augen.

Die Ärzte sind zuversichtlich, und es läuft alles wie vorgesehen. Ich lasse mir die Namen der Zytostatika aufschreiben und die Medikamente erläutern, die ich einnehmen muss. Wenn ich das tue, fühle ich mich besser. Dann sind diese Substanzen nicht nur ein schauderhaftes Gift, sondern ich kann ihre Wirkung nachvollziehen. Ich habe weniger Angst vor ihnen. Ich hasse sie weniger.

Es ist eine Tatsache, dass ich trotz der guten medizinischen Versorgung immer misstrauischer werde. Es bedeutet einen Schock für mich, dass mir nach vier Zyklen schwerer Chemotherapie noch zwei weitere Zyklen aufgenötigt werden, obwohl der Galliumscan nichts Verdächtiges mehr angezeigt hat. Der Röntgenologe kam strahlend herein, um mir die gute Nachricht zu bringen, und dann hieß es plötzlich, der Tumor sei zwar stark geschrumpft, aber noch nicht verschwunden. Die Ärzte vermuten, dass es sich um abgestorbene, verkapselte Zellen handelt, aber sie wollen sichergehen. Ja, ich habe sie doch »gesehen« – die leere Tumorkapsel, in der nichts mehr drin war, nur Staub und Moder. Aber ich habe Hemmungen, meinen Ärzten von diesem Bild zu berichten. Sie würden doch nichts darauf geben. Ihre »Medizin« schreibt die Fortsetzung der Chemotherapie vor, solange mit Hilfe der wissenschaftlichen Geräte nicht erwiesen ist, dass der Krebs weg ist – besiegt, vergiftet, umgebracht. Nur die Befunde zählen, nicht meine subjektive Gewissheit. Ich bin sehr verunsichert. Es ist doch alles so gut gelaufen, warum jetzt diese Verlängerung der Tortur um zwei Monate? Ich wollte mit dieser Zeit so viel anfangen, und jetzt heißt es wieder in ein neues Krankenzimmer einrücken, mich an neue Mitpatientinnen gewöhnen, die Krankenhausroutine zwei Monate länger ertragen. Ich habe nicht den Mut, auf meiner Gewissheit, meinem inneren Bild, zu beharren und die Fortsetzung der Chemotherapie zu verweigern. Mein Gefühl sagt mir, dass das ein Overkill ist zu Lasten meines Körpers und meiner Widerstandskraft, aber ich füge mich der Entscheidung der Ärzte, gegen meine Überzeugung.

Das hat Folgen. Ich kann nicht mehr so tapfer und motiviert in die neue Runde gehen wie am Anfang. Ich bin am Ende meiner Nerven. Ich bin reizbar geworden, jede Kleinigkeit regt mich auf. Die Schattenseiten der Medizin kommen mir immer stärker zu Bewusstsein. Es passieren Fehler, auch gravierendere – aus technischem Versagen, aus einfacher Schlamperei, und weil es im Wesen dieser technisierten Medizin liegt, dass der Mensch weniger zählt als die vom Computer schwarz auf weiß ausgedruckten Befunde. Nun geht das Stechen wieder los, und meine Venen sind praktisch erschöpft.

Jedem sein eigener Krebs

Im Verlauf der Therapie wechsle ich sechsmal das Krankenzimmer und erlebe viele verschiedene Mitpatientinnen. Wir liegen zu dritt im Zimmer und haben alle Krebs. Es gibt auch die größeren Zimmer mit sechs bis acht Betten für die ganz schweren Fälle, die für das Pflegepersonal leichter zu versorgen sind, wenn sie in einem Raum liegen. Diese Menschen sind so schwer krank, dass sie die Zumutung, mit so vielen Krebspatienten ein Zimmer zu teilen, nicht mehr empfinden. Ob das wirklich stimmt? Die schwerstkranke Frau K. wurde in ein solches Zimmer verlegt, damit wir anderen schlafen konnten, aber ihre Tochter sagte mir, dass sie ganz verloren war und in große Unruhe geraten sei. Sie organisierte ein Krankenbett und nahm die Mutter zum Sterben nach Hause.

Manchmal werden einige der ganz schwer kranken Patienten im Rollstuhl in den hellen Vorraum geschoben, apathische, wachsbleiche, abgezehrte Menschen, die schon vom Tod gezeichnet sind. Auf keiner Station wird so häufig gestorben wie hier, aber der Tod wird möglichst schnell beseitigt, weggeräumt. Zufällig sehe ich, wie ein Krankenbett, auf dem ein mit einem Laken zugedeckter Körper sich kaum abhebt, rasch über den Gang geschoben wird. Es ist schockierend für andere Patienten, wenn ein Mitpatient stirbt. Ein fremder Tod ist wie eine Ankündigung des eigenen Todes. Nur die leichteren Fälle, die noch mobil sind und Anteil am Leben nehmen, sprechen über ihren Krebs. Die schweren tun es nicht mehr, oder sie können nicht mehr sprechen.

In meinem ersten Krankenzimmer herrschte eine gute Atmosphäre. Ohne einander direkt auszufragen, tauschten wir uns über unsere Krankheit aus. Meine Mitpatientinnen hatten schon einmal Krebs und sind rückfällig geworden. Eine von ihnen, Frau O., ist jung und hat Brustkrebs. Sie sieht einer Stammzellentransplantation entgegen. Die andere, Frau H., eine gemütliche, sehr korpulente Frau in mittleren Jahren, bekommt Bestrahlungen der Wirbelsäule, von denen ihr schlecht wird. Sie telefoniert viel, ist lustig und quirlig und versichert jedem, dass es ihr glänzend gehe. Ihre Stimme plätschert wie ein Wasserfall. Sie ist ganz obenauf, fast ausgelassen. Macht sie sich etwas vor, um die Angst nicht an sich heranzulassen? Jede hat eine andere Art, mit ihrer Krankheit umzugehen. Einmal äußert sie, dass sie keinen Wunsch mehr habe nach großen Reisen, die ihr früher so viel bedeuteten. Sie wäre schon zufrieden, wenn sie wieder in ihrem Garten sitzen oder im Laxenburger Schlosspark vor den Toren Wiens noch einmal spazieren gehen könnte. Sie wird täglich von ihrem Mann besucht, einem der rührenden Ehemänner, wie ich hier manchen gesehen habe. Einmal setzt Herr H. sich im Vorraum zu mir. Er hat gerade mit einem der Ärzte gesprochen. Um seine Frau steht es schlecht.

97

»Sie weiß das Schlimmste noch nicht. Es ist Knochenmark-
krebs. Ein Wirbel nach dem anderen wird zusammenbrechen.
Einer ist schon eingebrochen. Davon hat sie die großen
Schmerzen. Es kann nur noch schlimmer werden.«

Der massige Mann mit dem freundlichen Gesicht wischt sich
die Tränen ab. Ich möchte ihn trösten, finde aber keine Worte.
Ich kann nur zuhören. Mit schwerem Herzen gehe ich zurück
ins Zimmer. Frau H. hängt wieder am Telefon, und ich höre,
wie sie eine Bekannte bittet, ihr einen Schweinsbraten ins
Spital zu bringen. Sie hätte solche Lust darauf. Die Spitalskost
schmeckt ihr nicht. Dann kommt der nächste Brechanfall, und
sie bestellt den Braten wieder ab. Sie würde ihn ja doch nicht
essen können. Sie erzählt mir, dass sie ihre Haare schon
dreimal verloren hat.

Ich mag die beiden Frauen gern. Sie klagen nicht und
scheinen ihre Krankheit nüchtern zu akzeptieren. Frau O. liest
viel, legt Patiencen und führt mit ihrem Freund, der jeden
Abend kommt, angeregte Debatten. Wir alle haben das Bedürfnis, den Anschein des normalen Lebens aufrechtzuerhal-
ten, so gut es geht.

Als Frau O. zur Stammzellentransplantation in das Isolier-
zimmer, die »Schleuse«, kommt, wird Frau J. zu uns verlegt.
Auch sie hat Brustkrebs und macht eine schwere Chemotherapie durch. Sie jammert und stöhnt mit lauter Stimme, ruft
Gott in ihrer serbokroatischen Muttersprache an, und im
nächsten Augenblick lacht sie wieder und unterhält sich mit
ihren zahlreichen Verwandten und Bekannten, die sie ständig
besuchen. Sie telefoniert von früh bis spät, in voller Lautstärke,
als wäre sie zu Hause in ihrer eigenen Wohnung. Ich kriege
einen Hass auf das Zimmertelefon, das die Patienten mieten
können. Vergeblich sage ich mir, dass jeder Patient seine
eigene Art hat, wie er mit diesem Ausnahmezustand fertig
wird. Die meisten verdrängen ihren Kummer und nehmen
mehr Rücksicht auf andere. Frau J. kann das nicht, sie lässt
ihren Schmerz heraus, schreit und stöhnt und kann sich nur
durch lautstarke Unterhaltung ablenken.

Manchmal beneide ich sie. Sie wird nie krank werden durch ungeweinte Tränen oder verdrängten Kummer. Aber auch sie hat Krebs. Wenn sie Besuch bekommt, oft sechs bis acht Personen auf einmal, ist das kleine Zimmer voll. Alle stehen um ihr Bett herum und sprechen durcheinander. Alle haben Blumen und Leckerbissen mitgebracht. Eine alte Tante oder Großmutter in Kopftuch und Stiefeln breitet ein ganzes Picknick auf der Bettdecke aus, Gebratenes und Gebackenes, Schafskäse, stark nach Knoblauch und Zwiebel duftende Esswaren. Schwerer Fettgeruch verbreitet sich im Zimmer, und die übergewichtige Krebspatientin verspeist das alles. Warum erlauben es die Schwestern? Warum erlauben sie die Belästigung durch diesen Gestank und die vielen geräuschvollen Menschen?

Wer es gewohnt ist, alleine zu leben, für den ist es eine Qual, ein Zimmer mit anderen zu teilen und gezwungenermaßen Telefonate und Gespräche mitanzuhören, die er nicht hören will. Als Kassenpatientin ohne Zusatzversicherung wie alle anderen habe ich keinen Anspruch auf ein Einzelzimmer. Manchmal bitte ich Frau J., etwas leiser zu sprechen. Sie ist nicht in der Lage dazu und hat kein Verständnis für meine Bitte. Das Bedürfnis des einen kann eine unzumutbare Belastung für den anderen sein.

Die Belastung durch die anderen Patientinnen steigert sich von einem Zyklus zum anderen. Die Psychologin sagt mir, dass es den meisten so geht. Den ganzen Tag die Telefonate, die Besuche rund um die Uhr, die Ruhestörungen in der Nacht, so dass man nicht abschalten und nicht schlafen kann. Früher hatte ich einen gesegneten Schlaf, jetzt brauche ich Schlafmittel. Zuerst wollte ich keine nehmen, jetzt bitte ich die Nachtschwester um ein halbes Mogadon. Damit kann ich, wenn ich Glück habe, vier bis fünf Stunden durchschlafen. Die vielen Infusoren auf Frau J.s »Christbaum« pfeifen die ganze Nacht. Ich bekomme einen Hass auf diese schwer leidende, unbeherrschte Frau und mache mir gleichzeitig Vorwürfe deswegen. Schon aus Ärger über mich selbst kann ich nicht schlafen.

Geduld auf der Krebsstation heißt Geduld mit sich selbst, mit dem Krankenhausbetrieb und den Mitpatienten. Meine Geduld wird auf viele Proben gestellt. Das rasselnde, fast schreiende Atmen einer Patientin im letzten Stadium von Lungenkrebs macht Schlafen unmöglich. Die ältere Frau wurde am Tag vorher mit einer angeblichen Lungenentzündung eingeliefert. Sie war von einer zwanghaften Geschwätzigkeit, wollte wissen, von wem die Blumen auf meinem Nachttisch sind, was ich schreibe, welche Bücher ich da lese. Dann fiel sie von einem Tag zum andern in eine Apathie, und nun ist sie unansprechbar. Mit weit offenem Mund liegt sie röchelnd auf ihrem Bett. Man hat ihr eine Sauerstoffmaske gegeben, und das Gerät rauscht Tag und Nacht. Auch mir geht es in diesen Tagen nicht gut, und ich hätte gern geschlafen.

Ich versuche abzuschalten und die Irritation mit dem Ausatmen durch die Fußsohlen loszuwerden. Sonst gelingt diese Übung recht gut, aber in diesen Nächten halte ich kaum drei Atemzüge durch. Ich versuche es noch einmal, lenke den Atem in mein Herz mit der Vorstellung, dass mein Lymphom von weißem Licht eingehüllt ist. Ich rede mit ihm: »Was willst du noch? Du hast hier nichts mehr zu suchen, nicht nur, weil wir dich mit wirksamen Giften bekämpft haben, sondern weil du keinen Grund mehr hast, hier zu sein – weil ich loslasse, was mich bekümmert; weil ich loslasse, was mich krank gemacht hat.« Das geht nicht auf einmal, ich muss es immer wieder üben, das Loslassen von der Phantasie, dass etwas Unwiederbringliches noch einmal Wirklichkeit werden könnte. So vieles in meinem Leben ist anders gekommen, als ich wollte. Wenn ich heil werden will, muss ich mich versöhnen. Manches kann geheilt werden, manches nicht.

Etwas, das Heilung verlangt, ist die Unduldsamkeit, ein Übel, das in unserer Familie liegt, für das ich mich schäme, wenn die Regung vorbei ist. Die schwer kranke Frau neben mir bringt mich um den Schlaf, aber es ist momentan mehr Zorn in mir als Mitgefühl. Drei Viertel ihrer Lunge sind kaputt.

Eine weise Frau sagte mir einmal: »Wenn ein Lärm dir unerträglich ist, segne ihn. Er wird dich dann weniger belästigen.« Ich versuche es, und ein Stück weit gelingt es mir. Ich segne Frau K. und ihren schweren, rasselnden Atem.

Die gestörte Nacht hat mir eine Lektion erteilt. Am nächsten Morgen erfahre ich, dass Frau K.s Tage gezählt sind. Sie hat Lungenkrebs im Endstadium. Aber sie wird nicht leiden. Die Infusionen, die ihr noch verabreicht werden, versorgen ihren Körper mit Flüssigkeit. Sie erbricht nur noch Wasser, sanft und ohne Schmerzen. Sie wird an Nierenversagen sterben. Früher war die Urämie mit qualvollen Schmerzen verbunden. Goethes Frau Christiane starb daran. Heute ist das ein schmerzloser Tod.

Der tunesische Pfleger spricht leise mit ihr und schiebt ihr behutsam die Leibschüssel unter. Oft schreien die Ärzte und Krankenschwestern mit den Schwerkranken, als könnten sie dann besser hören. Ich verstehe das nicht und empfinde es als eine Rohheit. Auch wenn ein Mensch nicht mehr sprechen kann, kann er immer noch hören und empfindet laute Geräusche als schmerzhaft.

Am Nachmittag sitzt Frau K. ein wenig auf, mit gespreizten Beinen über die Brechschüssel gebeugt. Das Abendessen kommt. Sie gibt mir ein Zeichen, dass sie versuchen möchte, einen Bissen zu essen. Ich richte ein Brot mit Topfen (Quark) und reiche ihr ein Stück, aber sie kann nicht mehr kauen oder schlucken. Sie sieht mich mit unnatürlich geweiteten Augen an und drückt meine Hand. Dann sinkt sie auf ihr Kissen zurück. Ich halte sie fest und lege meine Wange an ihren Kopf. Mein selbstsüchtiger Groll ist verflogen.

Ich rücke einen Stuhl an ihr Bett und halte schweigend ihre Hand. Einmal sage ich: »Gelt, das ist sehr schwer für Sie?« Sie nickt. Dann lässt sie schwer atmend meine Hand los. Am Abend wird sie in eines der größeren Zimmer verlegt. Wir haben Ruhe diese Nacht, aber ich finde trotzdem keinen Schlaf.

101

Die andere Mitpatientin, Frau N., war schon öfter hier. Wir sind schon mehrmals im selben Zimmer gelegen und haben uns angefreundet. Sie hat Lymphdrüsenkrebs wie ich und lässt die Chemotherapie still und geduldig über sich ergehen. Sie hängt täglich viele Stunden am Tropf und hat Mühe, die Schläuche zu entwirren und den Stecker aus der Wand zu ziehen, wenn sie mit ihrem »Christbaum« hinaus muss. Einmal verheddert sie sich und reißt mit einer ungeschickten Bewegung die Chemo aus ihrem Portokat, dem implantierten Katheter, den die meisten Patienten haben. Das kann böse ausgehen. Frau N. hat schon einmal einen ähnlichen Unfall erlebt, als sie sich einen Venflon aus dem Arm riss und eine so schwere Verätzung erlitt, dass die Chemotherapie einen ganzen Sommer lang unterbrochen werden musste, um die Geschwulst zu behandeln. Ihr Unterarm ist dunkel verfärbt und vernarbt wie von einer schweren Brandwunde. Sie möchte das nicht noch einmal erleben und gerät in Panik. Es ist Mittagspause, und auf der Station ist kein Arzt aufzutreiben. Als schließlich einer kommt, ist die arme Frau in Tränen aufgelöst. Gott sei Dank ist nichts Schlimmes passiert, sie beruhigt sich und entschuldigt sich für ihre Aufregung. Mir kommt vor, dass Frau N. unsicher und abwesend ist, wie sie es früher nicht war.

Der Vorfall beunruhigt mich. Auch ich habe einen Knoten im Arm von einer entzündeten Vene. Ein Venflon war zu lange drin, und die Chemikalien verätzten die Vene. Zum Glück blieb es bei dem kleinen Knoten. Er wird mit Salbe und Essigsaurer Tonerde behandelt, bildet sich aber nicht mehr zurück. Er wird mir erhalten bleiben als Andenken an die Chemotherapie. Wenn noch einmal so etwas geschieht? Täglich wird mir Blut abgenommen, an manchen Tagen mehrmals, an einem Tag sogar fünfmal. Es wird gestochen, wenn der Venflon für die Infusionen gesetzt wird und wenn für bestimmte Untersuchungen ein Kontrastmittel gespritzt werden muss. Jeden Tag suchen wir nach Venen, die noch zu gebrauchen sind. Die schöne Vene in der linken Armbeuge hat sich verzupft, wie Frau Dr. H. sagt. Man muss auf den

Handrücken ausweichen, wo das Stechen unangenehm ist und ein Venflon schon nach wenigen Stunden zu schmerzen beginnt. Sie müssen jetzt jeden Tag neu gesetzt werden.

Nach dem vierten Zyklus sollen meinem Blut Stammzellen entnommen werden mit Hilfe eines neuen Verfahrens, der Leukopherese. Zu diesem Zweck komme ich für mehrere Tage in einen isolierten Raum, wo ich an eine große Maschine angeschlossen werde, eine Art Zentrifuge, die aus dem Blut die Stammzellen herausfiltert und das Blut danach wieder in den Körper leitet. Über einen Venflon im rechten Arm fließt das Blut in die Maschine und über den linken Arm zurück in den Körper. Der Vorgang wird von einer hochspezialisierten Krankenschwester und einer technischen Assistentin überwacht. Diese Pheresemaschine ist der Stolz der Klinik. Es gibt nur zwei davon in ganz Wien. Die gewonnenen Stammzellen werden eingefroren und dem Patienten transplantiert, wenn es zu einem Rückfall kommt. Dieses Verfahren ersetzt die aufwendige und für den Patienten belastende Prozedur der Knochmark-transplantation. Das ist eine Sicherheitsmaßnahme, aber ich bin bestürzt, dass mit meinem Rückfall schon gerechnet wird. Durch die Maßnahme soll sichergestellt werden, dass ich notfalls eine noch aggressivere Chemotherapie überstehen würde.

Es hätte alles glatt gehen sollen, aber mir war ein falscher Venflon gesetzt worden, der am ersten Tag die ganze Ausbeute an Stammzellen zum Gerinnen brachte. Zweimal wird der Versuch gemacht, einen neuen Venflon zu setzen, aber es misslingt. Dann wird der »Meisterstecher« gerufen, der mir den erforderlichen breiten Venflon in die Armbeuge rammt. Er bleibt über Nacht drin, aber am nächsten Tag funktioniert das Ganze nicht mehr richtig. Die Kanüle schmerzt höllisch und kann das Blut nicht mehr transportieren. Offenbar ist die Kanüle in der Vene geknickt. Niemand hat daran gedacht, mich zu warnen, dass ich den Arm über Nacht nicht abbiegen darf. Er hätte geschient werden müssen. Am zweiten Tag ist die Ausbeute an Stammzellen viel kleiner, am dritten Tag ist sie gefährdet. Dieser letzte Vormittag in dem grell beleuchteten Raum mit dem surrenden Ungetüm von Maschine ist ein Horror. Ich lasse den Zeiger der großen Wanduhr nicht aus den Augen. Die drei Stunden, die ich an dem Apparat ausharren muss, sind eine Ewigkeit. Als die Kanüle aus meinem Arm gezogen wird, stellt sich heraus, dass sie doppelt geknickt ist. Kein Wunder, dass kaum noch Blut durchfloß und die Schwester meinen Arm schmerzhaft manipulieren musste, um das Blut durchzupressen. Wäre es nicht gegangen, hätte mir auf der Intensivstation doch der Venenkatheter implantiert werden müssen, den man möglichst vermeidet. Es ist nicht ungefährlich, die lange Kanüle durch die Vene bis zum Herz zu leiten.

Auch die Pherese hätte ich verweigern können, aber gegen den Druck der Experten komme ich nicht an. Ich habe ein ungutes Gefühl bei der Sache und will mich nicht schon jetzt auf einen Rückfall einstellen. Ich bin entschlossen, alles zu tun, was in meinen Kräften steht, um einen Rückfall zu vermeiden, aber ich werde unsicher. Vielleicht sagt man mir nicht alles? Vielleicht habe ich nicht wirklich die guten Heilungschancen, die der Professor mir in Aussicht stellte? Ich merke selbst, wie meine Widerstandskraft abnimmt, mit jedem neuen Zyklus etwas mehr. Das Blut erholt sich nicht mehr so schnell. Nicht nur die weißen Blutkörperchen, auch die roten regenerieren sich langsamer, meine Nerven sind elend, meine Venen machen nicht mehr mit. Ich bin von der Chemotherapie geschwächt und kann mir nicht vorstellen, mich einmal wieder in meinem Körper wohlzufühlen, eine Nacht durchzuschlafen, erfrischt zu erwachen, gehen zu können wie früher, ohne beim geringsten Hindernis einzuknicken.

Ich möchte gesund werden, und alle meine Übungen und Meditationen sind darauf gerichtet, dass ich in einem umfassenden Sinn gesund werde. Das Licht, die heilenden Farben, die ich auf den Raum in meiner Brust projiziere, wo das Übel sich manifestiert hat, sollen noch mehr bewirken. Ich denke an die anstehenden Änderungen in meinem Leben, den Ballast, den ich abwerfen möchte. Wenn sich nichts ändert, wenn ich der Macht der alten Denkgewohnheiten und Verhaltensmuster erliege, kann ich auf Dauer nicht gesund bleiben. Dann programmiere ich mich geradezu für einen Rückfall, dessen bin ich gewiss.

Mit wachsender Bestürzung stelle ich fest, dass fast alle meine Mitpatientinnen Rückfällige sind. Die meisten nehmen ihren Krebs passiv und schicksalsergeben hin. Wir reden über unsere Krankheit, die bei jeder etwas anders gelagert ist. Jede hat ihren eigenen Krebs, auch wenn er dieselbe Bezeichnung trägt wie bei einer anderen. Was draußen ein Tabu ist, wird hier ausgesprochen. Das Wort »Krebs« fällt selten. Die Betroffenen deuten lieber mit der Hand auf die Stelle, oder sie sagen knapp »Brust« oder »Magen« oder »Leber«, aber das Aussprechen des angstbesetzten Wortes ist wie ein schlechtes Omen. Wir sprechen jedoch offen über die Symptome, die Schmerzen, die Art der Behandlung, auch über unsere Hoffnungen und die mutmaßlichen Ursachen der Erkrankung. Die meisten nehmen die Behandlung hin, ohne Fragen zu stellen. Der Glaube an das souveräne Wissen der Ärzte ist groß. Viele Patientinnen wollen nichts wissen und sind bereit, alles auf sich zu nehmen, »wenn's nur hilft«. Dem Pflegepersonal und manchen Ärzten sind die Patienten am liebsten, die nichts fragen und sich folgsam an die Verordnungen halten. Sie sind die bequemsten Patienten und kosten am wenigsten Zeit. In diesem Sinne bin ich eine unbequeme Patientin. Das Personal auf einer Krebsstation ist gestresst und hat alle Hände voll zu tun. Ständig müssen Infusionen angeschlossen und überwacht werden. Alle Augenblicke geht ein Alarm, ruft ein Patient, läutet am Stützpunkt das Telefon. Es müssen Lautsprecherdurchsagen gemacht werden, es gibt häufig Notaufnahmen. Krankenschwestern haben selten Zeit, am Bett eines Patienten zu verweilen. Wer möchte sie oder die Ärzte unnötig aufhalten? Auf der Station sind zwei junge Assistenzärztinnen, die sich etwas mehr Zeit nehmen. Ich habe sie richtig ins Herz geschlossen und freue mich, wenn die eine oder andere Dienst hat. Sie sind vom Klinikbetrieb noch nicht verschlissen, wie es den Ärzten ergeht, die länger hier sind. Frau Dr. F. hat sich einmal in der Nacht an mein Bett gesetzt, als sie kam, um mir den Nierenschutz zu spritzen. Ihr kann ich ohne Scheu von meinen Übungen und meinen Erfahrungen erzählen. Sie sieht sich meine Bücher an und notiert sich die Titel. Sie hält viel von geistigen Übungen zur Unterstützung der Therapie, im Unterschied zu den meisten ihrer Kollegen. Oder geben sie es nicht zu, um als »wissenschaftliche Mediziner« nicht Gesicht zu verlieren?

Dieses halbe Jahr ist eine Ausnahmesituation, und sie soll es bleiben. Ich möchte mich in dieser schweren Erfahrung mit ihrem zyklischen Auf und Ab, den kurzen euphorischen Phasen und dem schwarzen Elend, nicht einrichten wie in einem vom Schicksal verhängten Dauerzustand. Ich will es mir nicht gemütlich machen in dieser Prüfung und die Herausforderung, die sie für mich bedeutet, nicht verdrängen. Es geht nicht nur um das Standhalten des Körpers unter den Vernichtungsschlägen des HD-CHOP. Ich muss auch standhalten mit meiner Seele, mit meinem Geist. Ich möchte nicht abgleiten in die Banalität eines Krebsleidens, wie ich es hier so oft sehe. Viele Patienten lassen alles passiv über sich ergehen, und wenn es ihnen nicht sehr schlecht geht, verdrängen sie den Krebs.

Aber – ist der Krebs, so sehr er verdrängt und tabuisiert wird, nicht wirklich zu etwas Banalem geworden? Millionen haben ihn, jeder dritte oder vierte Mensch wird im Lauf seines Lebens daran erkranken. Man lebt mit dem Krebs, wenn man ihn einmal gehabt hat. Wie Frau H. sagte: »Auch wenn man den Krebs überstanden hat, hängt man doch das ganze Leben dran.« Für sie ist der Krebs mit den Rückfällen, den wiederholten Krankenhausaufenthalten und den immer kürzeren Perioden der Erholung zu Hause, zu einer hässlichen, das Leben beeinträchtigenden Banalität geworden. Schritt für Schritt hat er ihr Leben eingeengt, ohne ihren Lebensstil zu verändern. Sie isst trotz ihrem Übergewicht gerne gut und fett, vor allem Fleischspeisen. Niemand sagt ihr, wie Krebspatienten sich ernähren sollen, oder sie will es nicht wissen. Vielleicht ist es ihr auch gleichgültig, und sie möchte auf diese eine Lebensfreude, das Essen, nicht auch noch verzichten.

Ich wehre mich dagegen, dass meine Krankheit banal wird. Ich kenne die Routine auf der Station in- und auswendig, und doch läuft kein Tag so ab wie der andere. Ich will nichts vergessen, und dazu führe ich mein Tagebuch. Was ich an Erfahrungen und Gedanken aufschreibe, prägt sich dem Bewusstsein tiefer ein und ist gefeit gegen das Vergessen.

Eben bin ich den langen Gang zweimal auf- und abgegangen, 550 Schritte in jeder Richtung, begleitet von meinen Baoding–Kugeln. In einigen Tagen werde ich nicht mehr gehen können und wie erschlagen auf meinem Bett liegen. Aber jetzt kann ich es noch und genieße jeden Schritt. Am Ende des Ganges befindet sich ein kreisrundes Fenster aus dickem Glas, wie ein Bullauge im Bauch eines Schiffes. Lange sehe ich hinaus – auf die Spitalsmauern, den hohen, hellblauen Schlot und den wolkenschweren Himmel. Man könnte denken, das sei ein trister Anblick, aber ich finde ihn eher erheiternd, auf sanfte Weise tröstlich und vertraut, fast heimatlich. Schon öfters bin ich hier gestanden und habe in wechselnder Stimmung in diese Landschaft aus kahlen Mauern und einem Stück Himmel hinausgeblickt. Einmal war mir elend, ein anderes Mal – so wie heute – bin ich in besserer Verfassung. Wenn ich es in drei Tagen noch schaffe, hierher zu kommen, werde ich den Ausblick vielleicht wieder für trostlos halten, aber in diesem gegenwärtigen Augenblick – *jetzt* – weiß ich, dass es nicht so ist. Was ich sehe, ist nichts als der Spiegel meiner eigenen Befindlichkeit. Wenn ich die Kraft habe, in drei bis vier Tagen noch bis zum Bullauge zu kommen, werde ich, gestärkt durch die leise singenden Baoding-Kugeln in meiner Tasche, es auch dann noch wissen. Ich kann selbst bestimmen, was ich sehe. Dann ist das Elend nicht ausweglos. Das möchte ich festhalten, wenn ich in mein Zimmer zurückgekehrt bin. Später, wenn ich das Spital einmal verlassen kann, werde ich diese Erfahrung vielleicht vergessen haben. Daher schreibe ich sie in mein Tagebuch. Auch diese kleinen Erlebnisse möchte ich nicht missen. Auch sie gehören zur Lebensschule dieser Zeit.

Alles zieht sich auf das Wesentliche zurück, auf Leben und Sterben, wie man krank ist und wie man stirbt, wie man lebt und wie man leidet; wie man den Einbruch übersteht und noch im Abgrund etwas findet, woran man sich festhalten kann.

Obwohl wir das Wort »Krebs« nicht aussprechen – auch die Ärzte vermeiden es –, möchte ich mich daran gewöhnen. Ich möchte mich damit aussöhnen. Es ist meine Wirklichkeit, es gehört zu mir. Früher hat es nur andere betroffen, nicht mich. Der Krebs, diese seit uralten Zeiten bekannte Krankheit, ist in unseren Sprachschatz eingegangen zur Bezeichnung von etwas Unheilvollem und Bösem. Wir sprechen von einem »Krebsübel«, und das ist nicht erst eine Wortprägung unserer Zeit. Ich finde sie zum Beispiel in den *Reisebildern* von Heinrich Heine, die ich mir aus der Krankenhausbibliothek ausgeliehen habe. Etwas nicht wieder Gutzumachendes, wenn Hopfen und Malz verloren ist, nennen wir einen »Krebsschaden«. Die Slums moderner Stadtkolosse wie Calcutta, Rio de Janeiro oder Lima wuchern »krebsartig«. Sie werden mit einem »Krebsgeschwür« verglichen. Andererseits sind Krebse, Krebsschwänze und Krebssuppe, für die auch der erwähnte Heinrich Heine eine Schwäche hatte, kulinarische Genüsse.

Im Kreis der astrologischen Sternzeichen wird der Krebs, wie auch der Fisch, dem Element Wasser zugeordnet. Hat es im Zusammenhang mit meinem Krebs etwas zu bedeuten, dass ich im Zeichen der Fische geboren bin, mit Krebs am Aszendenten, den die Astrologen für das noch wichtigere Element einer Gesamtkonstellation halten? Das doppelte Wasserzeichen, das zu den feurigen Aspekten meines Horoskops im Widerstreit steht, gilt als eine konfliktträchtige, schwierige Kombination. Einerseits habe ich nahe am Wasser gebaut, andererseits ist auch das Feuer mein Element. Das macht mich dünnhäutig und »wässrig«, aber auch hitzig und impulsiv. Wie soll man mit diesem Zwiespalt von Kalt und Heiß leben? Wie Fisch und Krebs, die Tiere des Wassers, fühle auch ich mich wohl in der Nähe von Wasser. Zu dem amorphen, abgründigen Element, von alters her ein Symbol des Weiblichen, hatte ich von kleinauf eine starke Affinität. Wer in tiefen Gewässern schwimmen will, darf sich nicht wundern, wenn einem – wenigstens zeitweilig – der Boden unter den Füßen abhanden kommt. Man schwebt und gleitet mehr, wird mehr mitgenommen, als dass man einen festen Schritt vor den anderen setzt. In diesem Element gibt es keinen Wegweiser und keine Markierung, höchstens das Blinken eines Leuchtturms, vielleicht eine Boje, an der man sich festhalten und eine Weile ausruhen kann.

Freilich ist die fischige, krebsige Dünnhäutigkeit auch ein Kapital. Sie bedingt ein natürliches Einfühlungsvermögen, ein Mitschwingen und Mitempfinden, das bis zum Selbstverlust gehen kann. Sobald ich einen Raum betrete, drängt sich meiner Wahrnehmung die Atmosphäre auf, die zwischenmenschlichen Schwingungen, eine dicke oder reine Luft. Früher verstand ich das nicht und litt einfach unter einer »schlechten Atmosphäre«, die andere gar nicht zu spüren scheinen. Ich hatte keine Möglichkeit, mich davor zu schützen.

Nichts ist von vornherein ganz schlecht, was ein Mensch mitbekommen hat, und nicht jede Anlage muss ausgelebt werden. Es ist möglich, günstige Konstellationen zu verstärken und den schwierigen Lebensenergie zu entziehen. Von meiner Anlage her müsste ich anlehnungsbedürftig und abhängig sein und bin es trotz meiner Sehnsucht nach Geborgenheit nie gewesen. Ich habe eher das Gegenteil davon gelebt. Ganz andere Kräfte sind wirksam geworden, die mich zur Eigenständigkeit und Unabhängigkeit trieben und mir verwehrten, bei anderen Menschen bzw. in der Zugehörigkeit zu einer Gruppe oder einer definierten Gemeinschaft Rückhalt zu suchen. Mir kommt vor, als hätte ich es mir dadurch immer besonders schwer gemacht, als hätten Fisch und Krebs sich verschworen, außerhalb ihres angestammten Elementes zu leben. Hat mich dieser Widerstreit prädisponiert, eines Tages an Krebs zu erkranken? Ich weiß es nicht. Ich glaube es nicht – andererseits: wie sehr habe ich die fatale Verletzlichkeit und extreme Sensibilität des Krebses empfunden und ausgelebt. Aber noch ist nicht aller Tage Abend. Der Krebs kann sich entschließen, andere Wege zu gehen. Er kann aufhören, sich selbst und andere »in die Schere zu nehmen«, um im Bild zu bleiben. Man muss ihn nicht unbedingt in kochendes Wasser werfen, damit er genießbar wird und seine schöne rote Farbe, die Farbe des vitalen Lebens, und sein schmackhaftes Fleisch bekommt. Er kann weise werden.

Der Krebs, wie er auf der Station in Erscheinung tritt, ist nicht abstoßend, nur deprimierend. Er ist fast unsichtbar. Man sieht nur Menschen, die immer blasser und schwächer werden und, manchmal unter Schmerzen, immer mehr dahinschwinden. Man sieht kein widerwärtiges Geschwür, keinen zerstörten Körperteil, bei dessen Anblick man zu Tode erschrickt, wie Simone de Beauvoir, als sie den Unterleib ihrer sterbenden Mutter sah, oder wie jener Spanier des Mittelalters, Ramón Llull, der vom Anblick der krebszerstörten Brust einer Frau so tief erschüttert war, dass er dem weltlichen Leben entsagte. Der Krebs dieser von ihm leidenschaftlich begehrten Frau wurde sein Damaskus. Der klinisch versorgte und mit modernen wissenschaftlichen Methoden erforschte Krebs hat diese archaische Gewalt nicht mehr, obwohl er mehr Menschen dahinrafft als je zuvor. Der Mythos hat seinen düsteren Glanz verloren. Wir leben mit ihm, wie arrangieren uns mit ihm, nur ist er oft zäher als wir. Im Wettlauf mit der Zeit trägt er in jedem zweiten Fall den Sieg davon, aber die meisten Betroffenen haben immerhin eine Chance, wenn sein Vorsprung nicht so groß ist, dass jede Hilfe zu spät kommt.

Fast immer liegt eine Patientin bei uns, die einen unheilbaren Krebs im Endstadium hat. Doch die meisten von uns werden das Spital verlassen können und mit ihrem Krebs weiterleben. Wenn wir Glück haben, hat die Behandlung den

Krebs fürs Erste besiegt. Wer noch größeres Glück hat, bleibt über Jahre hin »krebsfrei«. Die ersten fünf Jahre sind entscheidend. Wenn der Krebs bis dahin nicht wiedergekommen ist, besteht die Aussicht auf dauerhafte Heilung, natürlich ohne Garantie. Der Krebs ist eine Zeitbombe, die auch dann noch losgehen kann, wenn keiner mehr damit rechnet.

Während der fünften Runde meiner Chemotherapie ist Frau F. meine Bettnachbarin. Noch nie hatte ich eine so wunderbare Mitpatientin. Sie sprüht vor Energie und Zuversicht, ist immer bemüht, anderen zu helfen, obwohl es ihr selbst schlecht geht. Sie ist eine bekannte Persönlichkeit. Nachdem sie vor dreißig Jahren an Brustkrebs erkrankt war, begann sie, die Frauenselbsthilfe nach Krebs in Österreich aufzubauen, die heute sechzig Gruppen in allen Bundesländern umfasst. Es ist ihr Lebenswerk, und Betroffene blicken zu ihr auf als einer Frau, die es geschafft hat. Sie ist zu einer Hoffnungsträgerin für viele geworden. Und dann, aus heiterem Himmel, schlug der Krebs wieder zu. Sie hat Metastasen im Magen und in der Leber. Durch zwei Portokats im Unterleib gehen die Infusionen direkt in die Krebsherde. Dazu bekommt sie noch eine Chemotherapie in die Vene, und all das erträgt sie tapfer und mit Humor. Sie ist nervös, weil es schon vorgekommen ist, dass die Infusionen verwechselt wurden, und seither passt sie höllisch auf, was für Substanzen in die Portokats kommen, und erkundigt sich lieber doppelt und dreifach, immer lächelnd und sich entschuldigend, um nur ja niemandem zur Last zu fallen.

Wenn es ein erfolgreiches und erfülltes Leben gibt, dann ist es das ihre. Positiver eingestellt und liebevoller kann ein Mensch nicht sein. Warum ist ihr Krebs nach so vielen Jahren wiedergekommen? Sie hat sich abgekämpft, sich mit Behörden herumgeschlagen, Sponsoren und Geldgeber aufgetrieben und immer einen Ausweg gewusst, wenn keiner mehr weiter wusste. Sie ist die Seele der Organisation, die so viel Gutes stiftet.

111

Gibt es einen »Krebstyp«?

Wir unterhalten uns auf der Station öfters über die möglichen Ursachen unserer Erkrankung. Gibt es so etwas wie einen »Krebstyp«? Jahrelang herrschte die Ansicht, dass bestimmte Charakterzüge einen Menschen für Krebs prädisponieren, aber heute ist man davon abgekommen. Auch die Psychologin der Klinik war anfangs davon überzeugt, dass es einen Krebstyp gibt, aber ihre Erfahrungen mit Krebskranken haben diese Annahme widerlegt. Es sind nicht nur die Depressiven, Hypersensiblen, Gefühlsgehemmten oder im Leben Zukurz-gekommenen, die an Krebs erkranken, sondern auch die Erfolgreichen, Glücklichen und Starken, die obenauf sind und ihr Leben genießen. Es gibt verschiedene Faktoren, die Krebs auslösen können – so z.B. eine genetische Disposition, Schadstoffe in der Umwelt, Strahlen, Lebensstil und Ernährungsweise. Einer der wichtigsten Faktoren sind psychische Belastungen, die zu schweren Erkrankungen, darunter auch Krebs, führen können. In dem Buch *Wieder gesund werden* einer amerikanischen Forschergruppe wird dargelegt, wie psychischer Stress zu einer Schwächung des Immunsystems führt und damit die Voraussetzung schafft, dass ein Tumor entstehen kann. Es ist nicht der Faktor Stress an sich, der zu Krebs führt, sondern die Art und Weise, wie ein Mensch damit umgeht. Dieser Zusammenhang war mir klar, lange bevor ich die Studien der Simontons oder die Bücher von Lawrence LeShan kennen lernte.[9]

Ich bin überzeugt, dass mein Krebs nicht von karzinogenen Substanzen oder irgendeinem Erreger hervorgerufen wurde, der von außen in meinen Organismus eingedrungen ist, sondern durch unbewältigten inneren Stress. Er hat mich bis in die Therapie hinein belastet. Es gibt keinen Zweifel für mich, dass ich mir meinen Krebs »zugezogen« habe. Ich habe zugelassen, dass Kummer, Groll und Ressentiment sich in meine Seele fraßen. Auch andere Krankheiten kann man sich zuziehen, warum nicht Krebs?

Auch im Leben meiner Mitpatientinnen gibt es Wunden, die nicht verheilt sind. Frau K.s Tochter berichtet mir, dass ihre Mutter über den Tod ihres vor siebzehn Jahren verstorbenen Ehepartners nie hinweggekommen ist. Sie ist eine resolute Frau und hat nach dem schweren Verlust ihr Leben alleine umsichtig in die Hand genommen, aber ihre Lebensfreude war dahin. Vor sieben Jahren bekam sie Brustkrebs, jetzt einen unheilbaren Lungenkrebs. Als sie noch sprechen konnte, erwog sie, zu ihrer jüngeren Tochter zu ziehen. »Zu Hause wartet ja doch niemand auf mich.«

Frau H. kann nicht verwinden, dass sie nach zwanzigjähriger Arbeit für eine Firma, die sie mitaufgebaut hatte, gekündigt wurde. Sie nahm gleich eine neue Stelle an, ist aber nicht glücklich dort. Sie vermisst den alten Betrieb, der eine Art Heimat für sie war, die Kollegen, die gewohnte Tätigkeit.

Frau Ch. hat ihr Leben lang nur geschuftet, und jetzt, mit Mitte fünfzig, ist sie erschöpft. Als ältestes Kind einer Kriegerwitwe, die sich als Putzfrau durchschlug, musste sie früh Verantwortung für ihre jüngeren Geschwister übernehmen und schon als Kind die Mutter bei ihrer schweren Arbeit entlasten. Mit achtzehn Jahren hatte sie ihre erste Magenoperation. In ihrem späteren Beruf brachte sie es zur Filialleiterin und leistete jede Menge unbezahlte Überstunden. Ich kann mir vorstellen, wie die schmächtige Frau sich abrackerte, wie sie mit ihrem liebenswürdigen, bescheidenen Wesen die Bedürfnisse aller erfüllte, ohne jemals an ihre eigenen zu denken. Vielleicht wusste sie nicht, dass sie Bedürfnisse hat wie jeder Mensch. Ihr Leberkrebs ist mit starken Schmerzen verbunden. Am Tag ihrer Aufnahme hat sie dreimal um Schmerzmittel gebeten, aber sie macht so wenig von sich her, dass die Schwestern sie vergessen. Erst am Abend, als sie die Schmerzen nicht mehr aushält, bringt man ihr ein Pflaster. Täglich höre ich die resignierte Litanei ihrer Schmerzen und der medizinischen Maßnahmen, wenn sie mit ihren Angehörigen telefoniert. Ihre Stimme klingt brüchig, ohne Hoffnung, wie zersprungenes Glas.

Frau St. erzählt, dass es ihr eigentlich gut gehe. Sie ist verheiratet und hat erwachsene Kinder, die sie öfters besuchen, aber ihr Leben ist unerfüllt. Zu Hause in ihrer Wohnung hält sie es nicht aus, und die Halbtagsstellung, die sie angenommen hat, ist trostlos. Sie leidet wie ich an Lymphdrüsenkrebs und war schon mehrmals hier. Auch sie ist eine von den Stillen, Angepassten, die nichts für sich fordern und niemandem zur Last fallen wollen. Wenn ihr Mann zu Besuch kommt und einsilbig an ihrem Bett sitzt, nehme ich eine leise Schwermut und Resignation wahr, die über diesem Paar liegt. Sie wird ihre Chemotherapie beenden und in das gewohnte Leben nach Hause zurückkehren. Es wird sich nichts daran ändern. Kann diese Frau gesund werden, will sie es überhaupt?

Und wie steht es mit Frau F., der Tapferen, trotz dem vorgerückten Stadium ihrer Krankheit von Energie und Geist Sprühenden? Ist die unverwüstliche Heiterkeit und Stärke nur die eine Seite ihres Wesens? Mir fällt auf, wie diese ältere, hochverdiente Frau um Wohlverhalten bemüht ist, wie sie sich zurücknimmt und sich vielmals entschuldigt, wenn sie eine der jungen Krankenschwestern um einen Dienst bittet.

Alle sprechen nüchtern über ihr Leben und ihre Erkrankung. Keine beklagt sich, keine äußert den Wunsch, etwas an ihrem Leben ändern zu wollen. Der Krebs, den sie schon einmal hatten, ist eben wiedergekommen, das ist alles.

Warum wehren sie sich nicht? Warum überlassen sie alles der Medizin? Die wissenschaftliche Onkologie sieht im Krebs einen pathologischen Vorgang, der nur den Körper betrifft. Dass Krebs ein ganzheitliches Geschehen ist, in dem Leib und Seele, Leib und Geist zusammenwirken, bleibt außer Betracht. Die modernen Errungenschaften, die neuen Medikamente, die modernen Behandlungstechniken und Geräte haben vergessen lassen, dass Krebs eine Erkrankung des gesamten Menschen ist. Auch wenn es vielleicht keinen »Krebstyp« gibt, so bricht bei vielen Menschen der Krebs aus, nachdem sie etwas Schweres durchgemacht haben, mit dem sie nicht fertig wurden. Es müsste den Menschen geholfen werden, ihre Seele zu heilen.

Hilfe – Selbsthilfe

Ich bin mir dessen gewiss, dass ich meine langwierige, schwere Chemotherapie nicht so gut durchgestanden hätte, wenn ich nicht eine Reihe von Hilfen gehabt hätte. Dass sie mir geschickt wurden und dass ich in der Lage war, sie zu nützen, betrachte ich als eine Gnade. Sie stehen jedem Menschen zur Verfügung, aber nur wenige meiner Mitpatientinnen kannten sie oder wollten sich ihrer bedienen. Wer den Aufenthalt im Krankenhaus nur als verlorene Zeit ansieht, die als eine erzwungene Muße, eine Leere, ein Abgeschnittensein vom normalen Leben resigniert hinzunehmen ist, wird vielleicht gar nicht erst versuchen, sie zu gestalten und auszufüllen. Von Anfang an nahm ich mir vor, dies nicht geschehen zu lassen. Die stationäre Behandlung, so schwer sie auch sein mochte, sollte kein Leerlauf werden, kein passives Geschehenlassen, sondern Lebenszeit. Sie war ein Ausnahmezustand, ein Exil vom gesunden Leben, aber es musste möglich sein, auch in dieser weitgehend fremdbestimmten Existenz ein Maß an Autonomie zu wahren. Auch ein schwer kranker Mensch, auch ein Krebspatient, der um sein Leben bangt, muss nicht alle Verantwortung an die Ärzte und das Pflegepersonal abtreten. Es gibt Zeiten, in denen auch ich durchhing und zu elend war, um mich sinnvoll zu beschäftigen, aber die meiste Zeit war das nicht der Fall. Meistens konnte ich mich zu einer Tätigkeit aufraffen, und wenn sie nur darin bestand, meine Atemzüge zu zählen und bei jedem Abgleiten in das Niemandsland von Apathie und diffuser Depression von vorne anzufangen.

Diese leibseelischen Übungen haben mich durch die ganze Therapie begleitet und waren meine wirksamste Hilfe. Die vier handlichen Bücher von Hetty Draayer hatte ich immer in Reichweite, und ich nahm auch die Übungskassetten mit, wenn ich für die nächste Runde ins Spital musste. Das Wichtigste an diesen Übungen ist, dass sie von einem ganzheitlichen, Leib und Seele, Immanenz und Transzendenz umfassenden Begriff von Gesundheit ausgehen. Der Körper kann schwer darniederliegen, aber es gibt noch eine andere Dimension, die von der Krankheit nicht berührt wird. Auch wenn die Seele bedrückt ist, wie in den depressiven Gemütszuständen, die viele Krebskranke kennen, gibt es einen Raum, der unerreichbar ist für Krankheit und Schmerz. Er lässt sich umschreiben mit dem höheren Selbst, der spirituellen Dimension des Menschen, in der das Göttliche erfahrbar wird. In meinen eigenen Krisen habe ich erlebt, dass von dieser Dimension heilende Kraft ausgeht, wenn ich mich bewusst mit ihr verbinde. Es gibt eine umfassende Gesundheit, die sich in der Not anrufen lässt, die zwar den Körper nicht schlagartig heilt, aber die Gewissheit gibt, dass Heilung möglich ist. So bin ich auf die Rückseite der Angst gelangt.

Jedes Mal, wenn ich Atem schöpfe und ihn mit der Vorstellung heilender Kraft in einen bestimmten Körperteil lenke, steht die Gewissheit einer von aller menschlichen Hinfälligkeit unabhängigen Gesundheit, die Gewissheit des Heils, hinter dieser Vorstellung. Wenn ich in dieser Weise mein Herz meditiere, ist mir leichter, und der Raum, den meine Krebsgeschwulst besetzt hat, dehnt sich aus und wird licht. Ich habe mit meinem Atem das Innere meines Kopfes, die Wirbelsäule und insbesondere alle Energiezentren, die »Chakras«, aufgesucht, und dabei ist mir etwas von der höheren Gesundheit aufgegangen, die Gesundes und Krankes gleichermaßen umfasst. Zuerst erschien mir ein symbolisches Bild meines Lymphoms im Traum, doch dann erweckte das meditative Atmen die Vorstellung von seiner Beschaffenheit und Intention. Es hatte ein Inneres, angefüllt mit altem Gerümpel, das in Bewegung geriet und schließlich zu Staub zerfiel.

In der Arbeit von Psychoonkologen wie den Simontons spielen Visualisierungen dieser Art eine große Rolle, aber sie haben sich nicht immer als wirksam erwiesen, und so ist man in der psychotherapeutischen Begleitung von Krebskranken wieder davon abgekommen. Sie können freilich nur dann wirken, wenn sie aus der Intuition des Betroffenen selbst kommen, sei es im Traum oder in der Meditation. Sie lassen sich nicht vorschreiben und einem Kranken überstülpen. Die betreffende Person muss von ihrer Realität überzeugt, ja ergriffen sein. Diese Bilder haben nur dann verwandelnde Kraft, wenn sie aus der transzendenten Dimension des eigenen Wesens kommen. Ein anderer kann einen Kranken zwar dorthin leiten, aber die Vorstellungen müssen aus ihm selber kommen.

Die Übungen, die mir geholfen haben, besitzen den Vorzug, dass sie praktisch überall und zu jeder Zeit ausgeführt werden können. Je mehr man übt, desto mehr prägen sie sich ein, so dass das Buch oder die Kassette zum Üben nicht immer erforderlich ist. Ich habe im Bett liegend geübt, meistens in der Nacht, wenn ich nicht schlafen konnte, oder wenn ich an dem kleinen Tisch unseres Krankenzimmers saß, inmitten der Unruhe des Klinikalltags und der Besuche. Ich nahm mir einfache Übungen vor, wenn ich auf den Gängen oder später im Garten spazieren ging. Da ich in meiner Schwäche sehr langsam gehen musste, konnte ich mich gut auf den Atem konzentrieren, und so wurde daraus eine Art Meditation in Bewegung, nicht unähnlich dem im Zen-Buddhismus geübten meditativen Gehen, das »Kinhin« genannt wird.

Wenn ich unterwegs war, begleiteten mich die Baoding-Kugeln. Wie oft habe ich meiner alten Freundin, die sie mir geschickt hat, im Geist dafür gedankt. Ich hantiere gerne mit den Kugeln und werde nie aufhören, darüber zu staunen, dass chinesische Ärzte und Wissende schon vor Tausenden von Jahren die Heilkraft dieser spielerischen Bewegung entdeckt haben. Das Spiel mit den Kugeln hat etwas Beruhigendes und Stärkendes, als würde der Körper durch die kreisende Bewegung der Finger tatsächlich von Energie durchströmt. Ich habe diese Kugeln in ihrem hübschen, seidenbezogenen Kästchen öfters in Asienläden gesehen, aber nie danach gefragt, welche Bewandtnis es mit diesem exotischen Spiel hat. Doch eines Tages, als ich sie nötig hatte, wurden sie mir einfach geschenkt.

Mehr denn je ist mir heute bewusst, wie sehr ich von meinen Beziehungen zu Menschen getragen bin. Die Briefe meiner Freundinnen, die Anrufe und gelegentlichen Besuche haben mir in der langen Ausnahmesituation unendlich viel bedeutet. Der Brief von A., in dem sie mich ermahnt, an Stärke zu denken, auch wenn ich gegenwärtig nichts spüre als Schwäche und Bedrohung, kam gerade zur rechten Zeit. So ging es auch mit anderen Briefen – so viele gute Worte zur rechten Zeit. Die wahre Wirklichkeit ist eine geistige, auch in der Krankheit, und wir brauchen nie von ihr abgeschnitten zu sein. Diese Wahrheit hat sich bewährt, aber sie will immer wieder neu erprobt werden. Sie will lebendig erkannt und immer wieder bestätigt sein, sonst kommt sie uns abhanden. Dann verdunkelt sich ihr Licht, und sie hat keine Wirkkraft. Man muss sie pflegen wie eine zarte Pflanze. Was mir jetzt Not tut, schrieb A., sind Geduld und Ausdauer. Gerade das fällt mir schwer, aber es ist nie zu spät, um zu lernen.

Dass ich mich über Wasser halten konnte und nie lange durchhing, verdanke ich nicht zuletzt diesem Zuspruch meiner Freunde, vor allem meiner Freundinnen. Kein Leben ist so autonom, dass es ohne das Netz gegenseitiger Hilfe auskäme. Wie wäre es mir ergangen ohne die Zuwendung und tatkräftige Hilfe von Ch., E. und M., ohne die regelmäßigen Anrufe von G.? Wie hätte ich die stationäre Behandlung durchgestanden ohne die treuen Besuche meiner Schwester, ihre Fröhlichkeit und Zuversicht? Sie brachte mir Briefe, beförderte meine Post, besorgte Dinge, die ich brauchte, brachte Blumen und kleine Geschenke. Aber es war vor allem ihr Lachen, das mir wohl tat, ihre Heiterkeit, ihre humorvollen Berichte von »draußen«, in dem Ton, der mir seit unserer Kindheit vertraut ist. Wenn wir miteinander sprachen, war es, als wäre ich nicht krank.

Während der Zeit meiner Therapie, vor allem während der Aufenthalte im Krankenhaus, wurden mir Bilder überaus wichtig, und oft kam ein Bild zur rechten Zeit. So schickte mir eine Freundin eine Postkarte, auf der ein steinernes Tor abgebildet war. Durch den dunklen Torbogen drang Licht, eine strahlende Sonne, und dahinter waren Blumen zu sehen und grünendes Laub. Dieses Bild wurde mir zum Symbol meiner gegenwärtigen Situation: Durch diese dunkle Passage muss ich durch, dann kehre ich ins Leben zurück, in die Sonne! Wenn ich dieses Bild ansah, hatte ich unbändige Lust, gesund zu werden. Noch habe ich die Schwelle des Tores nicht überschritten, noch muss ich ausharren, aber das Licht ist schon da. Es ist im Grunde immer da.

Ein anderes Mal bekam ich ein Foto von einer Islandreise geschickt. Darauf erstreckte sich eine schwarze, asphaltierte Straße durch ein ödes Land, und über dieser kahlen, düsteren Landschaft wölbte sich ein Regenbogen. Zuerst sprang mir nur die schwarze Straße in die Augen, die so pfeilgerade, fast gewaltsam eine melancholische Landschaft durchschnitt, und ich legte das Bild weg. Doch dann begann ich immer mehr den blassen Regenbogen wahrzunehmen. So hässlich und schwarz, dass kein Regenbogen, kein Schimmer der Hoffnung sich darüber wölben könnte, kann auch die düsterste Landschaft nicht sein. Auch meine Krankheit ist nicht nur eine schwarze, schnurgerade Straße. Sie hat Höhen und Tiefen; sie hat Stellen, wo man rasten und Umschau halten kann. Manchmal ist der Weg steinig und voller Gefahren, an anderen Tagen lässt es sich erstaunlich gut darauf gehen, und wenn man aufwärts blickt, ist plötzlich ein Regenbogen da. Man sieht ihn nicht immer, aber das hängt mehr mit dem Sehvermögen zusammen, das manchmal getrübt ist. Zum Sehen eines zarten Regenbogens braucht es »glückliche Augen«.

Als große Hilfe erwies sich mein Tagebuch. Wenn ich dazu in der Lage war, schrieb ich täglich etwas auf. Es war das beste Mittel, mir einen Freiraum zu schaffen und mich durch den Klinikalltag nicht entmündigen zu lassen. Die vereinnahmende Kraft der Krankenhauswirklichkeit ist bedrohend. Der ganze Tagesablauf ist reglementiert, und noch die Stunden der Nacht stehen unter Kontrolle. Es gibt wenig Raum für eine eigene Entscheidung. Eine Intimsphäre ist für normale Kassenpatienten praktisch nicht vorhanden. Für Menschen, die es gewöhnt sind, alleine oder in relativer Stille zu leben, ist diese erzwungene Öffentlichkeit eines gemeinsamen Krankenzimmers neben der eigenen Krankheit die größte Belastung. Nach meiner Erfahrung gewöhnt man sich nicht daran, eher ist das Gegenteil der Fall. Es wird immer schwieriger, die Nähe und die Krankheit anderer Menschen zu ertragen. Das Tagebuch schafft einen Abstand, der dadurch entsteht, dass man Erfahrungen, Eindrücke, Gedanken, die man niemandem anvertrauen kann, in Worte fasst. Es gibt Tage, an denen mich alles verletzt: die Ruppigkeit einer Krankenschwester, die vielleicht nur überlastet ist, die Beiläufigkeit des Dienst tuenden Arztes, der sich heute mehr um andere Patienten als um mich kümmert, der Argwohn, der sich an vielleicht nur eingebildeten Kleinigkeiten entzündet. Ist es nicht ein schlechtes Zeichen, wenn der Arzt bei der Visite kaum etwas sagt? Wird mir etwas verheimlicht? Vielleicht ist die Prognose nicht mehr so gut wie am Anfang? An manchen Tagen fällt mir die Decke auf den Kopf, und ich würde mich lieber auf dem Zahnfleisch nach Hause schleppen, als noch eine Nacht im Spital zu verbringen. In solchen Zeiten ist das Tagebuch der beste Gefährte. Mir war immer wohler, wenn ich etwas aufgeschrieben hatte. Ich zwang mich sogar an schlechten Tagen dazu. So konnte ich für eine halbe Stunde oder eine Stunde für mich sein und Gedanken spinnen, wohin ich wollte.

Ich schrieb viele Briefe an Freunde. Zeit meines Lebens waren Briefe mir wichtig als eine Form des Gesprächs, das mehr Aufmerksamkeit und Verbindlichkeit erfordert als ein Telefonat. Ich habe immer bedauert, dass das Briefeschreiben durch die Kommunikationstechnik aus der Mode gekommen ist. Es gibt keine Briefkultur mehr, aber gerade im Krankenhaus war es mir ein Bedürfnis, durch Briefe am Leben anderer teilzunehmen, ihnen Mitteilung zu machen von meiner Ausnahmewelt, in der ich fast ein halbes Jahr eingesperrt war. Jeder Brief, den ich bekam, und jeder, den ich schrieb, bekräftigte, dass ich durch meine Krankheit nicht gänzlich aus der

Wirklichkeit des normalen Lebens herausgefallen war. Wenn ich lange geschrieben hatte und gar nicht merkte, welche Kraft es mich gekostet hatte, legte ich mich mit einem Gefühl der Befriedigung in mein Bett zurück: Heute kann mir nichts passieren. Gleichgültig, wie unruhig es im Zimmer ist, wie die Stunden sich dahinschleppen, bis die Nachtschwester kommt, und wenn danach der Schlaf noch lange auf sich warten lässt, so habe ich doch ein Stück dieser endlosen Zeit in Sicherheit gebracht. Das ist nicht mehr ungültig zu machen. Das hat Bestand. Einige Stunden sind nicht vereinnahmt worden, denn da war ich mit mir selbst oder mit dem Menschen, an den ich geschrieben habe, allein. Dieser magische Raum des Zwiegesprächs lässt sich auch in einem Krankenzimmer herstellen.

Großes Gewicht in der täglichen Gestaltung von Lebenszeit hatten auch meine Bücher. Ich nahm sie von zu Hause mit, ließ mir andere bringen und lieh mir einige von der Leihbücherei des Krankenhauses aus. Aufwühlende und komplizierte Lektüre vermied ich, aber Reiseliteratur, interessante Biographien und eine bestimmte Art spiritueller Bücher waren eine willkommene Ablenkung. Zu einer anderen Zeit hätte ich vielleicht nicht danach gegriffen, aber jetzt traf das eine oder andere mich mitten in meiner Existenz. Wieder habe ich Gelegenheit, über die Koinzidenz zu staunen, dass mir gerade das, was ich brauchte, in die Hände fiel.

So geschah es, dass ein kleines Buch aus der Provenienz des »positiven Denkens« mir von einer Bekannten förmlich aufgedrängt wurde. Es bestand aus kurzen Abhandlungen mit der Affirmation, dass eine positive Erwartungshaltung und positive innere Bilder die Lebenswirklichkeit bestimmen. Früher hätte ich diese Art des »Herbeibetens« nicht ernst genommen, aber jetzt gingen diese Gedanken mich etwas an. Unter anderen schrieb ich mir folgende Sätze ab[10]:

Handeln wir aus dem Motiv der Angst oder des Glaubens? Achte mit größter Sorgfalt auf deine Motive, denn sie bestimmen dein Leben.

Trainiere dein inneres Auge so, dass du durch Scheitern zum Erfolg, durch Krankheit zur Gesundheit, durch Einschränkung zur Fülle hindurchsehen kannst.

Das Unerwartete geschieht; das scheinbar unmögliche Gute tritt jetzt ein.

Nichts ist zu gut, um wahr zu sein. Nichts ist zu wunderbar, als dass es nicht geschehen könnte. Nichts ist zu gut, um von Dauer zu sein, wenn du das Gute von Gott erwartest.

Bis zu einem gewissen Grad habe ich diese Erfahrungen tatsächlich gemacht. Zuversicht und Glaube schaffen eine andere Wirklichkeit als Angst. Es ist möglich, sich auf Gesundheit einzustellen, von diesem Bild der Gesundheit nicht abzuweichen und dadurch einer Veränderung den Boden zu bereiten. Genau darauf kommt es an: Ist das Bild wirklich da? Haben wir es uns so tief eingeprägt, dass nichts Negatives daneben Platz hat? Eine Affirmation, die uns nicht in Fleisch und Blut übergegangen ist, die uns nicht mit allen Fasern durchdrungen hat, ist keine.

Horche auf die Aussage, die bei dir »einrastert«, die dir zu einer Erkenntnis wird. Eine solche Aussage wird Früchte tragen.

Mit der Erkenntnis erlangen wir gleichzeitig die Gabe des Erfolgs, denn Fülle und Erfolg sind ein Bewusstseinszustand.

Es steht in unserer Macht, unsere Gedanken zu wählen.

Auch wenn man das weiß, ist es nicht immer leicht, nach dieser Gewissheit zu leben. Gerade Krebskranke sind depressiven Gedanken ausgesetzt, und auch solche Ärzte, die nie aufgeben und dem Patienten die Hoffnung nie ganz nehmen, strahlen diesen Glauben nicht aus. Es geht darum, das Denken umzupolen, aber wie soll das geschehen, wenn wir uns nur an medizinische Befunde und Statistiken halten? Es ist schwer, an Lebenskraft zu glauben, wenn man nur ihren Mangel spürt. Das ungelöste Rätsel der so genannten »Spontanheilungen« beruht auf einem solchen Quantensprung. Sie treten ein, wenn vor dem inneren Auge nicht mehr »Krankheit«, sondern »Gesundheit« steht. Das kann durch eine dramatische Lebenswende geschehen, etwa durch ein intensives Liebes- oder Erfolgserlebnis, und solche Fälle hat es immer wieder gegeben. Eine derartige Umpolung kann jedoch auch durch bewusstes Umdenken herbeigeführt werden. Dass Gedanken physiologische Auswirkungen haben, ist eine Tatsache, aber wir handeln nicht danach. Die moderne Medizin lehrt uns nicht, dass auch Gedanken zur Stärkung und Heilwerdung eingesetzt werden können.

Immer deutlicher wurde mir, dass meine körperliche Gesundheit von einer umfassenden Gesundung nicht zu trennen ist. Danach suchte ich, wenn ich betete. Das Gebet fiel mir nicht einfach zu, weil ich schon früher gewohnt war zu beten. In dieser Situation brauchte ich einen neuen Raum für das Gebet. War es möglich, überlieferte, einengende Bilder fallen zu lassen und ganz frei zu werden, Gott nicht mehr als den über uns thronenden »allmächtigen Vater« anzurufen, sondern als eine grenzenlose, alles durchdringende Energie? Als ich einmal dieses Göttliche als Mutter dachte, kam mir das Bild einer »Frau im Baum«. Ich schmiegte mich an ihre Wurzeln und kuschelte mich in ihren Schoss, ohne ein Wort, ohne eine Bitte, und trotzdem wusste ich, ich bin erhört. Einmal fiel mir eine historische Frauengestalt ein, die heilige Edigna, die der Legende nach in dem hohlen Stamm einer alten Linde im oberbayerischen Puch hauste. Auf der Flucht vor einer unerwünschten Heirat war die Königstochter aus Frankreich an diesen Ort gekommen, stieg von ihrem Wägelchen, um zu rasten, und beschloss zu bleiben. Sie wurde eine Art Sozialarbeiterin des Mittelalters, eine mildtätige Frau, die in vielen Nöten Rat wusste, eine Heilige, die Wunder tat. In den Baum zog sie sich zurück, um Kraft zu schöpfen und ganz mit Gott

123

verbunden zu sein. Zu der »Frau im Baum« kehrte ich oft zurück, wenn ich Kraft brauchte, wenn ich das Bedürfnis hatte, mich der Erde nahe zu fühlen, die ich so lange nicht betreten konnte, als ich den Wechsel vom Winter zum Frühling nur durch die Fensterscheibe wahrnahm und Bäume nur aus der Ferne sah. Ich verweilte im Inneren des Baumes und spürte, wie die Kraft aus der Erde durch die Wurzeln aufstieg und den Raum erfüllte, in dem ich saß. Ich brauchte mich diesem Bild nur hinzugeben, und es fing an, zu mir zu sprechen.

Mein Lieblingspsalm, der dreiundzwanzigste, beginnt mit den Worten: *Der Herr ist mein Hirte, mir wird nichts mangeln.* Manche Psalmen sind mir von ihrem Gestus her fremd, die selbstgerechten und blutrünstigen, die Gott bitten, die Feinde zu verderben, die Ungerechten zu strafen mit der Schärfe des Schwerts. Auch mit dem 23. Psalm habe ich gewisse Probleme. Im Grunde wollte ich nie das Schaf eines guten Hirten sein. Ich weiß, wie blind Schafe dem guten wie dem schlechten Hirten folgen. Sie bleiben immer unmündig, ängstlich und unselbständig. Auch der »Herr« stört mich, manchmal mehr, manchmal weniger.

Er erquicket meine Seele. Er führet mich auf rechter Straße um seines Namens willen.

Er bräuchte von mir aus kein »Er« zu sein, auch keine »Sie«, sondern das Göttliche, der Große Geist, der in allem west und doch für die meisten von uns nur eine Ahnung ist, aber schon eine solche Ahnung erquickt die Seele. Das habe ich mehr als einmal erfahren.

Und ob ich schon wanderte im finstern Tal, fürchte ich kein Unglück; denn du bist bei mir, dein Stecken und Stab trösten mich.

Was ist diese Zeit anderes als eine Wanderung im finstern Tal? Wie oft habe ich Hilfe bekommen, Tröstung, dass die Finsternis sich lichten kann, und so geschah es. Wie schön ist das Bild:

Du bereitest mir einen Tisch im Angesicht meiner Feinde. Du salbest mein Haupt mit Öl und schenkest mir voll ein.

Ja, mir ist der Tisch bereitet, nicht nur, wenn ich fröhlich bin; nicht nur, wenn das Leben leicht ist, sondern gerade dann, wenn ich »Feinde« habe, meine Ängste, meine Schwächen, die Verzagtheit, die Kränkungen. Gerade dann ist mir der Tisch bereitet. Wie einem geehrten Gast an einer Freudentafel wird mir das Haupt gesalbt und der Becher voll eingeschenkt. Keine Hand berührt meinen kahlen Schädel mit einer Geste der Zärtlichkeit, doch Einer salbt mich liebevoll mit kostbarem Öl und schenkt mir den Becher voll – ja, du darfst trinken.

Gutes und Barmherzigkeit werden mir folgen mein Leben lang, und ich werde bleiben im Hause des Herrn immerdar.

Wieder der »Herr«, als könnte nur er ein Haus haben, der Hausherr. Noch immer stören mich diese Bilder, die sofort in vertrackte alte Vorstellungen münden. Doch bleiben wir beim Haus. Ja, ich möchte ein Haus haben, in dem ich bleiben kann, in das ich einziehen könnte mit allem Guten und der Barmherzigkeit, die mir folgen ein Leben lang. Den Ort möchte ich finden, wo meine Seele zu Hause ist. Führt jede wirkliche Suche nicht immer nach Hause? Ich möchte kein Schaf sein, aber aufgehoben und geborgen, auf rechter Straße geleitet möchte auch ich sein. Auch der Klügste kann in die Irre gehen wie das dümmste Schaf. Den inneren Meister finden – ist es nicht das, was ich will? Werden Gutes und Barmherzigkeit mir dann nicht natürlich folgen, weil man den Meister gar nicht erkennen kann, wenn man im Guten und in der Barmherzigkeit nicht schon ein Stück vorangekommen ist?

Wer bin ich?

Alle Gebete, jede Hinwendung nach innen münden letztlich in die Frage aller Fragen: Wer bin ich? In verschiedenen Phasen meines Lebens trug ich Bilder mit mir herum von der Frau, die ich sein wollte. Jetzt tauchen sie wieder auf, diese Träume oder Identifikationsmodelle von einst.

Als Halbwüchsige träumte ich davon, mit dem Leben zu spielen als eine »femme fatale«, mich nicht unterkriegen zu lassen von der Männerwelt, immer obenauf zu sein, verführerisch und unnahbar. Einige Jahre später ließ ich dieses Zerrbild meiner Verletzlichkeit und Unsicherheit fallen und legte mir ein neues zurecht: Ich wollte eine berufstätige Frau sein, eigenständig und selbstbewusst, souverän. Ein gewisser Trotz war dabei, eine herausfordernde Haltung, als wollte ich sagen: »Euch zeige ich es noch« und »Mir macht keiner was vor.« Dann verblasste auch dieses Bild. Ich war inzwischen berufstätig und selbständig geworden, aber mit den Jahren merkte ich, dass ich auch diese überlegene Superfrau nicht war. Dann tauchte eines Tages ein neues Bild auf – eine Frau unbestimmten Alters, die an einem Seeufer steht inmitten einer grünen Landschaft. Das Wasser ist immer mein Element gewesen. Ich wuchs an einem See auf, lernte früh schwimmen und liebte das Wasser schon als Kind. Es gab mir eine Schwerelosigkeit und Freiheit, die freilich auch eine gefährliche war. Den Körper lang zu strecken und im Rhythmus des Atems zu bewegen, gab mir ein Hochgefühl, in dem ich aufhörte zu denken und nur noch *war*.

Die Frau am Wasser, die ich seit Jahren mit dem Wunschbild meiner selbst identifiziere, war einfach da. Sie wollte nichts darstellen, niemanden von sich überzeugen oder zu sich bekehren. Sie stand da, als lauschte sie. Diese Frau zog mich an, und ich wäre gerne so gewesen wie sie. Seither taucht ihr Bild von Zeit zu Zeit auf, meistens in einem Lebenstief, und erinnert mich an die, die ich sein möchte. Die Frau war immer schlicht gekleidet, ihr Haar war dunkel und voll wie meines. Seit einiger Zeit sah ich sie mit silbrigen Fäden im Haar. Das Bild wird mit mir älter. Sie winkt mir noch immer, nicht mit der Hand, sondern ihre ganze Gestalt berührt mich wie eine schweigende Aufforderung. Wenn ich diese Frau anschaue, wie eben jetzt in der Meditation, laufen mir Tränen über das Gesicht wie ein warmer, fruchtbarer Regen. Ich sehne mich danach, die falschen Selbstbilder fallen zu lassen, etwas Neues zu werden, das nichts anderes ist als das, was ich schon immer war. Das Bild der Frau ist sanft, trotzdem beharrt sie auf sich und geht ihren Weg. Wohin? Sie könnte am Ufer des Sees entlanggehen, das gestaltlose, jede Gestalt annehmende Element zur Seite. Sie könnte es auch hinter sich lassen und einen Weg über die Felder einschlagen, zu den Dörfern, wo Menschen sind. In den Häusern werden schon Lichter angezündet. Alles ist möglich. Jeder Weg ist offen.

Ich meditiere dieses Bild und versuche, mich dicht an die Frau zu halten und zu sehen, wohin sie gehen will. Zum Abschluss lege ich meine Hand auf das Brustbein, links über dem Herzen, wo das Lymphom saß. Meine Intuition sagt mir, dass es nicht mehr dort ist, aber wir haben keinen Beweis.

Die Frage, ob die zusätzlichen Zyklen Chemotherapie wirklich nötig sind, beschäftigt mich. Auch wenn sie nicht notwendig sind (wovon ich überzeugt bin), ist es offenbar so, dass ich diese Etappe aus anderen Gründen zurücklegen soll. Die Prüfung soll noch länger dauern, weil ich sie brauche. Ich soll noch etwas lernen, und das hilft mir, sie in Kauf zu nehmen. Sie gibt mir zwei Monate mehr Zeit, um nachzudenken, um mir mit dem Atem Räume meines Körpers bewusst zu machen, die ich für unzugänglich hielt. Zwischen Brustbein, Herz und Lunge brauche ich jetzt einen weiten Raum – da ist die Kapsel, die einmal voll war von Krebszellen. Sie sind abgestorben, zu Staub zerfallen wie das Gerümpel, das ich jahrelang mit mir herumgeschleppt habe. Nun habe ich zwei Monate extra, um diesen Raum zu säubern und auszulüften und ihm über den Atem heilende Kraft zuzuführen. Dort, wo das Krebsgeschwür war, soll jetzt Gesundheit sein.

Keine meiner Hilfen ist wichtiger und wirksamer als diese Vorstellungen in Verbindung mit dem Atem. Die Schnittstelle, wo Bewusstseinskraft sich in Materie umsetzt, wo die genetische Information einer Zelle einer geistigen Vorstellung folgt, ist der Medizin noch ein Rätsel. Wer sie an sich erfahren hat, für den ist sie ein natürlicher Sachverhalt.

Ein Mensch stirbt

Frau N. teilt wieder ein Zimmer mit mir. Wir sind schon alte Bekannte und haben uns oft miteinander unterhalten. Ich mochte die stille, zurückhaltende Frau immer gerne. Sie hat schon viele Runden Chemotherapie hinter sich, und eine unbestimmte Anzahl steht ihr noch bevor. Als sie zu Hause Fieber bekam, ist sie vorzeitig wiedergekommen. Irgendetwas ist aus dem Ruder gelaufen. Sie ist unruhig und spricht unzusammenhängend. Die früher so ruhige Patientin ist konfus, rastlos und quängelig. Was ist nur mit ihr? In der ersten Nacht geistert sie durch das Zimmer, legt sich nieder, steht wieder auf, zieht in ihrer Verwirrung ihr Bett ab und irrt draußen auf dem Gang umher. Plötzlich steht sie in einem fremden Zimmer, in dem männliche Patienten liegen, und findet sich nicht zurecht. Ich wache auf, als sie in unser Zimmer zurücktappt und sich weinend auf ihr Bett setzt. Die Schwestern, die gerade mit der Dienstübergabe beschäftigt sind, waren ungeduldig und scheuchten sie ins Zimmer zurück. Ich helfe ihr, das Bett in Ordnung zu bringen, und versuche, sie zu beruhigen. Etwas ist Frau N. zugestoßen.

Meine Chemotherapie hat begonnen, und mir ist selbst flau. Die Übelkeit ist wiedergekommen. Alle vier Stunden bekomme ich eine Spritze. Der Tag ist durch Frau N.s beunruhigenden Zustand belastend gewesen, und nun kommt sie nicht zur Ruhe. Am Morgen wird Frau N. in ihrem Bett zur CT gebracht, und dann schläft sie einen schweren Betäubungsschlaf, aus dem sie manchmal aufschreckt und mit einer fremden, dröhnenden Stimme wirres Zeug redet. Ihre jüngere Schwester kommt und bleibt den ganzen Tag bei ihr, und in der Nacht wacht ihre Tochter an ihrem Bett. Ihre Söhne im Ausland werden verständigt und kommen mit dem nächsten Flugzeug. Es stellt sich heraus, dass Frau N. in jener Nacht einen schweren Gehirnschlag erlitten hat. Die Ärzte erwarten, dass sie in den nächsten Tagen sterben wird. Tag und Nacht sind die Angehörigen bei ihr, versuchen mit ihr zu sprechen, aber ihre klaren Augenblicke sind selten. Meist liegt sie schwer atmend ohne Bewusstsein in ihrem Bett. Sie lallt unverständliche Worte, norwegisch und deutsch durcheinander, mit einer erschreckend lauten und tiefen Stimme, als spräche aus ihr ein fremder Mensch. Allmählich versagen ihre Körperfunktionen. Frau N. stirbt zwei Wochen lang. Sie hat dieselbe Krankheit wie ich.

Ihre Schwester erzählt mir, dass sie vor ihrer Erkrankung eine dynamische, geistreiche und schlagfertige Frau gewesen sei. Ich kenne sie nur als eine stille, resignierte Patientin mit merkwürdig blasser Persönlichkeit. Sie widersprach sich oft und wollte sich nie auf eine Meinung festlegen. Als sie mir von ihrem schönen Garten erzählte, klang es so trübe, als spräche sie von einem lichtlosen Hinterhof.

Hat der Krebs sie verändert? Haben die tieferen Ursachen dieser Veränderung den Krebs nach sich gezogen? Viele Krebspatientinnen haben auf mich einen ähnlichen Eindruck gemacht, von innen her wie betäubt, auf Tauchstation, als nähmen sie nicht mehr teil am Leben. Der Krebs überschattet alles. Er lähmt die Lebensgeister. Ich habe wenige gesehen, die sich dagegen wehren. Ist das der »Krebstyp«, oder wird ein Mensch so, wenn er mehrere Rückfälle hinter sich hat und die Hoffnung, gesund zu werden, immer mehr schwindet? Wenn alles noch einmal von vorne beginnt, wenn neue Mittel angewandt werden, neue Chemikalien, höher dosierte Strahlen, wenn ein neuer chirurgischer Eingriff erfolgt? Es kommt der Tag, wenn die therapeutischen Möglichkeiten erschöpft sind, wenn von der Medizin keine Hilfe mehr zu erwarten ist. Auf diesen Punkt sieht Frau B. sich zusteuern. Ihr steht die »Schleuse« bevor, die Transplantation von Stammzellen, die Ultima Ratio der Krebstherapie. Sie hat Angst davor, weniger vor der Behandlung, als dass diese nichts oder nur vorübergehend nützen könnte. Wenn sie ins Spital zurückmuss, bekommt sie vor Kummer einen zwanghaften Heißhunger auf Süßes. Die Schachtel voll Brandteigkrapferln, die ihre Eltern ihr mitgebracht haben, isst sie auf einen Sitz auf. Sie ist wieder sehr dick geworden. Täglich telefoniert sie mehrmals mit ihren kleinen Söhnen. »Was habt ihr gegessen? Habt ihr eure Aufgaben gemacht? Was macht ihr heute Abend?« Sie brauchen sie noch so sehr, die Kinder. Meistens wandert sie rastlos auf der Station umher, im Jogginganzug, einen Sack über die Schulter geschlungen, oder sie kehrt in der Cafeteria ein, »auf einen Kaffee und ein Zigaretterl«.

Frau D., die unser Zimmer teilt, als Frau N. im Sterben liegt, nimmt alles mit Gelassenheit. Die meiste Zeit döst sie vor sich hin, die Ohren mit Ohropax verstopft. Sie kriegt nicht viel mit, und ich beneide sie darum. Ich vermute, dass sie starke Beruhigungsmittel nimmt. Sie ist kehlkopfoperiert und kann nur sprechen, wenn sie mit dem Finger auf eine Vorrichtung an ihrem Hals drückt, eine kleine Metallplatte, die aussieht wie ein Schmuckstück, ein silbernes Medaillon. Wir wechseln manchmal einen Blick und verständigen uns auf diese Weise.

Als der Todesengel seinen Schatten über unser Zimmer wirft, bricht ein heftiges Unwetter aus. Nach kurzer Zeit reißt der Himmel auf, und es schwimmen Wolken im heiteren Blau. »Aprilwetter«, sagte Frau D. mit ihrer künstlichen Stimme, die wie die eines Bauchredners klingt, und versucht ein Lächeln.

Eine Weile herrscht Stille. Frau D. schläft wieder. Frau N., die Sterbende, atmet ruhig und stößt hin und wieder Worte oder Laute aus, auf die ihre Tochter sanft antwortet. Meistens steht sie still am Bett und sieht ihre Mutter an, als wollte sie sich ihre Züge zum letzten Mal einprägen, die geschlossenen Augen, die eingefallenen Wangen, den kahlen Kopf.

Eine Woche habe ich es ausgehalten, dann konnte ich nicht mehr. Warum gibt es in diesem schönen, modernen Krankenhaus nicht einen Raum, in dem ein Mensch allein mit seinen Angehörigen in Würde sterben kann? Ein Sterbender soll nicht abgeschoben werden, aber er hat ein Recht darauf, in dieser Zeit des Übergangs, die intim und traumatisch ist wie eine Geburt, mit den vertrautesten Menschen alleine zu sein. Für Mitpatienten, die selbst Krebs haben und um ihre Gesundheit bangen, ist ein solches Sterben im Nebenbett ein tiefer Schock.

Über einem Sterbebett kann ein Segen liegen, aber ein Krankenhaustod in einem Gemeinschaftszimmer ist schockierend und entwürdigend.

Vor kurzem starb eine Zigeunerin auf der Station. Ihre ganze Sippe war da, zehn Personen, die Tag und Nacht das Krankenbett belagerten. Die Frau soll sehr schwer gestorben sein und um Hilfe gefleht haben. Sie hatte einen fortgeschrittenen Darmkrebs und wurde eingeliefert, als jede Hilfe zu spät kam.

Eine andere Patientin lag neben mir, ein Häufchen aus Haut und Knochen. Sie erbrach alles und spuckte nur noch schwarzen Schleim. Gelegentlich wurde sie von einer Angehörigen besucht, die schmallippig und stumm an ihrem Bett saß. Das war das trostloseste Sterben, das ich erlebt habe. Dann wurde ich bis zur nächsten Runde entlassen und weiß nicht, wann und wie sie starb. Da liegt ein Mensch eine Woche oder länger neben mir und nimmt einen breiten Raum in meinem Bewusstsein ein. Ich nehme alles wahr, was mit dieser Person geschieht und bin Zeugin ihrer intimsten Regungen und aller Verrichtungen am Krankenbett. Dann verschwindet sie plötzlich, bedeckt mit einem Laken oder in ein anderes Zimmer verlegt, oder sie bleibt zurück, wenn ich entlassen werde. Ich weiß nicht mehr, wie viele Schwerstkranke ich erlebt habe. In jedem Zimmer, in das ich eingewiesen wurde, war eine Patientin im Endstadium. Viele sind mir mit ihrem spezifischen Leiden deutlich in Erinnerung, aber ich verlor sie aus den Augen, bevor sie ihren Leidensweg zu Ende gegangen waren, und ich hatte oft nicht den Mut, mich nach ihnen zu erkundigen. Auch ich könnte da liegen wie Frau N.

Ein frischer Wind bläht die Gardinen. Noch einmal dreht sich das Aprilwetter, und ein breiter Streifen Himmel wird sichtbar. Auf den Wolken liegt ein Glanz von Sonne. Der rote

Linienbus fährt vorüber. Es ist ein Glück, dass der Verkehrslärm nur gedämpft hereindringt. Die aufgeschüttete Erde, aus der ein Garten werden soll, liegt noch immer brach. Frau N. und ich haben vor ihrem Schlaganfall oft über diesen entstehenden Garten gesprochen und uns darauf gefreut. Sie wird ihn nicht mehr erleben.

Draußen geht ein wechselhafter Frühling ins Land. Es stürmt und schneit, und dazwischen scheint hin und wieder die Sonne. Es drängt mich wie noch nie, das Spital zu verlassen und hinauszukommen in den Frühling, wenigstens für ein paar Tage, und im selben Zimmer stirbt ein Mensch.

Meine Chemotherapie geht ihren Gang. Aus den guten Tagen werden schlechte, und die geröteten, aufgeschwemmten Wangen werden wieder käsig. Das ist nicht mein Körper. Werde ich mich darin je wieder wohlfühlen? Mit Worten lässt sich der Schlag nicht beschreiben, der zum vierten, fünften und sechsten Mal gegen mein Blut und Knochenmark geführt wird. – Vielleicht empfindet ein Leukämiekranker, dessen Blut sich zersetzt, Ähnliches.

Am 10. Mai 1926 – achtzehn Monate vor seinem Tod – schreibt Rainer Maria Rilke der russischen Dichterin Marina Zwetajewa, dass er mit seinem Körper »zerworfen« sei, »mit dem sonst immer so reine Verständigung möglich gewesen war... Und nun Zwie-tracht, doppelte Tracht, Seele anders gekleidet, Körper vermummt, anders.«[11] Der jede Indiskretion Scheuende weihte seine Ärzte nicht ein in dieses »einzige Verhältnis von Sich zu Sich«. Sie halten diesen Aufruhr für eine Erkrankung der Nerven. Noch einmal, am 17. Mai 1926, gesteht er der Zwetajewa die »Unzustimmungen des Leibes, die mich umso ratloser machen, als ich mit ihm ... in einer so vollkommenen Übereinstimmung zu leben gewohnt war.« Er weiß, dass der Körper ein Tempel des Göttlichen ist, »durch den ich verwandt bin mit dem Undurchdringlichen«. Das Zerwürfnis mit ihm bereitet ihm ein seelisches Leid, mit dem er sich nicht abfinden kann.

Als Leukämie diagnostiziert wird, will er sich keine schmerzlindernden Mittel geben lassen. Er will die Schmerzen auskosten. Er will »seinen eigenen Tod«. Er stirbt unter großen Schmerzen ohne ein Wort der Klage. Was er in der letzten Zeit empfindet, vertraut er niemandem an. Auch der Dichterin nicht, deren sehnlicher Wunsch nach einer Begegnung mit Rilke sich nicht erfüllt. Er vermachte ihr das Schönste, was ein Dichter einem anderen hinterlassen kann: Sie ging in sein Werk ein.

Die zehnte Duineser-Elegie ist ihr gewidmet. Diese Liebesgabe eines Sterbenden ist ein Zwiegespräch mit ihr, unter ständiger Anrufung ihres Namens, voll von Todesahnung und Todesüberwindung. Der vorweggenommene Tod hat keinen Schrecken: »Jeder verzichtende Sturz stürzt in den Ursprung und heilt.«

Jetzt, da ich krank bin, lese ich diese Elegie anders als früher. Da hat einer die Schwelle des Todes überschritten, ehe er wusste, welcher Krankheit er im selben Jahr erliegen würde. Möglicherweise wäre ihm heute zu helfen gewesen. Er wäre vielleicht nicht gestorben, oder sein Tod hätte verzögert werden können um den Preis einer zweiten Invasion, der Chemotherapie oder einer Knochenmarktransplantation, die ihn von seinem Leib noch mehr entfremdet hätte. Es hätte ihm entsprochen, wenn er sie abgelehnt hätte. Er wusste, dass sein Leben vollendet war. Sein Werk war vollbracht. Mit wenig über fünfzig sah er aus wie ein viel älterer Mann, mit fremdartig aufgedunsenen Lippen, die in dem schon vom Tod überschatteten Antlitz aussehen wie eine Wunde. Er bekam seinen eigenen Tod, den er gewollt hat, den großen, schicksalhaften Tod als Vollendung seines Lebens.

Heute, hier, in diesem Krankenhaus, wird anders gestorben, banaler, anonymer, obszöner – denn dass ein Mensch, durch einen Schlaganfall zu einem hilflosen Bündel physiologischer Reflexe reduziert, mit starken Betäubungsmitteln sediert, in der Öffentlichkeit sterben muss, ist obszön.

Am Ende der Kraft

Nun muss ich wieder ins Spital, nachdem mir ambulant Thrombozyten infusiert wurden. Ich kann nur mit Mühe aufstehen und ein paar Schritte gehen. Nach vier hochdosierten Chemos ist mein Kräftereservoir erschöpft. Nicht nur der Körper, auch die Seele leidet. Mein innerer Halt gibt nach, und ich kämpfe zum ersten Mal gegen eine starke depressive Verstimmung. Meine Nächsten verstehen das nicht, und ich will ihnen, die so viel für mich tun, nicht zur Last fallen. Meine Schwester besucht mich täglich und versorgt mich, wenn ich zu Hause bin. Ich will ihr nicht noch mehr zumuten. Auch sie hat Angst, und so beschönigt sie meinen Zustand, obwohl mir elend ist. Das Blut erholt sich wieder, die Ärzte sind zuversichtlich – was will ich mehr? Das ist doch schließlich das Wichtigste. Ja, es ist das Wichtigste, aber manchmal hätte es mir gut getan, eine Hand auf der meinen zu spüren, dass jemand gefragt hätte: »Wie ist dir jetzt?« Nachdem der Professor mir erklärte, dass nur die Befunde zählen, nicht mein subjektives Befinden, spreche ich nicht mehr darüber. Ich falle in eine große innere Einsamkeit. Auch bei bester medizinischer Betreuung kann ein Kranker sich sehr allein gelassen fühlen. Was ein Krebspatient psychisch durchlebt, steht in keinem Befund.

In den schlechtesten Tagen zu Hause, als ich fast nur liegen konnte, kam unsere große Angorakatze öfters zu mir, was sie von sich aus selten tut, sprang auf mein Bett und kuschelte sich schnurrend auf meinen Schoss. Es tat mir wohl, ihr seidiges Fell zu streicheln, und ich genoss die Wärme, die von ihr ausging. Die Untertemperatur hatte begonnen, das Frösteln nach den Schweißausbrüchen, sodass ich auch dann, als das Wetter frühsommerlich warm wurde, dicke Socken unter meinen vielen Decken trug, um die Füße warm zu bekommen. Die Katze ist eine zärtliche, kuschelige Wärmeflasche. Die Tiere, auch unsere junge Dackelhündin, tun mir mit ihrer

Unbefangenheit und bedingungslosen Anhänglichkeit jetzt unendlich wohl. Sie lassen mich sein, wie mir zumute ist. Wenn ich elend bin, muss ich mich vor ihnen nicht so geben, als ginge es mir gut.

Die innere Einsamkeit, verbunden mit großer körperlicher Schwäche, ist der rechte Zeitpunkt für die Anrufung des inneren Meisters. Es gibt keinen besseren für die Besinnung auf die höhere Kraft, die auch dann wirksam ist, wenn ich krank und schwach bin. Ich habe darum gebetet, dass das Blut sich erholen möge, und tatsächlich, die Leukozyten sind wieder sprunghaft gestiegen. Ich will diese Heilmeditationen, bezogen auf Blut und Knochenmark, noch intensivieren und dankbar sein, dass es nicht schlechter um mich steht. Für die letzten Runden und die anschließende Bestrahlung brauche ich noch Kraft. Wenn ich in der Meditation nachlasse, wenn ich mich nicht an den inneren Meister wende, ist die Angst wieder da – die Angst vor dem Gestochenwerden, vor den Infusionen, vor allen unvorhergesehenen, mit der Therapie verbundenen Zwischenfällen.

Es sind wieder Komplikationen aufgetreten – zum Glück kein Fieber, aber großflächige, juckende Blasen auf dem Gesäß und Herpes an der empfindlichsten Stelle im Genitalbereich. Die nässenden Pusteln müssen mit Antibiotika behandelt werden, ehe die Chemotherapie fortgesetzt werden kann. Man schickt mich auf die gynäkologische, dann auf die dermatologische Ambulanz. Die quälenden Wartezeiten und unangenehmen Untersuchungen kann ich nicht mehr wegstecken, wie ich es früher getan hätte. Jede ärztliche Berührung ist zu einem Schrecken geworden, so sehr ich mich auch beherrsche. Ich träume davon, keine Nadeln mehr im Arm, keinen wunden Mund und After mehr zu haben, an keine Maschine mehr angeschlossen zu sein, nicht mehr ins Spital, nicht mehr in die Ambulanz zu müssen, nicht Tag und Nacht ständig den Drang zu haben, auf die Toilette zu gehen. Wenn ich das noch einmal könnte – durchschlafen wie früher, kühl und erfrischt aufwachen, mich auf den Tag freuen. Nichts mehr tun müssen, was mir widerstrebt und Angst macht.

Die drei Tage in der »Pherese« gehören zu den schlimmsten. Danach werde ich vorübergehend nach Hause entlassen. Mir ist so elend wie noch nie. Eine solche abgrundtiefe Schwäche und Niedergeschlagenheit habe ich noch nie empfunden. Jetzt kommt es darauf an, alle Ressourcen zu mobilisieren. Wenn sie mir jetzt nicht beistehen, was sind sie dann wert?

Am meisten hilft mir die Vorstellung des weißen Lichts, wenn es mir gelingt, mich darauf zu konzentrieren. Ich gleite immer wieder ab – in einen Wirrwarr von Gedanken, Schmerzempfindungen und fruchtlosem Grübeln. Also von vorne anfangen, leer werden, alles Störende mit dem Ausatem durch die Fußsohlen entlassen und Raum schaffen für das Licht und dieses Licht lange am Herzen und an der Stelle des Lymphoms halten. Das schauderhafte, seit Jahren angehäufte Gerümpel soll weiterhin zu Staub zerfallen. Wer braucht den Plunder? Was davon noch vorhanden ist und sich zäh zu halten versucht, soll vom Licht aufgesogen werden. Ich stelle mir die dunkle, verödete Mulde vor, und vor meinen inneren Augen steigen bunte, aufsässige Kugeln daraus auf. Also ist doch noch ein Rest da, den ich nicht loslassen, nicht vergeben kann? Die imaginären Zwiegespräche, die mich rechtfertigen und den andern ins Unrecht setzen, finden noch statt. Ich will die alte Platte abstellen, aber sie verfolgt mich. Ich rufe das Licht an: Hilf! Du kannst Berge versetzen. Du kannst Zellen verwandeln, so dass nichts mehr im Scan aufleuchtet.

Der Galliumscan ist gut ausgefallen, aber ich muss trotzdem zurück in die Klinik. Ich beziehe das alte Zimmer und bekomme das Bett, in dem Frau N. die Nacht vorher gestorben ist. Ihr Namensschild steht noch dran. Wieder ist eine Todkranke im Zimmer, eine auf Haut und Knochen abgemagerte Frau, die weder isst noch spricht und ihre Körperfunktionen nicht mehr kontrollieren kann. Von Zeit zu Zeit wechseln die Schwestern ihre Einlagen. Auch die schwarze Frau am Fenster ist schlecht dran – Magen- oder Gebärmutterkrebs. Ich kann ihr Englisch nicht ganz verstehen. Sie läuft öfters hinaus, hält sich den Bauch vor Schmerzen und erbricht in der Toilette.

Die Schwestern gehen sehr liebevoll mit den Schwerkranken um.

Es bedrückt mich, dass ich am Leiden meiner Mitpatientinnen nicht mehr Anteil nehmen kann wie früher. Meine Kraft ist am Ende. Meine Gedanken kreisen um den Tag meiner Entlassung. Fünf Tage Infusionen von früh bis Abend, dann Erholung zu Hause mit ambulanter Kontrolle.

Endlich ist die heiß ersehnte Stunde da, meine Schwester kommt und holt mich ab. Ich habe geduscht und ein helles Kleid angezogen. Wir fahren ins Marchfeld hinaus zum Spargelholen. Richtig, es ist ja Spargelzeit. Alles grünt. Gelbe Rapsfelder leuchten, der Flieder und die Kastanienbäume blühen. Es ist wunderbar, im Auto zu sitzen und in das weite, grüne Land hinauszufahren. Wir kehren bei einem kleinen Heurigen ein und trinken, im Freien unter Bäumen sitzend, herrlichen Süßmost. Früher machte ich mir nichts aus dieser Gegend im flachen Wiener Becken, jetzt erscheint sie mir über die Maßen schön. Ich könnte endlos zusehen, wie die Sonne über dem Marchfeld untergeht und den Himmel rötet. Ich schaue mit glückseligen Augen.

Die letzte Etappe

Die letzte Runde fällt mir schwer. Ich bin erleichtert, dass die Befunde gut sind, aber meine Nervenkraft nimmt ab. Alles regt mich auf, jedes ungehaltene Wort einer Krankenschwester, jede Nachlässigkeit. Sind sie nur mit mir so schnippisch, weil ich mobil und nicht mehr unmittelbar gefährdet bin? Ich bin sehr dünnhäutig geworden. Alles ist zu laut, zu nahe, zu schleppend, zu wenig rücksichtsvoll. Die tägliche Blutabnahme ist zu einer Hürde geworden, das Setzen eines Venflons eine Tortur. Wenn ein Venflon zwei Tage hält, brauche ich für die fünf Tage insgesamt drei. Wenn sie nicht halten, brauche ich vier, vielleicht fünf, und jedes Mal muss neu gestochen werden. Nervös achte ich auf die geringsten Anzeichen einer Venenreizung, einer Rötung der Haut oder Schwellung. Ich will nicht wieder eine verätzte Vene haben. Das sind Bagatellen im Vergleich mit den Schmerzen und Nöten anderer Patientinnen. Viele bekommen einen Portokat implantiert, der oft Jahre im Körper bleiben muss. Frau F. im Bett neben mir hat sogar zwei in ihrem Unterleib. Der eine rumort ständig und macht ihr Schmerzen.

Nur noch fünf Tage muss ich ausharren, und nach einer Abschlussuntersuchung sollen dann die Bestrahlungen beginnen. Immerhin ist ein Ende der Therapie abzusehen. Ich erkundige mich, wie ich mich in der Zeit »danach« verhalten soll, um das durch die schwere Therapie geschwächte Immunsystem zu stärken. Aber meine Ärzte halten nichts von solchen Ratschlägen. Jeder Patient ist anders, und was dem einen gut tut, nützt dem anderen nichts. Aber es muss doch irgendwelche Richtlinien und Erfahrungswerte darüber geben, wie Krebspatienten sich ernähren, was sie tun und was sie vermeiden sollen.

»Nicht einmal den Darmpatienten wird gesagt, was sie essen und wovon sie Abstand nehmen sollen«, bemängelt Frau F., die selbst darmoperiert ist. In diesem schönen, neuen, mit den modernsten Geräten ausgestatteten Krankenhaus hält man nichts von Ernährungsberatung oder einer Komplimentärtherapie für Krebskranke. Man geht davon aus, dass die meisten Patienten ihre Lebensweise nicht ändern wollen, und versucht daher gar nicht, ihnen Ratschläge für die Zeit der Rekonvaleszenz zu geben. Zum Glück finde ich eine Ärztin außerhalb, die mir biologische Mittel verschreibt gegen die schlimmsten Nachwirkungen der Chemotherapie, und die auch telefonisch zur Beratung zur Verfügung steht. Ich gerate an sie, als ich sehr durchhänge, und kann mir mit diesen Mitteln fast augenblicklich helfen. Diese Begleittherapie wird längerfristig weitergehen. Wieder habe ich das Richtige im rechten Augenblick gefunden. Seit einiger Zeit lese ich Bücher, die mir vor Augen führen, was ich bereits weiß: dass der Patient viel dazu beitragen kann, um gesund zu werden.

Das ist die letzte Etappe. Die CT nach der 6. Chemo hat ergeben, dass die Raumforderung nach den zusätzlichen zwei Runden kaum weiter geschrumpft ist. Es dürfte sich nur noch um abgestorbenes Zellgewebe handeln, aber man weiß es eben nicht. Waren die letzten beiden Runden, wie ich vermutet habe, nur ein zweckloser Overkill? Das Lymphom ist der Feind, der mit tödlichen Mitteln bekämpft werden muss, obwohl es ihn wahrscheinlich gar nicht mehr gibt. Für mich ist das Lymphom oder die Stelle, an der es einmal saß, schon lange kein Feind mehr. Wenn ich mir diese Stelle in meiner Brust vorstelle, habe ich eher freundliche Gefühle wie diejenigen einer Mutter zu ihrem schwachen Kind, das sie stärken und ermutigen muss. Ich hasse das Lymphom nicht – es ist *mein* Lymphom. Wenn ich mit meinem Atem darüber streiche, ist es mit mir integriert. Dann spüre ich, dass ich gesund werde.

Hätte ich mich nicht doch auf meine Intuition verlassen und die weitere Behandlung verweigern sollen? Die Ärzte hätten mich für leichtsinnig oder für verrückt erklärt, wenn ich ihnen gesagt hätte, dass ich aufgrund meiner inneren Bilder die Fortsetzung der Behandlung verweigere. So lasse ich sie gegen mein Gefühl zu und stehe sie psychisch schlechter durch als die toxisch aggressiveren CHOP-Zyklen.

Die rötlichen Haarfransen, die mir nach dem CHOP übrig geblieben sind, fallen nun auch aus. Ich habe keine Augenbrauen und Wimpern mehr und kein einziges Haar am ganzen Körper. Mein Skalp ist so weiß und druckempfindlich wie die Kopfhaut eines Babys. Wenn ich die Frotteehaube mit dem Gummizug über Nacht aufhabe, ist mein Schädel am nächsten Morgen wund. Mit dem dichten Haar, das ich früher hatte, liegt man weich, friert man nicht, bekommt man keinen Sonnenbrand. Allen habe ich versichert, dass der Verlust der Haare mir am wenigsten ausmacht. Manchen imponiert das, weil er die auffallendste Veränderung meiner Erscheinung ist, abgesehen davon, dass ich sehr mager geworden bin.

Nach einer guten Nacht habe ich in der Früh manchmal das Gefühl, ich könnte mit einem Satz aus dem Bett springen. Ich schlage die Decke zurück, schwinge die Beine über die Kante, aber wenn ich aufstehen will, ergreift die alte Mattigkeit wieder Besitz von meinen Gliedern, das Tier, das mir am Knochenmark frisst. Wenn ich mich aus der Hocke aufrichten will, gelingt mir das nur mit einem Trick. Ich mache es wie die kleinen Kinder: ich setze die Hände auf den Boden, strecke das Gesäß in die Höhe und komme mit einem Ruck auf die Beine. Oder ich ziehe mich an einem Möbelstück, einer Tischplatte, einer Sessellehne oder am Kühlschrank hoch.

In der Ambulanz stellt sich heraus, dass die Anzahl meiner Leukozyten noch zu niedrig ist für den letzten Zyklus. Meine Wiederaufnahme wird um eine Woche verschoben.

28. Mai. Zu Hause

Schlechte Nacht, ich musste sehr oft hinaus. Als ich nach dem dritten Mal auf die Uhr sah, war es erst ein Uhr. Viel Schweiß, danach Frösteln. Der Oberarzt sagte mir, dass ich bei Schüttelfrost sofort ins Spital zurück muss, aber es ist kein Schüttelfrost, sondern ein anhaltendes Frieren trotz Wollsocken und dem über das Nachthemd gezogenen Trainingsanzug. Mit dem Thermometer habe ich 35:38 gemessen, also Untertemperatur. In dem Begleitheft meines neuen Digitalthermometers steht, dass Abbau- und Zerfallsprodukte von Bakterien eine künstliche Kälte im Körper erzeugen. Warum sagt einem das niemand? Ich wüsste auch gerne mehr über die Zusammensetzung der neuen Chemo. Wie kommt es, dass sie zwar besser verträglich sein soll, mich aber mehr schwächt als das HD-CHOP Protokoll? Die Leukozyten erholen sich wesentlich langsamer.

Am Morgen konnte ich nicht aufstehen und blieb bis nach Mittag im Bett liegen. Die Katze sprang eben auf den Tisch, an dem ich sitze, und schnurrt mir leise ins Ohr, während ich schreibe. Danke, kleine Katze. Ich vermisse Zärtlichkeit so sehr. Könnte mir doch jemand einfach über den Rücken

streichen oder mich in die Arme nehmen. Habe ich erst selbst
krank werden müssen, um zu erfahren, wie sehr kranke Menschen Zärtlichkeit brauchen? »Du hättest alles im Überfluss
haben können«, sagt eine Stimme, »aber du wolltest ja nicht.«
– Ich weiß.

29. Mai. Fronleichnam
Ich beginne mit den Kirchenglocken und dem Fenster zum
Lichthof, wo drei Bäume stehen, die mich mit ihrem zarten
Laub erfreuen. Es dringt kaum ein Sonnenstrahl zu ihnen
herein, aber sie strecken ihre Äste unverdrossen dem Licht
entgegen und sind über die Jahre so hoch emporgeschossen,
dass sie das dreistöckige alte Mietshaus überragen. Manchmal
beutelt der Sturm sie so arg, dass die dünnen Zweige der Birke
an mein Fenster klatschen. Über die Hausmauern, die den Hof
umschließen, ragt die Kirchturmspitze mit dem goldenen
Wetterhahn, der im Sonnenlicht durch das Laub blitzt.
   Die Glocken hörte ich schon als junges Mädchen, bevor ich
das Elternhaus und die Stadt verließ. Nun bin ich zurückgekehrt, und ich höre sie wieder, morgens um sieben Uhr, zu
Mittag und am Abend vor der Abendmesse. Die Gegend, einst
ein vornehmes Diplomatenviertel, ist durch die billigen Knei-
pen, die sich hier etabliert haben, und manche verwahrlosten
Häuser heruntergekommen. Der neue Pfarrer räumte auf,
setzte rund um die Kirche eine verkehrsfreie Zone durch und
legte einen Kinderspielplatz an. Unter den schattigen Bäumen
wurden Bänke aufgestellt. Der Kirchenplatz ist ein Treffpunkt
geworden. Schwarzhaarige Kinder vergnügen sich auf dem
Spielplatz, während ihre Mütter in langen Mänteln und Kopf-
tüchern auf den Bänken sitzen und stricken. Gegend Abend
kommen die Jugendlichen, die perfekt wienerisch, unter sich
aber türkisch sprechen, und umringen den Größten, den
Platzhirsch, der so lässig seinen Schmäh führt wie ein wasch-
echter Wiener. Gegen die Seitentüren der Kirche knallen
bunte Bälle, Kinder klettern über den niedrigen Zaun und
springen ihren Bällen nach. So hat der Herr Pfarrer sich das

wohl nicht vorgestellt, als er zwischen der Kirche und der katholischen Volksschule den Spielplatz anlegte, den Platz mit einer adretten Grünanlage verschönte und die Kirche renovierte. Sie ist jetzt sehr schmuck mit ihrem geputzten Mauerwerk aus roten Ziegeln. Vieles ist neu, seit ich zurückgekehrt bin, aber der Klang der Kirchenglocken ist der alte geblieben. Sie klingen wie Dorfglocken. Einmal war dieser Gemeindebezirk, »Auf der Wieden«, eine Vorstadt, fast ein Dorf. Die Glocken hallen über die Mauern, füllen den Lichthof und meine Stube. Sie sind ein Wesen für sich und schlagen die Brücke zwischen der Vergangenheit und der Gegenwart. Im Klang der Kirchenglocken gerinnt die Zeit zur Ewigkeit. Hier war ich jung, von hier bin ich weggegangen. Hierher bin ich zurückgekehrt und muss lernen, das Alte in etwas Neues zu verwandeln, das Zukunft möglich macht, so wie die Kirche und der Kirchenplatz sich verwandelt haben und für andere Menschen Kindheit und Jugend bedeuten. Die Kirche ist nicht ihr Gotteshaus, aber sie spielen im Schatten ihrer Mauern, und ihre Mütter sitzen plaudernd unter den Bäumen, statt in ihren engen, dunklen Wohnungen. Das ist gut so, das hat Zukunft.

In meinem alten Zimmer hat sich nur wenig verändert. Der Ausblick auf die Bäume ist derselbe, nur dass ich damals in die Kronen sah. Heute sind sie meinen Augen längst entschwunden. Die Kirchenglocken sind dieselben, nur dass ich jetzt mehr aus ihnen heraushöre. Meine Augen und Ohren haben sich verändert. Das muss so sein, das ist die Aufgabe, wenn diese Rückkehr nicht zum Alptraum werden soll. Alles wird anders, wenn man mit neuen Augen sieht, mit neuen Ohren hört.

Auch die fetten, gurrenden Tauben sind noch da, die ich früher verachtet habe. Sie beschmutzen die Fassaden, sie lärmen, sie sind eine Stadtplage. Es gibt sie immer noch, aber es gibt auch die Amseln, die ich im Morgengrauen höre und die am Abend wiederkehren, wenn es dunkel wird. Der Gesang der Amseln ist voll Verheißung wie eh und je, dringlicher, näher, süßer als früher. Wer den Gesang der Amsel hört, wie könnte der nicht an das Leben glauben?

30. Mai

Ich verlasse das Haus, überquere die verkehrsreiche Straße, wo die Touristenbusse halten, eile durch die Anlagen hinter dem Schloss Belvedere, und dann bin ich endlich da. Ich kann es kaum erwarten, den Botanischen Garten zu betreten.

Warum haste ich immer, zur nächsten Straßenecke oder Wegbiegung, und dann weiter, weiter? So sehe ich nie richtig, was auf meinem Weg liegt. Die Straße, in der wir wohnen, ist nicht besonders schön. Es gibt keine Bäume, keine Schaufensterläden laden zum Verweilen ein, es gibt nur ein paar schöne alte Häuserfassaden, die den Krieg überdauert haben. Das Bestattungsinstitut hat seine Fenster mit Blumen geschmückt, aber sonst ist alles Grau in Grau. Kenne ich diese Häuser wirklich, an denen ich oft vorüberlaufe, ohne sie zu sehen? Auch da wohnen Menschen, und die Eingänge führen in Hinterhöfe wie den unsrigen. Warum gehe ich nicht achtsamer vorüber? Es ist meine unmittelbare Nachbarschaft. Früher ging ich mit blinden Augen durch diese Gassen. Ich wollte nicht sehen, wie die schäbigen Gastwirtschaften sich breit machten, wie kleingewerbliche Betriebe einzogen, wie hässliche moderne Häuser errichtet wurden. Fast in jeder Straße gibt es aufgelassene Läden mit verrosteten Rollbalken und vor Schmutz starrenden Fenstern, eine Schande für die ganze Gegend. Da rennt man am besten mit geschlossenen Augen vorbei. Aber warum? Um die Ecke hat jemand im Keller eines alten Hauses ein Shaolin-Studio eingerichtet, die Fassade hellgrün gestrichen und die Tür- und Fensterrahmen phantasievoll verziert. Vor der winzigen, liebevoll gestalteten Auslage bleibe ich gerne stehen. Zwei Schritte weiter, gegenüber der Kirche, fangen die Rosen schon an zu blühen. Es sind bescheidene darunter, aber auch die prächtigen gefüllten, stark duftenden. Am liebsten würde ich die Blüten einzeln in die Hände nehmen und meine Nase hineinstecken.

Alles ist wert, mit offenen Augen betrachtet zu werden. Auch das gehört zu meinen Übungen: langsam gehen, die Augen offen halten, wo immer ich bin, alles ansehen und annehmen, wie es ist, es aber auch lassen können, nichts festhalten, indem ich mich darüber ärgere oder etwas kritisiere. Ich habe es in der Hand, jeden meiner kleinen, versuchsweisen Spaziergänge zu einem Genuss zu machen oder zu einem Ärgernis. Noch sind es keine großen Gänge – an die Ecke zur Bäckerei, in die Tabaktrafik gegenüber, wo ich die Zeitung hole und Fahrscheine und Briefmarken kaufe, ins Schreibwarengeschäft und in die Änderungsschneiderei bei der Kirche, in die Apotheke zwei Straßen weiter, oder aber ins Belvedere und in den Botanischen Garten.

Heute bin ich wieder dort, gönne mir ein Stündchen bei wechselhafter Witterung. Ich besuche meine Lieblinge unter den Bäumen, den Gingko, diesen erstaunlichen Baum, der Schadstoffen Widerstand leistet und angeblich einen atomaren Holocaust überstehen könnte. Von einem herabhängenden Ast knipse ich ein Blatt ab und nehme es mit. Die charakteristisch gelappten Blätter auf schlankem Stiel sieht man heute oft auf Abbildungen, denn an den Gingko biloba knüpfen sich die Hoffnungen vieler Menschen auf das Überleben der Erde. Ich halte das lebendige Blatt in der Hand. Dann trete ich an den Baum heran und umarme ihn. Der Gingko hat eine seltsam knorrige Ausstrahlung. Ich spüre etwas »Aufrauhendes«, nicht die sanfte Beruhigung, die von anderen Bäumen auf mich ausgeht. Ein paar Minuten später komme ich zu einer wunderschönen Blutbuche. Wieder bin ich einen Augenblick allein und stelle mich an den Stamm. Da ist die weiche, zärtliche Woge wieder, die ich von den Bäumen kenne. Buchen haben immer zu meinen Lieblingen gehört. Ich liebe die glatten, seidig schimmernden Stämme, und mir kommt vor, dass ich heute von ihrem Geheimnis mehr weiß als früher. Aber der Gingko! Das ist ein ganz anderes Wesen. Ich werde wieder hingehen und ihn besser kennen lernen. Einstweilen habe ich dieses Blatt. Es fühlt sich an wie dünnes, geschmeidiges Leder, als könnte es nie verwelken.

Es regnet kurz. Nicht jeder hat das Glück, sich seinen Unterstand im Freien wählen zu können. Da ist der Bambushain mit seinem dichten Blätterdach, oder die Eibe mit ausladenden, bis zur Erde herabhängenden Ästen, sodass man in sie hineintreten kann wie in eine grüne Kapelle. Eine hoch gewachsene Sommerlinde tut es auch, und in dem schönen Coniferetum ist kein Mangel an Schutzdächern. Dann fegt der Sturm die Wolken fort, und ich kann meinen Spaziergang auf besonnten Wegen fortsetzen.

Besonders liebe ich das Stück Grasland mit der pannonischen Flora. Über diese Gräser und Kräuter, die sich im Wind neigen, möchte ich am liebsten laufen und springen. Aber ich kann nicht laufen, ich kann nicht springen. Mit jedem Schritt spüre ich die Schwäche. Die Schweißausbrüche, die sich mit einer merkwürdig kühlen Empfindung der Kopfhaut ankündigen, überfallen mich auch hier. Sie machen mich knieweich, und dann muss ich langsamer gehen und aufpassen, damit ich nicht stolpere.

Gestern Abend übte ich in meinem Zimmer das Zen-Gehen, *kinhin*, das für den Anfänger schwierig ist, weil es ein sehr langsames Gehen erfordert, ein bewusstes Aufsetzen und Abrollen des Fußes im Rhythmus des Atems. Ich drehte viele Runden, verhaspelte mich, stolperte, trat daneben, und dann ging es wieder. Mir war, als würde ich mit meinen kleinen Schritten im Zeitlupentempo weite Räume durchmessen. Es war, als ob der Atem meine Füße trüge.

5. *Juni*

Ich sollte schon auf der Station sein, aber man hat mich wieder nach Hause geschickt. Die Leukozyten sind zu niedrig. Mit Neupogen kann nicht mehr nachgeholfen werden. Man kann nur warten und hoffen, dass es in acht Tagen so weit sein wird. Ich war so sicher, dass ich aufgenommen würde, und jetzt heißt es wieder warten. Wäre die letzte Chemo nur schon hinter mir. Weil ich ohne Vertrauen in diese zusätzlichen Zyklen gehe, werden diese fünf Tage zur Qual. Auch den

Bestrahlungen stehe ich skeptisch gegenüber – ist ihr Nutzen wirklich größer als der Schaden, den sie anrichten? Im Grunde will ich nicht mehr und erteile den Leukozyten vielleicht unbewusst den Befehl: Macht nicht mit! Verdrückt euch! Solange ihr euch nicht erholt, kann nicht weitertherapiert werden.

Aber das hat keinen Sinn. Ich versuche, mich positiver einzustellen. Es gibt kein Entkommen. Sie werden mich nicht entlassen, ehe das ganze Protokoll abgeschlossen ist, und ich habe nicht die Kraft, mich selbst zu entlassen. Ich bemühe mich um eine positivere Einstellung. Die nochmalige Verzögerung gibt mir Zeit, mit positiven Bildern und Vorstellungen zu arbeiten.

13. Juni
Endlich bin ich stationär aufgenommen zur letzten Runde. Die Leukozyten sind auf 5000 gestiegen dank der erholsamen Woche, die ich auf dem Land bei Verwandten verbracht habe. Ich genoss den schönen Garten und lief am frühen Morgen bloßfüßig über das betaute Gras. Stundenlang saß ich im Freien, und die Mücken, die am Nachmittag lästig werden, ließen mich in Ruhe. Mein Blut, auf das die Biester sich sonst immer stürzen, stank ihnen wohl zu sehr nach Chemie.

Für drei Tage bekomme ich ein leer stehendes Einzelzimmer zugewiesen, eine große Vergünstigung. In der Stille dieses Krankenzimmers kann ich mich besser auf meine Übungen konzentrieren, u.a. auf die Bewusstseinsübung nach Simonton, die darin besteht, sich die fünf wichtigsten Stressfaktoren 6–18 Monate vor der Erkrankung in Erinnerung zu rufen. Ich schreibe sie auf: 1. unbewältigter Kummer, 2. Arbeitsstress, 3. Umzug, 4. Beschwerden der Wechseljahre, 5. eine schwere verschleppte Krankheit. Die ersten beiden Punkte sind die wichtigsten. Ich will keinen Träumen mehr nachhängen, sondern in der Wirklichkeit leben, im Hier und Jetzt. Ich will mich einlassen auf die Gegenwart, statt der Vergangenheit nachzuhängen. Was mir früher unbehaglich und ausweglos erschien, ist es nicht in Wirklichkeit voll von Möglichkeiten? Es steht mir frei, wie ich mich emotional und geistig auf eine Situation einstelle. Auch der bevorstehende Umzug nach Wien hat seine positiven Seiten. Ich werde in der Nähe der Familie leben, ich werde alte Freundschaften auffrischen und die Schönheit meiner alten Heimatstadt neu entdecken. Ich will mehr Freude an allem haben. In kleinen Schritten gelingt es mir ja schon. Nie zuvor bereitete eine Landschaft oder ein Garten mir ein solches Entzücken wie jetzt, nie konnte ich mich so innig an Bäumen und Blumen erfreuen. Ich sehe die neu geschenkte Welt mit glücklicheren Augen als früher. Möge ich es nie vergessen und Sorge tragen, dass es so bleibt.

Der letzte Zyklus liegt nun hinter mir, und die Angst, dass noch etwas schief gehen oder eine unvorhergesehene Reaktion auftreten könnte, ist ausgestanden. Die Chemotherapie ist abgeschlossen. Ich wurde dem Radioonkologen vorgestellt, und er hatte eine gute Nachricht für mich. Man wird mir nur die Hälfte der Standarddosis geben, da Lymphzellen auf Bestrahlung erfahrungsgemäß gut ansprechen. Sie schmelzen dahin »wie Schnee in der Sonne«. Einen Monat lang werde ich jeden Tag ambulant bestrahlt werden.

Wieder suche ich den Botanischen Garten auf. Die Seerosen sind inzwischen aufgeblüht. Der Blick vom Schloss über die Stadt mit dem aus dem Häusermeer herausragenden Stephansdom bewegt mich zu Tränen. Ich kenne diese Aussicht seit über vierzig Jahren, aber mir ist, als sähe ich sie heute zum ersten Mal. Wie klein und heimelig die Stadt von hier aussieht, wie dicht beisammen die Häuser und Kirchturmspitzen. Die Berge jenseits der Donau sind zum Greifen nah. Warum soll ich nicht ganz gesund werden und glücklich leben können?

5 Auferstehung

Die Bestrahlungen beginnen mit einer Panne. Die Vermessung des Bestrahlungsfeldes klappte nicht, weil irrtümlich eine falsche Unterlage verwendet wurde. Die ganze Prozedur muss wiederholt werden. Das heißt, ich muss noch einmal hin, noch eimal muss gestochen, ein Venflon gesetzt und ein Kontrastmittel gespritzt werden. Die Nachricht regt mich auf, und ich laufe in den Botanischen Garten, um mich zu beruhigen. Ich will an meine Gesundheit glauben, an die Genesung – trotz Pannen, trotz meinen wachsenden Vorbehalten gegen die konventionelle Therapie, die sich als so störanfällig erweist. Für meine Gesundwerdung ist letztlich nicht die Medizin, dafür sind nur Gott und ich selbst zuständig.

Ich sehe das gütige, strahlende Gesicht der siebenundachtzigjährigen Dame vor mir, die im vierundachtzigsten Lebensjahr eine schwere gesundheitliche Krise durch die Kraft ihres Glaubens überwunden hat. »Sie werden gesund«, sagte sie mir, »ganz sicher!« Sie war es, die mir das kleine Buch mit den stärkenden Affirmationen in die Hand drückte, das auch Warnungen enthält wie die folgende:

Lass die Sehnsucht deines Herzens nicht zu einer Krankheit deines Herzens werden. Du verlierst die Kraft der Anziehung, wenn du etwas zu ungestüm begehrst. So machst du dir nur Angst und Sorgen und leidest. Es gibt ein verborgenes Gesetz der Gelassenheit: Deine Schiffe können nur über ein Meer des Gleichmuts in den Hafen einlaufen.

Darin ist Wahrheit. Ich habe oft zu leidenschaftlich begehrt und mich selbst und andere dadurch in Bedrängnis gebracht. Ich habe mir zu viele Sorgen gemacht und den Sorgen erlaubt, mich in einem Zustand der Negativität festzuhalten.

Einen Tag, bevor die Bestrahlung beginnen soll, warnt mich eine Bekannte davor. Sie hatte selbst vor vielen Jahren Brustkrebs und verweigerte die Bestrahlung. Sie ging alternative Wege und ist bis heute gesund.

»Tu das ja nicht«, sagte sie, »das macht dich kaputt. Das geht voll auf dein Herz-Chakra. Du bist ein kreativer Mensch, es wird dich zerstören.«

Ihre Bedenken stürzen mich in Zweifel. Könnte es sein, dass die Schäden einer Strahlenbehandlung auf der feinstofflichen Ebene größer sind als der Nutzen auf der materiellen? Abgesehen davon, richten Strahlen natürlich auch im Organismus Schäden an, indem sie die Immunkraft schwächen und somit eine Prädisposition für ein neuerliches Auftreten von Krebs schaffen. Wie soll ich mich entscheiden? Die Bestrahlung ist ein integraler Teil des gesamten Therapieplans. Ich kann nicht einfach abspringen, oder doch? Ist meine Einwilligung in die Strahlenbehandlung wirklich ein Zeichen von Lebensangst, wie meine Bekannte meint? Soll ich jetzt, nachdem ich so weit gekommen bin, darauf verzichten und mich ganz auf meine eigenen Kräfte und alternative Hilfen verlassen? Es gibt eine Menge alternativer Wege, aber man muss das Richtige finden. Es ist ein Jammer, dass die Medizin so wenig von diesen Heilweisen und von den Selbstheilungskräften des Menschen versteht. Von meinen Ärzten ist nichts anderes zu erwarten als der dringende Rat, mit der Behandlung fortzufahren.

In der Vergangenheit habe ich in schwierigen Situationen oft das *I-Ging* befragt, das alte chinesische Weisheitsbuch. Es nimmt einem keine Entscheidung ab, aber es hat mir immer gute Dienste geleistet und mir geholfen, mich in einer komplexen Situation zurechtzufinden. Ich befrage das Orakel und bekomme zum ersten Mal in all diesen Jahren eine Antwort, mit der ich nichts anfangen kann, das Hexagramm Nr.9: »Des Kleinen Zähmungskraft«, und Nr.22: »Die Anmut«. Das erste ist das dynamische Zeichen, das zu 22 überleitet. Das deutet auf eine Entwicklung hin, aber ich finde nichts in dem Kommentar, das sich im Entferntesten auf die Frage »Bestrahlung, ja oder nein?« beziehen lässt. Das 9. Hexagramm scheint meine Situation als Ganzes anzusprechen, eine Konstellation, in der Stärke vorübergehend durch Schwäche gehemmt wird. Darauf kann ich mir im Zusammenhang mit meiner Krankheit immerhin einen Reim machen: Das Kleine und Schwache muss jetzt behutsam gepflegt werden. Da die Krankheit kein äußeres Wirkungsfeld zulässt, bleibt mir nur die Verfeinerung des Wesens im Kleinen, wie es im Kommentar heißt. Natürlich, das ist die Aufgabe, und ich habe versucht, sie wahrzunehmen. Die ganze innere Arbeit während meiner Krankheit, die nun schon ein halbes Jahr dauert, hat dieses Ziel. Gut, das kann ich annehmen. Die Deutung des Zeichens 22 hebe ich mir für später auf. Sie braucht eine längere Meditation. Eine Antwort auf meine Frage nach der Bestrahlung gibt weder das eine noch das andere Zeichen.

Ich berate mich mit Frau Dr. H., der Ärztin meines Vertrauens, die mich der überaus wirksamen Komplementärtherapie zugeführt hat. Sie rät mir unbedingt zur Bestrahlung. Auf dem Gebiet der Radioonkologie hat die moderne Medizin tatsächlich Beachtliches geleistet. Die Technik ist heute so fortgeschritten, dass die Bestrahlungsfläche auf den Millimeter genau berechnet werden kann und die umliegenden Gewebe wirksam geschützt werden können. Auf der organischen Ebene kann praktisch nichts passieren. Bei meiner moderaten Dosis wird es kaum zu Reaktionen kommen. Auch sie versichert mir, dass Lymphome sehr gut auf Bestrahlung ansprechen. Sie hatte selbst vor Jahren ein Lymphom und wurde zweimal mit Chemotherapie und Bestrahlung behandelt.

»Schauen Sie mich an«, sagt sie, und in der Tat, sie sieht blühend aus. Sie ist als Ärztin in vollem Einsatz und gibt ihren Patienten von ihrer eigenen Kraft ab. Das spüre ich jedes Mal, wenn ich sie konsultiere.

Diese Auskunft beruhigt mich. Kein Wunder, dass das *I Ging* stumm blieb. Ich hätte wissen müssen, dass es grundsätzlich auf Entscheidungsfragen keine Antwort gibt. Es geht gar nicht um die Frage der Bestrahlung, sondern um etwas ganz anderes. Die Bestrahlung war beschlossene Sache, als ich mich für den Weg der Medizin entschied. Zur Debatte stehen ganz andere Dinge: Was hat die Krankheit zu bedeuten und welchen Zweck meines Lebens erfüllt sie? Das sind die Fragen, die wirklich anstehen. Darauf hat das I Ging sehr wohl eine Antwort gegeben. Der Bescheid lautet: Kümmere dich darum, wie du dein Leben lebst. Die Bestrahlungen sind kein Thema. Sie gehören zur Therapie und sollen stattfinden. Komm zur Sache, es geht um dein Leben.

Am nächsten Tag trete ich die Bestrahlung an. Mit öffentlichen Verkehrsmitteln brauche ich fast eine Stunde, aber ich bin so weit gekräftigt, dass ich alleine ins Spital fahren kann. An heißen Tagen ist die Fahrt in der stickigen U-Bahn und im Gedränge der Straßenbahn beschwerlich, aber ich bin froh, dass ich es ohne Hilfe schaffe, dass ich wieder Treppen steigen kann und auf meinen Fahrten mit einer Gegend vertraut werde, die ich früher nicht kannte.

Es erheitert mich, über die Donau zu fahren und auf die Donauinsel hinunterzusehen, den Schauplatz von Volksfesten und Musikspektakeln. Ich war noch nie dort und sehe durch das Fenster der U-Bahn den langen schmalen Streifen der grünen Insel. Es ist Zeit, dass ich meine Stadt kennen lerne. Ich denke an die zahllosen kleinen, in Innenhöfen versteckten Gärten, wo man auch im Häusermeer der Großstadt luftig und im Grünen sitzen kann. Auch die Schanigärten liebe ich, diese wienerischsten aller Gärten, die gar keine sind, sondern nur ein eingezäuntes Stückchen Gehsteig mit ein paar Tischen und Stühlen. Fast jedes Wirtshaus macht im Sommer seinen Schanigarten auf. Das gibt der Stadt im Sommer ein fast südliches Flair.

Nun bin ich im Donauspital und begebe mich gleich auf die Radioonkologie. Die Hautstellen, die bestrahlt werden sollen, werden mit grüner Farbe markiert, und ich darf ab jetzt nicht mehr baden. Eine technische Assistentin rückt mich auf der

Liege zurecht, bis mein Körper sich in der richtigen Lage befindet. Die Assistentin verlässt den Raum, das Licht geht aus, und ein surrendes Geräuscht zeigt an, dass die Maschine eingestellt wurde. Ich werde von vorne und von hinten je eine halbe Minute mit Photonen bestrahlt. Dank der modernen Technik lässt sich bei besserer lokaler Abgrenzung eine größere Tiefenwirkung erzielen, so dass man nicht mehr so hohe Dosen verabreichen muss, wie das früher der Fall war. Die relativ milde Dosis, die ich bekomme, wird die Haut kaum reizen, und ansonsten werden nur geringfügige Schluckbeschwerden auftreten. Die Bestrahlung selbst ist schmerzlos, nur manchmal empfinde ich ein Brennen in der Brust.

Trotz der Ermutigung durch meine Ärztin setzt die Anonymität der Radioonkologie mir zu. Ich werde durch die Behandlung geschleust, ohne dass irgendjemand mich begrüßt oder auch nur ein Wort mit mir spricht. Je technisch vollkommener die Medizin, desto mehr verschwindet der Mensch hinter den Apparaten. Die Radioonkologie ist die Renommierstation des Hauses, medizinisches High-Tech. Die Geräte und roten Kontrollsignale schüchtern mich ein. Das wortlose Hantieren verunsichert mich, und ich fürchte, dass trotzdem etwas schief gehen könnte. Ich wäre weniger nervös, wenn die Assistentin ein Wort mit mir reden würde, während sie mich auf der Liege herumschiebt, drückt und zerrt, was manchmal ziemlich lange dauert. Ich fasse mir ein Herz und spreche das Thema an. Von da an ist es besser. Die Assistentinnen sind jetzt sehr freundlich zu mir und pudern mich nach der Behandlung sogar ein.

Im hellen Warteraum, der auf einen großen Patio hinausführt, sitzen fast nur ältere Menschen. Ich höre verdrossene Gespräche über den Alltag. Eine sehr dicke Frau mit schwarzem Kopftuch – eine Hiesige – unterhält sich mit einer anderen Patientin. Die laut geführte Unterhaltung plätschert trostlos dahin. Keine hört der anderen zu. Sie reden ständig aneinander vorbei. Eine große Einsamkeit umgibt diese Menschen. Ich bin bedrückt, wie eng das Leben vieler Menschen ist, wie festgefahren und ohne eine Hoffnung auf Veränderung, wie enttäuscht sie vom Leben sind. Täglich erfahre ich an mir selbst, wie schwer es ist, alte Denkmuster und eingefahrene Lebensweisen aufzubrechen. Das geht nur schrittweise, und auch diese kleinen Schritte gelingen nicht immer.

Ich denke an meine Freundin G. und ihre Kunst des Zuhörens, diese vollendete Form der Zuwendung und tätigen Nächstenliebe. Auch darin, denke ich, bin ich noch nicht weit gekommen und muss dazulernen. Dass ich so schockiert bin von dieser Parodie eines Gesprächs im Warteraum, heißt das nicht, dass ich es selbst oft verfehle?

Auch die meisten Ärzte, die mir begegnet sind, hören nicht zu oder missverstehen die Frage, die ich gestellt habe, und antworten auf etwas ganz anderes. Ich gebe es dann meistens auf. Als Patientin bin ich abhängig vom guten Willen aller, vom Chef bis zur letzten Hilfsschwester, und ich will niemanden vor den Kopf stoßen. Keiner hat Zeit, alle sind überlastet, auch das Pflegepersonal. Im Aufzug hörte ich, wie eine Schwes-ter zu einer anderen sagte, dass sie schön blöd war, ihren Posten in einer Privatklinik aufzugeben und in dieses Spital der Gemeinde Wien zu wechseln. Die Arbeitslast ist erdrückend, und weil an allen Ecken und Enden gespart wird, fehlt es an Personal. So wird letzten Endes am Patienten gespart, und dieses schöne, neue Krankenhaus mit seiner hochmodernen Technologie ist, was die Patientenversorgung betrifft, nicht besser dran als jedes andere. Alles in allem habe ich es jedoch gut getroffen. Ich war gut aufgehoben, und meine Vorbehalte, mein wachsender Widerstand haben weniger mit dem Klinikpersonal als mit dem System als solchem zu tun. Die Schulmedizin hat mir geholfen, und trotzdem ist mein Vertrauen erschüttert.

Durch die Bestrahlung steht mein Körper wieder unter Schock, und die Schweißausbrüche werden häufiger. Zuerst kommen die Hitzewellen, dann das Frösteln und die Untertemperatur. In der Herzgegend, wo hinter dem Brustbein das Lymphom saß, gibt es mir manchmal einen Stich. Sind das die letzten Krebszellen, die unter dem Photonenbeschuss absterben, oder ist es die Verletzung durch die Strahlen, vor der ich gewarnt wurde? Ich will nicht darüber nachdenken.

Heute ist ein guter, stiller Tag. Es wäre schön, wenn ich diese Stille mit einem Menschen teilen könnte, aber es ist niemand da. Allerdings wüsste ich nicht, wen ich jetzt um mich haben möchte, ich bin so reizbar geworden. Eine Hand auf meinem Körper täte mir gut, um das Zittern zu beruhigen, das mir wieder tief in den Knochen sitzt.

Heute Morgen übte ich mich in einer positiven Betrachtung der Dinge, und es gelang mir. Warum soll nicht alles gut gehen, die Bestrahlung, die Nachuntersuchung, der bevorstehende Umzug, das neue Leben danach? Ich weiß, dass es nicht so wichtig ist, wohin ich ziehe und wie ich mir äußerlich mein Leben einrichte. Viel wichtiger ist meine Einstellung dazu, die Zuversicht, dass sich alles fügen wird.

Sandra Y., eine junge schwarze Schrifstellerin, die ich einmal kennen lernte, wuchs in einem hässlichen Slum einer amerikanischen Großstadt auf. Sie erzählte mir, dass sie täglich auf dem Weg zur Schule an einem Plakat vorüberkam, auf dem eine italienische Landschaft abgebildet war, und dass sie sich inbrünstig wünschte, an einem solchen Ort zu leben. Sie stellte sich die Landschaft so lebhaft vor, dass sie sich mitten im Slum schon dort sah. Wenige Jahre später kam sie tatsächlich nach Italien und lebte in einer Wohnung im Herzen von Rom. Sie hatte nichts anderes getan, als sich in ein Leben voll Schönheit, Licht und Sonne hineinzuversetzen, und es war ihr zugefallen. Sie hatte es mit ihrer Vergegenwärtigung buchstäblich angezogen. Warum bin ich in meinen Wünschen immer so zaghaft gewesen?

Ich denke an meinen Traum von der Schwarzen Frau, den ich nie vergessen habe. »Nimm das größere Messer«, sagte sie. Ich sollte damit schöne Dinge schnitzen. Nicht mit dem kleinen Werkzeug sollte ich mich zufrieden geben, nach dem größeren sollte ich greifen. Aus diesem Traum bin ich glücklich aufgewacht. Wenn ich »schnitzen« kann, wenn ich etwas Schönes, Wertvolles schaffen kann, wird der Alptraum der Krankheit, wird die Last des negativen Denkens von mir abfallen.

8. Juli

Zur Bestrahlung gefahren. Gestern war eine nette Technikerin da, die mich fragte, wie es mir geht. Ich sagte ihr, dass ich trotz allem vor einem technischen Fehler Angst habe und Tag und Nacht in Schweiß bin. Sie beruhigte mich, dass in der heutigen Strahlentechnik Irrtümer so gut wie ausgeschlossen sind. Wenn der Patient nicht perfekt eingestellt ist, gehen die Geräte gar nicht los. Ich war ihr dankbar für das Gespräch und fühlte mich in dem Raum, in dem ich mit den Photonen allein bin, nicht mehr so nervös.

Auch die Ärztin beruhigte mich in dem anberaumten Gespräch. Sie sagte mir: »Die Strahlen schaffen, was die Chemotherapie nicht schafft.« Die Photonen richten sich nach genauen, von Zeit zu Zeit überprüften Berechnungen ganz gezielt nur auf das Lymphom, das übrige Gewebe, auch das Herz und vor allem die Lunge, werden durch Bleiplatten abgeschirmt. Das ist das transparente Gebilde, das während der Bestrahlung über mir schwebt. Die Platten werden für jeden Patienten eigens angefertigt. Auch die Ärztin rühmt die Leistungsfähigkeit der Bestrahlungstechnologie an diesem Spital.

Allmählich wird der Hin- und Rückweg zur Routine. Ich steige in die U-Bahn ein und aus wie andere Menschen. Niemand sieht mir an, dass ich Krebs habe. Das, was von dem Lymphom zurückgeblieben ist, wird mit Photonen beschossen, und niemand weiß, ob sie nicht doch das Herz-Chakra beschädigen oder nicht.

Ich setze mich zur Meditation hin und versuche, in mich hineinzuhorchen. Nein, die Bestrahlung scheint kein Thema zu sein. Sie nimmt ihren Fortgang, und damit basta. Meine Nächte sind schlecht, und ich wache oft in Schweiß gebadet auf. Das ist gut so, so werden die Gifte ausgeschieden. So viel Schweiß wie in den vergangenen Monaten habe ich in meinem ganzen Leben nicht vergossen. Ich hatte einen trockenen Körper und schwitzte fast überhaupt nicht.

Draußen singen die Amseln wieder, und es hat aufgehört zu regnen.

9. Juli

Schon am frühen Vormittag ins Spital gefahren, Blutabnahme bei meiner Lieblingsärztin Dr. P., dann auf die Radioonkologie zur Bestrahlung. Wieder war die nette Assistentin da; dann endloses Warten auf den Oberarzt. Das Blutbild ist »bildschön«, die Leukozyten sind auf 3.600 gestiegen, doppelt so hoch wie vergangene Woche. Alle Medikamente können abgesetzt werden, auch das Tarivid, das ich wegen seiner scheußlichen Nebenwirkungn so ungern genommen habe. Auch die Mundspülungen, die meine Zähne so hässlich verfärben, kann ich jetzt weglassen.

Was hat die Leukozyten veranlasst, wieder so sprunghaft anzusteigen? Dr. K. erwartete, dass ich mich langsamer erholen würde, weil auch die Bestrahlungen den Organismus angreifen. Das Gegenteil ist eingetreten, ich erholte mich schneller. Ist das auf die begleitenden Medikamente von Frau Dr. H. zurückzuführen oder auf meine Übungen? Vielleicht beides. Wieder habe ich mit der Vorstellung gearbeitet, dass Prana, die Lebenskraft, überall und jederzeit da ist, unabhängig von mir und meinem Gesundheitszustand. Vielleicht ist es wieder gelungen, mich an diese Kraft anzuschließen. Auch Freunde meditieren weiterhin für mich. Durch ihre Gedanken und Gebete stehe ich seit Beginn meiner Krankheit in einem heilenden Kraftfeld. Es trägt mich noch immer. Ich gebe mir Mühe mit positiven Projektionen: Gesundheit ist da und hüllt mich ein. Es werden wunderbare Dinge geschehen, wenn ich nur in Bereitschaft bin.

Nun tut es mir doch Leid um meine Haare. Alle versichern mir, dass die Perücke mit ihrer kurzgelockten Allerweltsfrisur mir gut steht. Ich empfinde sie nicht als Haarersatz, sondern als eine Kopfbedeckung und stülpe sie über wie eine Mütze. In der Mitte am Scheitel sind die Haare kraus und borstig wie Drähte, daran erkennt man unweigerlich das Kunsthaar. Die Kasse bezahlt nur diese Art von Perücken, und ich bin zufrieden damit. Wenn der Schweiß mir den Hals hinaufsteigt, unter die Perücke kriecht und mir in Tropfen über die Stirn läuft, reiße ich sie herunter, wenn ich zu Hause bin, wie eben jetzt, und lasse die Kopfhaut trocknen. Der zarte Haarflaum, der erst zu sprießen begann, fällt schon wieder aus. Wenn ich daran zupfe, habe ich die seidigen Fusseln in der Hand. Ich bin fast weiß geworden. Jemand erzählte mir von einem Mann, der grauhaarig war und nach einer Chemotherapie wieder braune Haare bekam. Vielleicht werden auch meine Haare wieder, wie sie einmal waren, dunkelbraun mit dem Glanz von Kastanien? Unsinn, das muss ich mir aus dem Kopf schlagen.

Kann eine Frau nicht auch kahlköpfig gut aussehen? Ich blicke in den Spiegel und kann mich zu dieser Meinung nicht bekehren. Wem könnte ich so gefallen – ohne Haare, ohne Wimpern, ohne Augenbrauen? Es hat mich immer empört, dass orthodoxen jüdischen Frauen bei ihrer Heirat die Haare abrasiert werden, damit sie keinen anderen Mann in Versuchung führen. Tagsüber tragen sie den »Scheitel«, die Perükke, und nachts entblößen sie sich vor ihren Ehemännern, die nach göttlichem Gebot gehalten sind, nicht auf die Reize ihrer Ehefrauen zu achten. Damit wurde die Schönheit und sinnliche Anziehungskraft des Frauenhaares aus dem ehelichen Leben frommer Juden verbannt. Im *Hohenlied* klingt das anders: »Dein Haar ist wie eine Herde Ziegen, die herabsteigen vom Gebirge Gilead« (4:1,5), und an anderer Stelle: »Das Haar auf deinem Haupt ist wie Purpur; ein König liegt in deinen Locken gefangen« (7:6). Ja, aber das *Hohelied* stammt aus älterer Zeit, als die Göttin herrschte. Nie wäre es ihr eingefallen, der Frau ihren natürlichen Schmuck, ihre Haare, wegzunehmen. Das konnte nur ein Gott gebieten, dem die erotische Kraft der Frau ein Dorn im Auge war.

So viel ich weiß, gibt es in der Bibel nur eine einzige Stelle, in der die magische Kraft des Haupthaares eine Rolle spielt, in der Geschichte von Samson und Delila. Es ist *sein* Haar, und *sie* ist es, die ihm die Kraft raubt, indem sie es ihm heimlich abschneidet. Die Rache der Frau?

Die größte Freude sind weiterhin meine Spaziergänge im Botanischen Garten. Ich beobachte, wie das zarte Grün dichter wird, wie der Frühling allmählich in den Sommer übergeht. Ich suche meine Lieblingsplätze auf, vor allem mein »Pannonien«. Die Königskerzen von wahrhaft majestätischer Gestalt überragen alle anderen Blumen. Stramm stehen sie auf der Flur, prächtig anzuschauen, vielarmige, gelbblühende Kandelaber. Pannonien! Hier wachsen besondere Blumen und Gräser, die westlich vom Wiener Becken nicht vorkommen. Ich versetze mich in eine weite, weglose Landschaft, über die man nur zu Fuß wandern oder reiten kann. Teile der niederösterreichischen Landschaft und des Burgenlands erinnern mich an dieses Gelände. Hier gibt es keine Berge, nur Weite, offene Ebenen, Weingärten, kleine Dörfer, Steppe. In diese Landschaft kann ich mich hineinversetzen, auch wenn ich zu Hause in meinem Hofzimmer bin, wenn ich nichts sehe als die eine schwankende Birke, wenn ich nichts höre als den Lärm der Kinder aus dem Nachbarhaus. »Pannonien« ist für mich eine Landschaft des Friedens und der grenzenlosen Freiheit, in die ich eintauchen kann, sooft ich will.

Nicht immer schreien die Kinder von nebenan, nicht immer tönt laute Musik aus den offenen Fenstern, nicht immer peitschen die Zweige der Birke mein Fenster im Sturm, bevor ein Sommergewitter losbricht. Manchmal ist es still, und ich kann meine Gedanken lenken, wohin ich will.

Ich übe meine Augen, wenn ich quer durch die Stadt fahre. Mir begegnet nichts Außergewöhnliches, aber mir ist, als sähe ich vieles zum ersten Mal. So lange habe ich nichts gesehen als ein Krankenzimmer, jetzt kommt mir die Strecke bis zur Donaustadt vor wie die große, weite Welt. Ich sehe entzückende Kinder, ganz kleine und solche im Volksschulalter, die noch so sind, wie die Natur sie haben will, bevor sie mit Junk-food und Süßigkeiten voll gestopft werden, natürlich, lebhaft und gertenschlank. Aus ihren Stimmen höre ich spontane Freude und das Staunen, das so viele Erwachsene verloren

haben. Für sie ist die Welt noch unversehrt und voller Abenteuer. Selten sehe ich ein Kind mit einem vulgären Gesichts-
ausdruck.

Neulich sah ich auf der Straße eine korpulente junge Frau in
einem langen Kaftan und einem eng um Stirn und Kinn gebun-
denen Kopftuch. Vor ihr her sprang ein spindeldürrer kleiner
Bub und schwenkte lustig seine bunte Mütze. Er rief seiner
Mutter, die behäbig hinter ihm herwatschelte, etwas auf türkisch zu. Wenn er größer ist, wird er sich seinen Mitschülern
anpassen, er wird so reden wie sie und mit Mädchen gehen, die
kurze Röcke oder Jeans und T-Shirts tragen, und seine bis zum
Kinn verhüllte Mutter wird zu Hause sitzen und sich grämen.
Dann wünsche ich ihr, dass eine Nachbarin bei ihr sitzt, eine
Wienerin, die sie tröstet und ihr sagt, dass nicht alle kurz
berockten und Jeans tragenden Mädchen schlecht sind.

Mir fällt auf, wie viele dicke Menschen es hier gibt, nicht nur
Alte, auch Jugendliche und Kinder. Kommt mir das nur so
vor, weil ich so mager geworden bin? Ich sehe halbwüchsige
Buben, deren Bäuche über ihren Gürtel quellen wie bei ihren
Vätern, und Mädchen mit Speckfalten am Rücken wie bei
ihren Müttern. Die Leute können sich alles leisten – das habe
ich auch im Spital gesehen –, aber sie wissen nicht zu leben.

In der U-Bahn sah ich zwei Punker. Der eine trug einen
grellrosa, der andere einen giftgrünen Haarkamm auf dem
glattrasierten Schädel, und sie hatten mehrere silberne Knöpfe
und Ringe in den Ohren und in der Lippe. Sie machten sich
lustig über einen älteren Mann, der sie beschimpfte: »Euch
sollte man ins KZ stecken. Vergasen sollte man euch!« Die
beiden Burschen lachten wiehernd und warfen mir einen
prüfenden Blick zu, ob ich mich vielleicht auch als Zielscheibe
ihres Spottes eignete. Das Alter hätte ich ja. Aber sie wandten
sich ab, und ich bemerkte, dass sie ein lupenreines Hoch-
deutsch sprachen. Ich weiß nicht, was mich mehr deprimierte,
der alte Faschist oder diese Jungen, denen nichts anderes
einfällt, um auf sich aufmerksam zu machen, als die sinnlose
Provokation.

Waren wir anders, als wir jung waren? Ich hatte gute Eltern, ordentliche Schulen, die ich nicht widerwillig besuchte, das Studium meiner Wahl – wogegen hätte ich mich auflehnen sollen? Ja, es gab gewisse unausgesprochene Vorurteile, unsichtbare Fesseln, die mir lange nicht bewusst waren. Das, was ich eigentlich war, konnte nicht heraus und zog sich immer mehr zurück. Dann kam die berufliche Herausforderung, und obwohl ich äußerlich völlig frei war, bestanden die unsichtbaren Fesseln weiter. Ich reagierte mit dem Selbstbild der kühlen, kompetenten Berufstätigen und entfernte mich immer weiter von der Frau, die ich bin. Jetzt, am Ende dieser Umwege – schon seit geraumer Zeit – ist mir das Bild der Frau am Wasser geblieben, die wenig von sich hermacht und mehr zu sich steht. Alles ist offen. Die rechten Ziele werden sich finden. Die passenden Weggefährten werden kommen. Jeder Tag bringt mir Gutes, mehr noch: In jedem Tag liegen alle Möglichkeiten und warten nur darauf, wie ein Schatz gehoben zu werden.

Und wenn der heutige Tag der letzte wäre, kann ich ihn nicht trotzdem bis zur letzten Minute leben im Bewusstsein der Fülle? Kann ich nicht dankbar sein für jeden Tag, gleichgültig, wie er beschaffen ist? Inzwischen weiß ich, dass die »Beschaffenheit« sich nach meiner eigenen Einstellung und meiner Erwartung richtet, nach meiner Bereitschaft, das Gute zu empfangen. Nie ist mir so klar gewesen, was es heißt, jeden Tag zu leben, als wäre es der letzte.

Nein, ich kann nicht wissen, ob ich gesund bin und es bleiben werde. Es gibt keine Garantie, dass der Krebs nicht wiederkommt, vielleicht erst nach Jahren. Wie sagt einer der Protagonisten in Solschenyzins *Krebsstation*: »Trotzdem, Krebs bleibt Krebs. ... Aus einem Krebs entsteht wieder Krebs«[12]. Auch wenn ich mich bemühe, die Ursachen auszuschalten, die in mir selbst liegen, gibt es doch andere Faktoren, gegen die ich machtlos bin. Aber was soll's, jetzt ist mir das Leben wiedergeschenkt, dafür bin ich dankbar, und die Zeit, die ich noch habe – sei sie kurz oder lang –, ist mir kostbar. Jeder Tag ist ein guter Tag.

Meistens schließe ich meine Meditation damit ab, dass ich mich dem Bild der Frau am Wasser anvertraue. Ich lege meine Hände auf die Brust und erbitte Segen mit den Worten aus der Liturgie: »Segne mich und behüte mich. Lasse dein Angesicht leuchten über mir und sei mir gnädig. Erhebe dein Angesicht auf mich und schenke mir deinen Frieden.«

So schließe ich seit langer Zeit jedes Gebet ab. Mir kommt zu Bewusstsein, wie sehr ich das »Angesicht« entbehre. Wer sieht denn mein Gesicht, und wer zeigt mir wirklich das seine? Wann habe ich zum letzten Mal einem Menschen ins Antlitz gesehen, ihn so gesehen, wie Gott ihn gemeint hat, aufmerksam, liebevoll, ohne Vorurteile? Die meisten Menschen sehen sich nicht an, wenn sie miteinander reden. Das Aneinander-Vorbeireden beginnt damit, dass man das Gesicht des anderen nicht sieht. Wenn mich kein Mensch ansieht, dann möge Gott mich ansehen. Ihm oder der göttlichen Mutter allen Lebens zeige ich mein Gesicht und verberge nichts. Sie sieht mich an, sanft und liebevoll – auch streng, wenn es sein muss.
– Du hast viel zu lernen.
– Ja, ich weiß.
– Du hast eine Chance bekommen durch diese Prüfung.
– Ich weiß.
– Nütze sie.
– Das will ich doch, aber ich vergesse es, wenn ich durchhänge, wenn die Mauern des Alten, die Lebensfehler von Generationen mich verwirren.
– Lass das Alte, es geht dich nichts mehr an. Lass die anderen gewähren, die noch daran hängen und ihr Leben danach ausrichten. Kritisiere sie nicht. Lehne sie nicht ab, aber du lebe anders. Du hast einen Weg zu gehen.

So hätte auch die Frau am Wasser sprechen können.

Ich habe noch einen Psalm gefunden, der mir gut gefällt und gerade jetzt zu mir spricht. Es ist der 27. Psalm, und darin heißt es:

Mein Herz hält dir vor dein Wort: »Ihr sollt mein Antlitz suchen«. Darum suche ich auch, Herr, dein Antlitz.

Ich habe es gesucht im Spital, wenn mir elend war, aber auch früher, in jeder Krise, wenn ich betete: »Hebe dein Angesicht auf mich...« Oft nur diese Worte. Sie waren mir mehr wert als jedes formale Gebet. Das große Vertrauen, das aus der schlichten Bitte spricht, angesehen zu werden, hat es mir angetan. Hier kann das Menschenantlitz die Begegnung mit dem göttlichen suchen. Es ist da, es lässt sich finden, es kann sich auf mich erheben, und es kann leuchten über mir. Davon geht Gnade aus. Dann halte ich schweigend still.

Mir ist so wohl heute. Ich war mit einer Nachbarin beisammen. Wir saßen uns stundenlang in einem kleinen italienischen Lokal gegenüber und gingen dann noch zusammen ins Belvedere. Immer sahen wir einander an, wenn wir miteinander sprachen. Ihre Augen sind mir ganz nah, sprühende, blaue Augen, die ich lieb gewonnen habe. Berührt mich nicht das göttliche Antlitz, wenn ich in das Gesicht dieser Frau blicke und aus mir herausgehe wie schon lange nicht mehr? Erst dachte ich, sie kümmert sich nur um mich, weil sie Mitleid hat, weil sie weiß, dass ich alleine bin und jeden Tag zur Bestrahlung fahren muss. Dann merkte ich, dass sie gern mit mir zusammen ist, dass auch sie zu strahlen anfängt, wenn wir uns unterhalten. Sie ist lebhaft, von überschäumendem Temperament, eine echte Französin, aber immer unaufdringlich und taktvoll. Sie weiß, dass ich Krebs habe, aber sie behandelt mich nicht wie eine Kranke. Wir sind unbeschwert zusammen und fröhlich.

Die nette Assistentin auf der Radioonkologie hat vorgeschlagen, ich solle mir vorstellen, wie das Lymphom unter den Strahlen wegschmilzt wie Schnee in der Sonne. Das könnte mir helfen, die Angst vor den Strahlen loszuwerden, meinte sie. Das Bild gefällt mir. Es ist sanft, nicht aggressiv. Nun habe ich wirklich kaum mehr Angst, wenn ich zu den Bestrahlungen fahre, aber um Segen bitte ich trotzdem, wenn ich das brummende Geräusch des Apparates höre. Die Schluckbeschwerden werden allmählich spürbar. An der kleineren Operationsnarbe, die im Bestrahlungsfeld liegt, ist eine eitrige Pustel entstanden. Sonst weist meine Haut keine Reaktionen auf.

Heute habe ich nach der Bestrahlung etwas Besonderes vor: den Besuch einer Ausstellung der Antlitz-Bilder des russischen Malers Alexej von Jawlensky, von den Anfängen bis in seine Spätzeit, als er schon fast erblindet war. Jawlensky hat mit seinen Köpfen moderne Ikonen geschaffen. Ein Gesicht ist ihm, wie er sagte, »ein Gefäß für das All, für den Himmel und das Göttliche«. Als er schon fast gelähmt war und unter furchtbaren Schmerzen litt, malte er, den Pinsel mit beiden Händen haltend, eine Serie kleinformatiger Meditationsbilder – Fenster in die Ewigkeit: »Meine Kunst ist eine Meditation, ein Gebet in Farben.« Wahrhaftig, das sind sie.

Zuerst befremdet es mich, dass diese schlichten Meditationsbilder, abstrakte Köpfe nach dem gleichen geometrischen Modell, zwischen all den prunkvollen sakralen Kunstobjekten des Diözesanmuseums angebracht sind. Aber dann vergesse ich die opulenten Schnitzereien und vergoldeten Bildwerke, die juwelenbesetzten Monstranzen und Messkelche, wenn ich mich in diese Bilder versenke. Das ist die Art von Kunst, die mich jetzt am meisten anzieht: die schlichteste Form mit der größten Transparenz. Wie die alten russischen Ikonen sind dies keine Darstellungen des Göttlichen, sondern sie vermitteln die Präsenz Gottes. Dafür bin ich empfänglich geworden. Vor Jahren sah ich eine Ausstellung, die auch einige der späten Köpfe Jawlenskys enthielt. Sie berührten mich, aber in meiner Einnerung verblassten sie gegenüber den farbenfrohen Bildern, den Landschaften und Porträts aus der Murnauer Zeit. Erst jetzt packen die Antlitz-Bilder mich wirklich. Sie werden mich nicht mehr loslassen.

Wie hat es sich gefügt, dass ich gerade jetzt auf Jawlensky stoße, da das Antlitz mir so wichtig geworden ist. Diese Bilder, die ein schwer leidender Künstler sich abgerungen hat, katapultieren den Betrachter unmittelbar in das göttliche Milieu. Es gibt Bilder mit dem Titel »Stummer Schmerz«, »Entsagung«, »Mea culpa«, »Antlitz mit Dornenkrone«, aber auch mit Titeln wie »Licht«, »Nach dem Sturm«, »Karma«, »Das Schweigen«, »Arabisches Märchen« und »Großes Geheimnis«. Man muss die Titel dazu lesen, dann auf Wanderschaft gehen in den Bildern und später die vom Künstler gewählten Überschriften noch einmal dagegen halten.

Ich bin satt von diesen Bildern wie von einem stärkenden Mahl. Es ist meine erste Unternehmung in dieser angespannten Zeit. Die Innenstadt ist voll von Touristen. Wie heiter es ist, durch die Straßen zu schlendern, vorbei an den restaurierten Fassaden alter Häuser, in der Fußgängerzone, vorbei an bunten Straßencafés, Bäumen und Blumenbeeten. Unsere Stadt ist schön geworden. Sie hat einen überschaubaren Kern, den man bequem zu Fuß durchwandern kann. Es muss den ausländischen Besuchern angenehm sein, dass man eine so alte, historisch gewachsene Stadt so leicht erobern und gleichsam in die Tasche stecken kann. Vielleicht sehe ich deshalb so viele fröhliche, lachende Gesichter.

Es ist schön, nach so langer Zeit wieder einmal in einem Kaffeehaus zu sitzen. Früher ging ich öfters in ein Kaffeehaus, wenn ich in Wien war, bestellte eine Melange und ließ mir Zeitungen bringen. Dabei hatte ich immer das Gefühl, dass man im Kaffeehaus mit jemandem verabredet sein sollte, statt so allein herumzusitzen. Es war mir nicht möglich, die freundliche Anonymität wirklich zu genießen. Heute ist es anders. Ich genieße sie sehr und fühle mich vollkommen berechtigt, hier zu sein.

Das Wochenende ist regnerisch. Nach der Hitze und den Gewitterstürmen kommt endlich der Regen. Ich gehe mit den Baoding-Kugeln in der Wohnung auf und ab. Wenn ich sehr langsam gehe, brauche ich von einem Ende zum anderen exakt drei Minuten. Wenn ich für die stille Meditation zu unruhig und ungesammelt bin, fällt mir dieses Gehen mit den leise klirrenden Kugeln in meiner Hand am leichtesten. Das rhythmische Schreiten und Atmen übt eine beruhigende Wirkung aus. Wieder meine ich zu spüren, wie meine Körperorgane sich mit der Chi-Kraft verbinden. Das geschieht auf einer subtilen Ebene, so dass man in sich hineinhorchen muss, um es wahrzunehmen. Nach diesen Gängen, die ich bis zu einer Dreiviertelstunde ausdehne, bin ich körperlich müde, aber geistig erfrischt und in heiterer Stimmung.

Durch das Hin- und Herwandern in allen Räumen mache ich mich wieder mit der Wohnung vertraut, in der schon meine Großeltern gelebt haben, in der meine Mutter und ihre Brüder aufwuchsen, in der ich während des Studiums wohnte, in der meine Schwester seit vielen Jahren lebt und in die ihre Tochter, mein Patenkind, hineingeboren wurde. Es ist eine mit alten Dingen angeräumte Wohnung in einem Wiener Zinshaus der Jahrhundertwende. Früher hatte ich das Bedürfnis, ihr zu entfliehen, um die Vergangenheit hinter mir zu lassen, um nicht immer Dinge zu benützen, die andere angeschafft und mit ihrem Leben erfüllt haben. Ich wollte eine moderne Wohnung mit meinen eigenen Sachen. Die hatte ich dann auch, kleine, helle Zimmer, in denen es keine Antiquitäten und nichts Überflüssiges gab. Die Silberstücke, die meine Mutter mir aus dem Familienbestand im Lauf der Jahre geschenkt hat, stellte ich in Tücher gewickelt in den Schrank. Sie paßten nicht zu meinen Schleiflackmöbeln. Sie paßten nicht zu mir.

Kann man das Alte, das Überkommene und Ererbte so einfach hinter sich lassen und in einem Schrank verstecken?

Meine Schwester hat Recht, die alten Sachen in Ehren zu halten und zu pflegen. Sie hat Recht, mit ihnen in Frieden zu leben. Wie viel Gastlichkeit haben diese Räume gesehen, wie oft ist hier der Tisch gedeckt worden für Freunde, mit dem Silber, den alten Gläsern und dem guten Porzellan. An diesem Tisch werkten in der Adventzeit die Bastlerinnen für ihren Weihnachtsbasar, gestärkt mit Punsch und hausgemachter Bäckerei. Die einst kalte und ungemütliche Küche hat meine

Schwester heimelig gemacht mit vielen, auf dem Flohmarkt erstandenen Dingen. Es hat sich viel Krimskrams angesammelt, Nützliches und Schönes, aber auch Überflüssiges, das einfach stehen geblieben ist und nie entrümpelt wurde. So können auch Gespräche sein, Beziehungen – voller Gerümpel.

Wenn meine Schwester den alten Dingen Raum geben will, warum nicht? Es gibt auch Schönes in der alten Wohnung, manches stilvolle Möbelstück und das große Bild des Kinderporträtmalers Karl Fröschl von meinem Vater und seinen Schwestern, das in schwerem Goldrahmen im Esszimmer hängt. Ich freue mich jedes Mal, wenn ich mit meinen singenden Kugeln daran vorübergehe. Es ist Zeit, mich mit dem Vater zu versöhnen. Er hat es selbst nicht leicht gehabt. Auch auf ihm lasteten die Lebensirrtümer von Generationen. In dem munteren Kindergesicht des kleinen Buben im Matrosenanzug deutet nichts auf die späteren Tragödien. Ein so verschmitzt dreinblickender Knirps ist mein Vater einmal gewesen, und seine Schwestern waren kleine Ballerinen in weißen Spitzenkleidern. Ich kannte nur eine von ihnen, die so alt war wie ich, als sie Krebs bekam, an dem sie nicht starb.

Das Richtige wäre, den alten Sachen eine Zärtlichkeit zu bewahren, ohne sich an sie zu binden. Es ist gut, dass meine Schwester sie in ihrer Obhut hat. Sie hat mehr Sinn für ererbten Besitz, und daher fällt ihr auch mehr zu. Ich habe diese Begabung nicht und erlebe immer wieder, dass mir Dinge, die ich zu besitzen glaubte, abhanden kommen. Ich muss begreifen, dass es in meinem Leben um etwas anderes geht.

Es werden neue Aufgaben auf mich zukommen. Sie werden wehtun, weil sie Abschied bedeuten und Verzicht; Abschied von alten Lebensformen, Verzicht auf die Geborgenheit des Hergebrachten, aber sie erfüllen mich auch mit Freude und Erwartung. Jeden Morgen, wenn ich erwache, denke ich daran. Es ist kein bewusstes Denken, eher ein Vorstadium, ein Sinnen und Empfinden. Ich bin in eine andere Haut geschlüpft. Es wird sich zeigen, was mir aufgetragen ist. Ich stelle mir nichts Dramatisches vor, nur *meinen* Weg, durch das Alte hindurch in Neuland, wie immer dieses beschaffen sein mag. Jedem Menschen in einer ähnlichen Lage steht ein solcher Anfang bevor. Es gibt immer etwas Altes, das man hinter sich lassen muss, bevor das Neue, das ans Licht will, Gestalt annehmen kann.

Zum schlechten Alten gehört, dass ich immer alles auf eine Karte gesetzt habe – auf *eine* Liebe, *einen* Erfolg, die Erfüllung *eines* Wunsches, als gäbe es keine andere Seite des Lebens, die mit Achtsamkeit und Respekt gelebt werden will. Die Beantwortung eines Briefes ist ebenso wichtig wie eine solgfältig gekochte Mahlzeit, der Besuch eines Freundes so wichtig wie die Vorbereitung auf eine Reise, die Heilung einer beschädigten Beziehung ebenso wichtig wie der neue Beruf, ein Spaziergang so wichtig wie die Lektüre eines fesselnden Buches. Alles ist wichtig und wert, dass ich ihm meine volle Aufmerksamkeit schenke. Bei allem hätte ich verweilen, alles hätte ich genießen können, aber da war immer das *Eine*, das mich absorbierte, so dass alles andere zu kurz kam. So habe ich meinen Körper vernachlässigt, während ich meinte, gesund zu leben. So habe ich mich in Arbeit vergraben auf Kosten von Freundschaften. Wenn ich mich entspannen wollte, kehrte der Kummer zurück, denn dann fehlte mir die Arbeit, um mich abzulenken. Einerseits wäre ich gerne mehr unter Menschen gewesen, hätte gerne neue Bekanntschaften gemacht, andererseits hinderte mich die Fixierung auf *einen* Menschen, *ein* Ziel, *eine* Wunschvorstellung eben daran. Es war ein Teufelskreis.

Schon in der Untersuchungsklinik sind mir die Webfehler im Muster meines Lebens aufgegangen. Damals habe ich um Hilfe gebeten. Jetzt bitte ich um ein liebendes Herz, denn wie soll ich leben ohne Liebe? Mein gelähmtes, von der Therapie erschöpftes Herz muss wieder grünen. In der Meditation, oder wenn ich durch den Botanischen Garten gehe, kommen mir dazu die besten Gedanken. Im Grunde denke ich gar nicht, oder an nichts Bestimmtes, es ist nur einfach wieder Raum da, die Bereitschaft zu empfangen, einen neuen Anfang zu machen. Manches muss in meinem Leben anders werden. Viel Ballast ist abzuwerfen – Ressentiments, Verwundungen, eine gewisse Engherzigkeit aus Furcht und Misstrauen, die ganze Skala der Ängste. Alles muss angeschaut und »gewendet« werden. Ich muss mir selbst Antlitz sein.

Wie oft habe ich den Spruch gehört, dass ein Mensch ab einem bestimmten Lebensalter sich nicht mehr ändern könne. Daran habe ich nie geglaubt. Wenn die Notwendigkeit einer Veränderung groß genug ist, finden sich auch die Wege. So sieht die Hoffnung aus, die ich jetzt habe. Ich bitte darum, dass sie mir erhalten bleibe. Wenn die unmittelbare Bedrohung vorbei ist, möchte ich nicht wieder in das alte Fahrwasser geraten. Meine Hoffnung gründet sich nicht auf mein gutes Blutbild oder auf den nächsten Röntgenbefund, auch nicht auf meine Zuversicht, die nächsten Jahre krebsfrei zu überstehen, sondern auf diese Wende, damit ich von innen her gesunden kann.

25. Juli

Zum letzten Mal zur Bestrahlung gefahren. Es war sehr heiß und schwül. Ein Krebspatient sollte bei solcher Witterung nicht mit öffentlichen Verkehrsmitteln durch die Stadt fahren müssen.

Die Ärztin zeigte mir bei unserem Abschlussgespräch den CT-Befund nach der letzten Chemo, den ich seinerzeit nicht bekommen habe. Die »Raumforderung« ist durch die zusätzlichen zwei Zyklen, die mich so belastet haben, kaum weiter zurückgegangen. Was vom Tumor übrig geblieben ist, misst jetzt vier Zentimeter, vorher waren es fünf. Diese Nachricht hat mich bedrückt, wenngleich nicht überrascht. Die Ärztin meint, dass durch die Strahlen jetzt »alles weg« sein müsse, doch mit Sicherheit lässt sich das nicht sagen. Die Bestrahlung wirkt noch eine Zeit über die Anwendung hinaus, und daher wird die nächste CT erst im Herbst gemacht. Dann wird man sehen, ob noch Krebszellen vorhanden sind.

Mit diesem Unsicherheitsfaktor muss ich leben. Mein Widerstand gegen die beiden letzten Chemos war groß, als hätte ich geahnt, dass sie nichts bringen würden. Oder war es vielmehr so, dass sie nicht wirken konnten, weil ich dieser Methode der Tumorvergiftung nicht mehr positiv gegenüberstand? Ich wollte durchhalten, aber mein Vertrauen war geschwunden. Die beiden letzten Zyklen haben mich zurückgeworfen. Das Blut erholte sich langsamer. Es sind Pannen passiert, die mich aufregten, und mit meinen Nerven bin ich ziemlich am Ende. Den Professor habe ich kaum mehr zu Gesicht bekommen. Ich bin zur Routinepatientin geworden wie alle anderen, schließlich war ich schon sechsmal auf der Station.

Jetzt bin ich auf mich gestellt. Was kann ich tun, um die Selbstheilungskräfte zu mobilisieren? Ich habe sie während der Chemotherapie angerufen, als ich am schwächsten war, und sie sind mir beigestanden. Ich lege mir ein Programm zurecht: Die Übungen sollen weitergehen, ich möchte mich viel in frischer Luft bewegen, die biologischen Mittel zur Stärkung des Immunsystems weiterhin nehmen und auf eine gesunde Ernährung achten. Meine Ärzte wollen von einem Zusammenhang zwischen Krebs und Ernährung nichts wissen, aber ich habe andere Informationen. Ich habe mir Literatur beschafft, die Krebs als ganzheitliches Geschehen, nicht als Erkrankung eines Organs betrachtet. Krebs, wie immer er sich manifestiert, ist eine Erkrankung des ganzen Organismus. Das Immunsystem bricht zusammen; der Stoffwechsel funktioniert nicht mehr. Die Ernährung beeinflusst auf jeden Fall den Stoffwechsel und daher auch das Immunsystem. Gerade der durch Chemotherapie und Bestrahlung geschwächte Patient sollte auf fettarme, vitamin- und ballaststoffreiche Kost achten. Die vor einem Jahr begonnene Umstellung meiner Ernährung möchte ich im Wesentlichen beibehalten und mit einer gemäßigten makrobiotischen Kost ergänzen.

Die äußeren Veränderungen lassen sich organisieren, die inneren sind schwieriger. Wie soll ich mit meiner Niedergeschlagenheit fertig werden? Wie soll ich die negativen Gedanken verscheuchen, die wieder angefangen haben, mich zwischen Schlaf und Wachen zu plagen? Es kostet mich wieder Mühe, durch einen Tag zu kommen. Es ist doch alles schon viel besser gewesen. Ich hatte das Gefühl, dem Leben neu geschenkt worden zu sein, und freute mich auf jeden Tag. Diese Freude möchte ich mir erhalten.

Vergangenes steigt auf und beunruhigt mich. In letzter Zeit fällt mir auf die Seele, wie einsam das Sterben unserer Mutter war. Sie hatte sich oft genug unsere Anwesenheit verbeten, wenn sie einmal im Sterben läge, aber war dieser Wunsch, im Affekt gesprochen, nicht in Wahrheit ein Hilferuf? Er verletzte uns, aber er war ein Ruf nach Liebe, und wir haben ihn nicht gehört. Sie starb wenige Tage, nachdem sie ins Krankenhaus eingeliefert wurde, allein, ohne uns.

Zum neuen Programm wird gehören, auch dort zu lieben, wo keine Seelenverwandtschaft besteht; die Kränkungen loszulassen, die zwischen nahe stehenden Menschen unvermeidlich sind. Das wäre schon etwas. Die Differenzen mit mehr Humor betrachten. Weniger darauf achten, ob ich gehört werde, sondern selbst hören. In dem noch fremden Land, in dem nichts an meine Vergangenheit erinnert, gehen lernen ohne einen anderen Wegweiser als die Liebe.

Die nicht gelebte Liebe hat mir ein Loch in die Seele gebrannt. Ich weiß, dass ich nicht gesund werden kann, wenn nicht mehr Liebe in mein Leben kommt. Es gibt so viele Wege der Liebe. Es muss nicht der große Geliebte sein, die Erfüllung durch einen geliebten Lebenspartner oder eigene Kinder. Es gibt so viele Möglichkeiten zu lieben – das Morgenlicht, das unter den Jalousien in mein Zimmer dringt, ein neuer Tag! Alles, was ich tue, jeder Handgriff könnte mit Sorgfalt und Liebe getan werden. Erst recht die größeren Dinge, einen guten Brief zu schreiben, jemanden anzurufen oder zu mir einzuladen, ein gutes Gespräch zu führen, meine Arbeit am Schreibtisch, die mir wichtig ist, aber nicht das Wichtigste in meinem Leben sein soll. Wenn ich mit mehr Gelassenheit, Sorgfalt und Liebe durch den gewöhnlichen Alltag gehe, werde ich eher in der Lage sein, die richtige Entscheidung zu treffen, wenn sich eines Tages das Außergewöhnliche ereignet: die große Chance, die große Liebe – oder ein großes Unglück.

Liebe braucht Mut. Sich hinzugeben, auf alle Stützen des Egos zu verzichten, braucht gewaltigen Mut. Früher, wenn ich in den See hinaus schwamm und fürchtete, weit draußen im Tiefen, wo mich kein Mensch hören konnte, einen Wadenkrampf zu bekommen, brauchte ich immer eine Portion Mut, um diese Angst im kalten Wasser zu überwinden. Ich erinnere mich, dass ich mich an den Augenblick hingab, der wohlig und erregend war, wie das Wasser meinen Körper sanft streichelte, wie er sich dehnte und streckte und mit jedem Tempo größer und kräftiger wurde. Mit jedem Atemzug wuchs meine Freude und Sicherheit. Da verlor ich die Furcht vor einem Krampf. Ich dachte gar nicht mehr daran.

Menschen, die ihr Leben hingeben für eine Sache, sind immer starke Menschen, die das Leben lieben. Die Geschwister Scholl fallen mir ein, auch die Verschwörer des 20. Juli. Der, den ich verloren habe, sagte mir einmal, dass er sein Leben für mich hingeben würde. Ich hielt das für eine pathetische Redensart und glaubte ihm nicht. Heute glaube ich ihm. Er war stark, er liebte das Leben, und seine Bereitschaft, sein Leben für mich hinzugeben, entsprang der Kraft seiner Liebe. Das verstand ich damals nicht. Ich hatte nur wenig Vertrauen zum Leben und zu mir selbst. Wie sollte ich da an die Liebe glauben?

Er weiß nicht, dass ich Krebs habe, und wenn er es wüsste, würde es nichts daran ändern, dass ich ihn verloren habe, aber ich kann eine neue Haltung üben: offen zu sein auch für das Fremde, das ich nicht verstehe; Vertrauen zu haben, dass die Liebe nachträglich auch die ältesten Wunden heilt, die in den Brunnen des Vergessens gefallen sind; die Demut zu üben, dass die eigenen Schmerzen nicht das Wichtigste sind, dass auch andere leiden. Das Loslassen ist zu üben. Immer wieder komme ich auf diesen Punkt zurück.

In einer im Radio übertragenen Morgenfeier hörte ich am vergangenen Sonntag ein Gedicht mit der Einladung »zu tanzen bis in die Mitte des Gottesherzens hinein«. Wir sollen unsere Klause verlassen und die Hände ausstrecken nach dem All, das uns umgibt. Vor uns liegt nichts als die Ewigkeit. Das machte mich fröhlich und gab mir neuen Mut. Überall ist Hoffnung.

6 Haus der Lemuren

Der Umzug ist über die Bühne gegangen, und Anfang Oktober trete ich den bewilligten Kuraufenthalt im Bayerischen Wald an. Es ist schön hier, in dieser malerischen Landschaft bewaldeter Hügel, Felder und Flusstäler. Die Klinik hat ihre eigene Quelle, aus der ich jeden Morgen einen Tagesvorrat schöpfe, ein leicht säuerliches, eisenhaltiges Wasser, das ich köstlich finde.

Wir sind lauter Krebskranke, die eine Therapie hinter sich haben, und sollen uns hier erholen. Meine Mitpatienten, vorwiegend ältere Menschen, zum größten Teil Frauen, machen auf mich einen freundlichen, überangepassten und zugleich depressiven Eindruck. Die meisten haben eine schwere Operation und Bestrahlungen überstanden. Niemand spricht offen über den Krebs, der alle aus ihrem Lebensrhythmus, aus ihrem Berufsleben oder Ruhestand gerissen hat. Die beiden Frauen an meinem Tisch scheinen sich zu schämen, dass ihnen der Krebs »passiert« ist. Er ist peinlich und gehört sich nicht für ein ordentliches Leben.

Das Ambiente in der Klinik bedrückt mich. So klein und zaghaft habe ich mich noch nie gefühlt wie unter diesen Menschen. Es werden Höflichkeiten ausgetauscht, es wird beschwichtigt und herumgeredet. Man drückt sich aneinander vorbei, erwidert mit betonter Fröhlichkeit einen Gruß und hat sich nichts zu sagen aus lauter Verlegenheit und Angst, dem anderen zu nahe zu treten. Das Leben scheint stillzustehen. Diese Menschen haben kapituliert, sie leben nicht mehr, sie sind schon tot – Lemuren. Das sind keine Rekonvaleszenten, die sich auf ein neues Leben in Gesundheit vorbereiten, sondern die resigniert im Schatten ihrer Krankheit existieren.
Mich packt ein Zorn auf diese Leute, die alle Schlimmes hinter sich haben, und auf mich selbst, weil ich mich von dieser At-

mosphäre habe anstecken lassen. Sind alle Krebspatienten so, oder ist es das, was sie zu Krebspatienten macht? Es sind die nettesten, unauffälligsten Menschen unter ihnen, hilfsbereit und zuvorkommend, Leute, die einem gern eine Gefälligkeit erweisen. Sind Krebspatienten in England, Frankreich oder Amerika anders als in Deutschland oder Österreich? Sind sie anderswo weniger gehemmt, weniger auf Wohlverhalten dressiert? Die Menschen, die mir im Speisesaal und in den Wartezonen vor den Behandlungsräumen begegnen, sind von einer Zaghaftigkeit, die sich mir aufs Gemüt schlägt. Auch die Jüngeren unter ihnen machen den Eindruck, ausgebrannt, vom Leben verbraucht zu sein. Diese Klinik würde die umstrittene These bestätigen, dass es doch einen »Krebstyp« gibt. Ich empfinde in ihrer Nähe eine Lebensebbe, ein Defizit, das meine Erschöpfung der ersten Tage noch verstärkt. Den Widerstand, der mir im Krankenhaus durch all die Hilfen, die mir zugute kamen, leicht fiel, muss ich mir hier erkämpfen.

Ich werde diese Atmosphäre nur aushalten, wenn ich mir eine eigene Welt aufbaue aus den mitgebrachten Büchern, meinen Übungen (sehr wichtig!) und dem Tagebuch. Vor allem will ich viel hinausgehen in diese goldene Herbstlandschaft. Gerade für Krebspatienten ist gute Luft überaus wichtig, und ich trinke sie in mich hinein, wenn ich über die Hügel gehe, auf denen immer der Wind weht, oder den Duft des nassen Laubes auf einem Waldweg einatme. Die Luft ist das reine Lebenselixier. Die meisten Patienten gehen nicht viel hinaus, sondern begnügen sich mit einer kleinen Runde auf den bequemen Spazierwegen hinter der Klinik oder suchen ein Kaffeehaus auf und die gemütlichen Wirtsstuben, an denen diese Gegend so reich ist.

Unter meinen Büchern ist das Geschenk einer Freundin. Ich habe es mitgenommen, um es hier in Ruhe zu lesen, und wieder mache ich die Erfahrung, dass mir das Richtige gerade zum rechten Zeitpunkt begegnet. Der Autor, Lama Yeshe, ist ein tibetischer Meister und Lehrer des tantrischen Buddhismus. Dieses aus Vorträgen und Gesprächen zusammengestellte Buch hat mir das Herz leicht gemacht.[13]

Die Lehren von Lama Yeshe sagen mir im Grunde nichts Neues, aber ich habe diese Weisheit aus den Augen verloren. Der Buddhismus lehrt, dass viel menschliches Elend aus den Illusionen kommt, die das falsche Begehren und das Festhalten daran erzeugen. Tantra handelt von der Transformation von negativer in positive Energie. Die Fähigkeit dieser psychischen »Alchimie« – der Umwandlung des Unreinen in Reines – ist in jedem Menschen angelegt. Jeder trägt den Stein der Weisen, das Vermögen, *ganz* zu werden, in sich.

»Tief in unserem Herzen, im Herzen aller Lebewesen ohne Ausnahme, ist eine unerschöpfliche Quelle von Liebe und Weisheit.«[14]

Einem Satz wie diesem kann ich lange nachsinnen. Tantra bejaht die Freude, die *wahre* Freude, die dann entsteht, wenn unser Wünschen und Verlangen sich läutert. Nicht die Lust an sich ist schädlich, sondern das gierige, besitzergreifende Begehren, die nackte Lebensgier im buddhistischen Sinn. Sie ist es, die Unfreiheit und damit Leiden schafft. Wie sehr das deutsche Wort »Leiden-schaft« diesen Zusammenhang andeutet. Nicht Weltentsagung ist gemeint, die so oft irrtümlich für die buddhistische Grundeinstellung gehalten wird, sondern das tibetische Wort »Tantra« bedeutet das »endgültige Aussteigen« oder »Auftauchen« aus der Illusion, dass die Lust, die wir gewöhnlich suchen, zum Glück führen könne. Dieses Aussteigen aus der Illusion ist mehr ein erkennendes Loslassen als ein schmerzlicher Verzicht. Letztlich ist auch das Bild, das wir von uns selbst haben, eine Illusion und dem Wandel unterworfen wie alles in der Welt. Wir klammern uns an diese Bilder und leiden, wenn die Diskrepanz zwischen ihnen und der ständig im Wandel begriffenen Wirklichkeit zu groß wird. Wie oft habe ich das getan. Dann braucht es ein Unglück, einen Schicksalsschlag, eine lebensbedrohende Krankheit, um uns aus der Illusion zu reißen. Das wahre Ich oder Selbst ist viel größer als das kleine Ego unserer Vorstellungen, eben eine »unerschöpfliche Quelle von Liebe und Weisheit«. Auch Gesundheit ist nach dieser Lehre weitgehend ein Resultat der

Vorstellung, die wir von uns selbst haben. Nur so lassen sich die »Spontanheilungen«, unter anderem bei Krebs, erklären, als müsste erst eine schöpferische Prägeform da sein, bevor der schwerfälligere Leib dieser Aufforderung folgen bzw. seine Selbstheilungskräfte entfalten kann.

»Wenn wir daher wirklich den Wunsch haben, zur Befriedigung einer vollständigen Selbsterfüllung zu gelangen, müssen wir einen Weg finden, uns von der Tyrannei der gewöhnlichen Erscheinungen und Begriffe zu befreien. Wir müssen mit dem Herzen begreifen, wie verheerend es ist, wenn wir uns in der groben, einschränkenden Weise zu unserem Körper und Geist in Beziehung setzen wie bisher.«[15]

Lama Yeshes Lehren – zu Papier gebracht von Schülern, die jahrelang mit ihm gearbeitet haben – sind ein wahres Tonikum. Ich bin überrascht, wie klar er einige meiner grundsätzlichen Fehlhaltungen auf den Punkt bringt, das ganze begrenzende, dualistische Denken. Auch hier werde ich zurückgeführt zu dem nötigen Loslassen, und dieses mündet in die Vergebung und die Barmherzigkeit. Ja, auch dieses buddhistische »Auftauchen« ist eine Möglichkeit.

Ich kann nicht erwarten, dass ich in der Lage sein werde, diese Lehren sofort umzusetzen, aber immerhin bin ich damit durch den Tag gekommen und gewinne wieder inneren Abstand und ein wenig Gelassenheit. Mein Krebs, ob geheilt oder nicht, ist nicht das Wichtigste. Es geht um Wandlung, mit oder ohne Krebs.

Ich gehe gelöster zum Essen als sonst und kann mich auf meine Tischgenossinnen einlassen, ohne Kritik zu üben und mich über die verkrampfte, nichts sagende Konversation aufzuregen. Wie merkwürdig, dass diese Form des Abstandnehmens nicht Distanz und Fremde, sondern Nähe schafft.

Ich lerne Frau D. kennen, eine junge, brustoperierte Patientin. Obwohl ihr ein Tumor und Lymphknoten entfernt wurden, ist sie voll bewegungsfähig und unheimlich gut drauf, wie sie selbst sagt. Sie betrachtet sich als völlig gesund und sieht wahrhaft blühend aus. Sie erzählt mir, dass fast ihre ganze Verwandtschaft der älteren Generation an Krebs gestorben ist. Sie ist felsenfest davon überzeugt, dass sie diesem Schicksal entrinnen wird. Wenn ich sie so vor mir sehe, glaube ich es sofort.

Wir beschließen, einen Spaziergang zu unternehmen, und wandern eine sonnige Landstraße entlang. In diesem Herbst biegen die Obstbäume sich schier unter der Last der Früchte. Überall liegen reife Äpfel auf den Wiesen. Die Fülle ist so groß, dass keiner sie erntet und die Bauern froh sind, wenn man ein paar Äpfel aufklaubt. Wir entdecken eine Wiese, auf der die schönsten rotbackigen Äpfel im Gras liegen. Wir füllen unsere Taschen und wandern bis zu einer Bank, wo wir uns niederlassen und die Äpfel verzehren.

Frau D. steckt mich an mit ihrer Fröhlichkeit, und die Last des Aufenthalts in dieser Reha-Klinik fällt plötzlich von mir ab. Nein, es gibt nicht nur Lemuren hier. Am Nachmittag haben wir uns im Schwimmbad verabredet. Sie sieht wunderbar aus in ihrem schmalen Badeanzug, schlank, sonnengebräunt, fast hätte ich gesagt: strahlend vor Gesundheit. Sie wirft mir die Plastikkissen zu, mit denen man im Wasser so lustig spielen kann. Kein Mensch würde auf die Idee kommen, dass dieser straffe, jugendliche Körper eine schwere Krebsoperation und fünfzig Bestrahlungen hinter sich hat. Davon ist ihre Brust ganz schwarz geworden, wie sie erzählt. Als ihr Mann sie mit ihren rosa und violetten Markierungen sah, war sein zart fühlender Kommentar: »Du schaust ja aus wie die reinste Schlachtsau!« Sie kichert. »Wissen Sie, mein Mann und ich, wir haben so einen Ton miteinander.«

Wie sie nach dem Schwimmen in ihrem hübschen Bademantel in der Liegehalle neben uns liegt und sich lebhaft nach rechts und links unterhält, denke ich mir: Diese Frau wird geliebt, und sie liebt selbst. Sie ist verheiratet und hat ein behindertes Kind, das ihre ganze Freude ist. Sie hat mir viel von ihrer kleinen Tochter erzählt. Ich spüre, wie glücklich sie ist trotz dem Unglück ihrer Krankheit. Wie reich ist diese Frau,

177

und wie erfrischend wirkt sie auf andere. Immer findet sie etwas, womit sie anderen eine Freude machen kann. Mir hat sie mit ihrem zweiten Badeanzug ausgeholfen, weil ich meinen vergessen habe. Nach ihrer Abreise finde ich ihn mit einem Briefchen in meinem Postfach. Sie hat ihn mir als Geschenk hinterlassen.

Der Krebs war in ihrem Körper, aber nie in ihrem Bewusstsein. Sie hat ihm keine Macht über sich eingeräumt.

Ich führe ein Gespräch mit der aufgeschlossenen jungen Kurärztin, die den zuständigen Arzt vertritt. Sie bestätigt aus ihrer Erfahrung, dass fast alle Krebspatienten schwer an einer bestimmten Lebensbürde tragen, aber nicht daran rühren wollen. In den Gesprächsgruppen stellt sich das immer wieder heraus. Die Leute wollen auch während der Reha aus ihrem grauen Alltag und der Banalität ihres Lebens nicht heraus. Sie haben Angst davor, tiefer zu gehen und an die wahren Probleme zu rühren. Da ist die Patientin an meinem Tisch, die sich darüber empört, dass ihr in den Gesprächsgruppen zugemutet wird, ihre Probleme bloßzulegen: »Das geht diese wildfremden Menschen doch gar nichts an, was ich für Probleme habe!«

Sie verlässt die Gruppe, wie die meisten anderen auch, und beschäftigt sich lieber im Werkraum für künstlerisches Gestalten mit der Herstellung marmorierter Seidentücher. Sie beherrscht die Technik schneller und besser als andere und kann einen ganzen Stapel dieser bunten Tücher mit nach Hause nehmen. Andere schnitzen etwas aus Speckstein. In der Werkstatt herrscht immer gute Laune. Die Patienten tauen auf und unterhalten sich miteinander. Daneben gibt es auch einige, die einsilbig und verbissen mit ihren Farben und den Schnitzwerkzeugen hantieren, als gälte es, ein Meisterwerk herzustellen. Sie haben sich unter Druck gebracht. Sie schwitzen.

Vom Krebs spricht niemand. Hier können sie ihn vergessen, auch Frau W., die ein Seidentuch nach dem anderen aus dem Kleisterbad zieht. Nur einmal erwähnt sie, dass sie im Krankenhaus aus Angst vor einer Chemotherapie geweint habe. Ihr

Sohn ist Mediziner und hat sie darüber aufgeklärt, was eine Chemo im Körper anrichtet. Sie war erleichtert, ja geradezu glücklich, dass sie mit einer Totaloperation und Bestrahlungen davonkam.

Ich schließe mich der Schnitzgruppe an. Ich arbeite an einem Delphin aus einem fast transparent wirkenden rosa Speckstein. Er soll zu Hause auf meinem Schreibtisch liegen. Ich mag Delphine, diese sonderbaren Tiere des Meeres, die den Menschen so zugetan sind und ihnen so wohl tun, dass sie sogar in der Psychotherapie eingesetzt werden. Sie nehmen Kontakt mit Menschen auf und kommunizieren regelrecht mit ihnen, umkreisen sie im Wasser und tanzen mit ihnen. Es ist geradezu, als wäre es den Delphinen ein Bedürfnis, sich dem Menschen zu nähern. Etwas Geheimnisvolles verbindet ihr Bewusstsein mit dem unsrigen. Während ich versuche, mit einem spitzen Werkzeug das charakteristische »Lächeln« des Delphins aus dem Stein zu meißeln, muss ich selber lächeln.

Es ist schön, etwas zu schnitzen, einen Stein zu bearbeiten. Der alte Traum fällt mir wieder ein, der mir auftrug, ein großes Schnitzwerkzeug in die Hand zu nehmen, mich nicht mit einem Taschenfeitel zu begnügen. Schnitzen – das lässt sich auf vieles übertragen. Etwas herausholen aus einem Material in einem bewussten, vielleicht schwierigen Gestaltungsprozess, eine Gestalt schaffen. Das kann Materie sein wie dieser kleine Delphin, den ich aus einem kantigen Stein herausschneide, -feile und -bohre und mit Sandpapier poliere. Das können die Bilder sein, die ich vor Jahren einmal aus Ton anfertigte in einem schöpferischen Rausch, den ich später nie wieder so erlebte. Oder habe ich ihn mir nicht mehr gegönnt? Das können die selbst entworfenen Kleider sein, die ich zuerst für meine Puppen, dann für mich, meine Schwester, meine Mutter und meine Nichte schneiderte. Seit Jahren habe ich nichts mehr gemacht. Es kann auch etwas ganz anderes sein – ein Gespräch, das einer aus einem verschlossenen und bedrückten Herzen heraufholt, so wie Frau D., die schwerer krank war als ich, mich zum Sprechen gebracht hat; oder ein gültiger Satz, den ich niederschreibe aus der Fülle der möglichen. Auch dazu braucht es ein Werkzeug, braucht es Stoff, auch davor bin ich unsicher und beklommen – wie vor dem ungestalteten Stein, dem Klumpen Ton, dem unzerschnittenen Tuch, dem leeren Blatt Papier. Es tut gut, Hand anzulegen, Gestalt zu geben, nicht irgendeine beliebige, sondern die, die der Stoff selbst verlangt, die ich ihm abringe im Einklang mit dem, was mich bewegt. In diesem Gestalten unter der Notwendigkeit einer Idee müsste, so geht mir durch den Kopf, während ich meinen Delphin mit feinem Sandpapier bearbeite, die äußerste Freiheit liegen. Eine solche Gebundenheit ist Freiheit. Ich habe sie mir allzu selten genommen. Wie lange liegen meine Hände schon brach.

Ein guter Handwerker ist vertraut mit seinem Material, kennt sein Werkzeug und hält es instand. Es rostet ein, wenn es nicht gebraucht oder vernachlässigt wird. Ein guter Handwerker vertraut die Form, die ihm vorschwebt, dem Material an. Daran, denke ich, hat es mir am meisten gefehlt. Der Stoff sollte mir gehorchen, meinem Kopf, meiner Vorgabe. Immer wollte ich machen, immer wollte ich leisten, bezwingen und etwas unter Beweis stellen. Zu selten habe ich gewähren lassen, was mein Schnitzmesser, was mein Stoff wollte. So ist oft etwas entstanden, dem die innere Wahrheit fehlte, ein Kunststück, aber kein Kunstwerk. Ja, auch ein Gespräch kann ein Kunstwerk sein, ebenso wie eine mit Liebe und Geschmack zubereitete Mahlzeit, wie ein gut gelebter Tag, ein rechtes Wort zur rechten Zeit.

Wenn es mir gelänge, das in den vergangenen Wochen und Monaten bewusst Gewordene wach zu erhalten und in kleinen Schritten zu meiner Wirklichkeit zu machen, dann könnte diese Wandlung ein »Lebenskunstwerk« sein. Ich kenne die Probleme jetzt und habe sie deutlich vor Augen, aber ich fürchte, dass der Impuls, der mich heute anspornt, irgendwann verblassen wird. Schon hat der Leidensdruck der akuten Erkrankung nachgelassen. Er wird weiter abnehmen, je mehr meine Genesung fortschreitet, und irgendwann vergisst man die guten Vorsätze. Ich möchte nicht, dass das geschieht.

Die Ärztin sagt mir: »Die meisten Menschen gehen zur Tagesordnung über, wenn sie die akute Gefahr überwunden haben. Sie wollen an ihrem Leben nichts ändern und programmieren sich selbst für einen Rückfall.«

Auch sie gebraucht in Zusammenhang mit Krebs das geläufige kriegerische Vokabular. Man muss eine »Schlacht schlagen« und »Verluste hinnehmen«. Das heißt, der Tumor muss »vergiftet« werden, und dieser »Attacke« fallen natürlich auch gesunde Zellen zum Opfer. Die Dunkelziffer dieser Verluste ist im konkreten Fall unbekannt und kann oft gar nicht vorausgesehen werden. Das ist ein Risiko, das in Kauf genommen werden muss, wenn man über den Feind siegen will. Die Alternative zu einer Chemotherapie sei nur der Tod. Man kann den Kampf gegen die Krebszellen nur gewinnen oder verlieren, und für den Sieg ist ein Preis zu bezahlen, der – zugegebenermaßen – hoch ist und schlechtere Voraussetzungen schafft für die nächste Schlacht. Jede Chemotherapie und Bestrahlung erhöht das Risiko des Rückfalls.

Es drängt mich immer wieder zu der Frage, was man tun kann, um das nach einer Chemotherapie geschwächte Immunsystem zu stärken, und bekomme schon deshalb keine klare Antwort, weil der Zusammenhang zwischen Immunschwäche und Krebserkrankung von manchen Ärzten bestritten wird, ebenso wie der Zusammenhang mit der Ernährung. Ich berichte von dem Fall eines an Lymphdrüsenkrebs erkrankten Amerikaners, der sich zweimal durch eine konsequente makrobiotische Ernährung geheilt hat.[16] Die Ärztin nennt das eine Spontanremission, die vielleicht einmal unter 10.000 Fällen vorkomme und auf ungeklärte Ursachen zurückzuführen sei.

»Das verstehe ich nicht«, antworte ich. »Der Patient hat ja etwas getan. Er hat seine Ernährung radikal umgestellt. Dadurch ist ein Heilungsprozess in Gang gekommen.«

»Nein, laut medizinischer Definition ist das eine Spontanremission, da die Heilung ohne äußeren Eingriff erfolgt ist.«

»Aber die Ernährung ist doch gewissermaßen ein Eingriff. Nach einem alten Sprichwort ist der Mensch, was er isst.«

Sie lässt es nicht gelten, und so sage ich nichts mehr, um die sympathische Ärztin nicht zu verärgern. Sie hat natürlich nichts gegen eine gesunde Ernährung einzuwenden und ermutigt mich, mit meiner fleischarmen, ballaststoff- und vitaminreichen Kost fortzufahren. Es wundert mich, dass in dieser Rehaklinik für Krebskranke dreimal täglich Fleisch serviert wird. Man hat versucht, mehr vegetarische Kost anzubieten, aber die Patienten beschweren sich, wenn nicht jeden Tag Fleisch auf den Tisch kommt. Sie billigen zwar die Vorträge über eine gesunde Ernährung, sind aber nicht bereit, ihre Essgewohnheiten zu ändern. Für den typischen Deutschen ist eine Mahlzeit ohne Fleisch kein Essen.

Wenn ich zur Rückenmassage komme, betrachte ich immer die Schauftafel vom Lymphsystem des Menschen und suche die Stelle, wo mein Lymphom gewachsen ist. Ich bin beeindruckt von der Schönheit des Lymphsystems und staune, wie die Lymphbahnen sich akkurat durch alle Gliedmaßen und Organe ziehen, ausgefächert wie eine Bewässerungsanlage, die einen weitläufigen Garten bis in den entlegensten Winkel mit Wasser versorgt. Die Tafel zeigt auch einen Ausschnitt des krankhaft veränderten Lymphgewebes, schwammige Wucherungen, durchsetzt von Nekrosen, abgestorbenen Zellverbänden. Der Regelmechanismus des Lymphsystems läuft im gesunden Zustand so reibungslos ab, dass man nichts davon merkt, auch im krankhaften geht es noch eine Weile gut, bis der ganze Organismus zusammenbricht. Die Lymphzellen geben nicht mehr die richtigen Informationen weiter, das System hört auf zu funktionieren, und ein hemmungsloses Zellwachstum nimmt überhand. Wie Herr N. neulich bei Tisch sagte: »Im Gegensatz zu den gesunden Zellen, die nach fünfzigmaliger Teilung absterben, haben Krebszellen das ewige Leben.« Sie vermehren sich identisch, während bei den gesunden Zellen bei jeder Teilung ein Teil der DNS verloren geht.

Lange muss das Lymphom in meinem Körper geschlummert haben, bis es anfing, virulent zu werden und zu wachsen, ohne dass ich davon etwas spürte. Meine Ärzte halten diesen Verlauf für typisch. Im Mediastinum ist viel Platz, wo eine Wucherung sich ausbreiten kann und noch lange keine Beschwerden verursacht. Dann drückt sie eines Tages auf die Gefäße, und wenn nichts geschieht, stirbt der Mensch.

Lange bleibe ich vor der Schautafel stehen. So schlank führen die Lymphbahnen mit ihren Knoten an Herz und Lunge, an der Speiseröhre und der Aorta vorbei. So möchte ich aussehen. So bin ich. Das ist mein gesunder Körper.

Die Fragen jenseits des Medizinischen kann ich mir nur selbst beantworten. Warum bin ich krank geworden? Was will mir die Krankheit sagen? Was bedeutet sie im Zusammenhang mit meiner Familie? Manches ist bei uns ungelöst, wie wohl bei den meisten Familien. Die Konflikte haben nicht erst in unserer Generation begonnen, sondern gehen weiter zurück. Ein gewisses Suchtpotential lässt sich erkennen, die Tendenz, über die wichtigen Dinge im Leben nicht zu sprechen, nicht einmal zu den nächsten Angehörigen. So manche Ehe wurde aus den falschen Gründen geschlossen, und dann blieb man ein Leben lang beisammen, zog Kinder groß, auf die man die eigenen Konflikte wieder übertrug. In den Männern stauen sich die Spannungen oft und entladen sich in cholerischen Anfällen und einem chronischen Zwang, ihre Frauen herabzusetzen. Spuren davon sehe ich noch bei entfernteren Vettern und Cousinen. So dreht sich die Spirale immer weiter, und Menschen leben bewusstlos nebeneinander her, ohne den anderen zu kennen, ohne sich selbst zu kennen. Gelegentlich kommt es zu größeren Katastrophen, einer Todeskrankheit, einem Zusammenbruch, einer psychischen Störung, einer Sucht. Der zeitweiligen Erschütterung folgt wieder das Schweigen, und alles Schwierige, Ungelöste wird wieder verdrängt. Soll das nie ein Ende haben?

In manchen Familien gibt es einen so genannten »Kummerfresser«. Das ist ein Mitglied der Familie, das die Probleme spürt, ohne sie lösen zu können. An ihm entladen sich die

Spannungen stellvertretend für andere. Ich glaube, dass ich gewisse Züge eines solchen Menschen habe. Die Probleme der anderen verknoteten sich mit meinen eigenen, und so lernte ich mich zu fürchten vor der Liebe, bis sie in meinem Leben verkümmerte. Ich musste erst selbst krank werden, um das zu begreifen und die größere Familienkonstellation zu sehen. Aber es muss nicht alles beim schlechten Alten bleiben. Warum nicht beim Nächstliegenden anfangen – mit einer guten Art, in diesem Haus zusammen zu leben, auf einander zu hören und zu versuchen, den anderen wahrzunehmen, wie er ist, statt der eigenen Projektion und den Vorurteilen von Generationen? Dieses offene Wahrnehmen lässt sich auf die weitere Umgebung ausdehnen, auf andere Beziehungen, auf die Nachbarschaft, unser bunt gemischtes Wiener »Grätzl«, auf andere Orte und alle Kreise, die das Leben zieht.

Was sind *Lemuren*? In der römischen Mythologie sind es die Geister der Verstorbenen, aber in einem weiteren Verständnis ist es jeder körperlich und seelisch erstarrte Mensch, der im Gefängnis seines Bewusstseins ein Schattendasein führt, der in seiner Haut eingezwängt lebt wie in einer verschlossenen Zelle. Der nicht aus sich heraus kann, auch wenn die Türen offen stehen; der sich in sein Elend verkrallt und nicht loslassen will; der an alten Wunden festhält und die Narben immer wieder aufreißt; der keinen Neuanfang machen will. Wie viele Verletzungen habe ich festgehalten bis zu der großen, die auch die Zeit nicht heilen konnte. Wie vielen Illusionen bin ich aufgesessen, schwammigen Wucherungen meiner Phantasie, meiner Wunschvorstellungen, bis sie die fließende Grenze zwischen Geist und Materie überschritten und sich als Krebsgeschwür in meinem Körper festsetzten. So hat die Scheinwirklichkeit sich zu einem lebensbedrohenden Klumpen zusammengeballt, und es bedurfte einer brutalen Therapie, um mit ihm fertigzuwerden. Ein grober Klotz braucht einen groben Keil. Das ging nicht mehr anders. Jetzt kommt es darauf an, den Klumpen auch im Bewusstsein aufzulösen und die Scheinwirklichkeit loszulassen, die mich im Bann hielt.

25. Oktober

In der Nacht bin ich mit »garbage thoughts«, Gedanken, die auf den Müll gehören (Lama Yeshe), wach gelegen und habe versucht, mich auf das weiße Licht zu konzentrieren, das in uns allen und über allem ist. Das ist eine gute Übung, wenn negative Gedanken über mich herfallen. Negativ ist alles, was rückwärts gewandt ist und auf der Stelle tritt, wie fruchtloses Bedauern, Schuldgefühle, Verzagtheit, Selbstmitleid, Selbsthass. Diese Gedanken möchte ich loslassen oder wenigstens einsehen, wie schädlich sie sind. Ich erschrak, als mir klar wurde, dass ich nicht imstande sein würde, auch nur einen Schritt vorwärts zu gehen, solange ich mit dieser Reinigung der Gedanken nicht weiterkomme.

Eine praktische Hilfe gegen die Gespenster der Vergangenheit sind die Anleitungen von Lama Yeshe. Diese Lehren sind einsichtig, gütig und voll Verständnis für alle menschlichen Irrungen. (War alles Unglück, das mich je betroffen hat, nicht »hausgemacht«?) Als lebender Meister und Zeitgenosse weiß er genau, mit welchen Fallstricken wir es zu tun haben und wie man sich davor schützt. Er identifiziert die »Müllgedanken«, die sich ins Bewusstsein drängen, und bezeichnet den Stufenweg, um sie loszuwerden. Er zeigt die kleinen, konkreten Schritte, die getan werden müssen, um die Wirklichkeit wahrzunehmen, wie sie ist. Selten erfährt ein Mensch den »Durchbruch zur Wirklichkeit« als eine blitzartige Erleuchtung. Meistens geschieht sie durch das Einüben kleiner Schritte im täglichen Lebensvollzug.

2. November. Allerseelen (Papas Geburtstag)

Über den bereiften Wiesen ging heute Morgen die Sonne auf. Die Nacht war unruhig. Ich musste oft aufstehen und lag dazwischen in einer Art von Wachschlaf. Mir träumte, dass ich meine Haare wieder hatte, eine lange, dunkle Lockenmähne. Ich konnte es nicht fassen und fuhr mir mit beiden Händen durch das Haar und weinte vor Freude. Einen Moment lang hegte ich die unsinnige Hoffnung, dass die Haare noch da wären, wenn ich erwachte.

So weit ins Unterbewusste ist also die Trauer um meine Haare abgesunken. Ich habe den Verlust seinerzeit weggesteckt als eine gänzlich unwichtige Begleiterscheinung der Therapie. Ich kann nicht einmal sagen, ich hätte ihn verschmerzt. Ich habe ihn kaum empfunden. Im Wachbewusstsein betrachte ich ungerührt die nachwachsenden grau melierten Stoppeln und bin abgefunden mit meinem neuen Aussehen, aber nachts feiert das Phantom meiner Haare fröhliche Urständ. Jetzt will ich nur an die Freude denken, die ich im Traum empfand, nicht an den Hauch von Trauer beim Erwachen.

Die Perücke habe ich abgelegt. Mit meinem Flaum kann ich mich schon sehen lassen.

Meine Tischgenossin Frau T. forderte mich gestern zu einem Spaziergang auf. Wir gingen zusammen ins Dorf und setzten uns auf ihren Wunsch in ein Kaffeehaus. Frau T. hatte Brustkrebs, und ihr rechter Arm ist völlig lahm. Sie nimmt ihre Behinderung hin, ohne zu klagen. Mit kleinen Tricks kleidet sie sich an, kocht, bewirtet Gäste, handhabt das Besteck, fährt Auto. Sie ist kein vom Leben enttäuschter oder verbitterter, sondern ein fröhlicher Mensch. Sie erzählte mir von ihrem Schwiegervater, den sie zu sich genommen und jahrelang gepflegt hat. Das war kein Opfer für sie, sondern ein selbstverständlicher Dienst an ihrer Familie. Ich bewundere Frau T. Bei Tisch habe ich sie als geschwätzig und ein wenig einfältig empfunden, aber nun merke ich, was für ein nobler, warmherziger Mensch sie ist. Die Krankheit hat ihrem Wesen nichts anhaben können.

4. November (Papas Todestag)

Das ist der letzte Tag meiner Kur. Der Aufenthalt, die Bäder und Massagen, das Schwimmen und die Spaziergänge haben mir gut getan. Noch einmal mache ich einen Rundgang ins Dorf, spiele mit meinem Freund, dem Schäferhund, besuche meine Gänseherde, die mich schon kennt und mich immer mit lautem Geschnatter begrüßt, helfe zwei kleinen Buben, ihre entlaufenen Hühner in das Gehege zurückzutreiben, und lese noch einmal ein paar Äpfel auf.

Von Frau T. habe ich mich schon verabschiedet. Wir haben uns zum Frühstück getroffen, um noch ein bisschen miteinander zu plaudern. Mit der Dame, die ihren blinden Ehemann im Rollstuhl herumfährt, habe ich öfters gesprochen und beide ein wenig kennen gelernt. Sie war es, die den Anstoß gab zu einem Leseabend, den ich für die Mitpatienten gestaltete, und danach war ich plötzlich im Gespräch mit einer Reihe von Menschen und konnte in ihnen keine Lemuren mehr sehen. Die kesse Person, die jeden Tag in einem anderen schicken Jogginganzug daherkommt und mit einer wilden Kopfbewegung ihre rotblonde Mähne zurückwirft, setzte sich neulich in der Cafeteria zu mir und zeigte mir ein Buch, das mich interessierte. Sie hat ihre eigene Art, mit ihrem Krebs umzugehen, herausfordernd, keck. So geht sie auch mit Menschen um und lacht ihnen dreist ins Gesicht. Warum nicht? Soll sie doch, wenn sie so besser zurechtkommt.

Mit Herrn W., dem verschlossenen Mitpatienten aus Rostock, führe ich ein längeres Gespräch. Schade, dass ich ihn nicht früher kennen gelernt habe. Seit Wochen grüßt man sich knapp und hat aus der Luft gegriffene Vorstellungen voneinander. Jetzt sind wir warm geworden, aber es bleibt keine Zeit mehr.

Frau Z. kommt noch an den Tisch, die an Darmkrebs operierte kleine, grauhaarige Frau. Sie hat ihren Mann mit zur Kur gebracht. Er hat seit fünfzehn Jahren Alzheimer, ist fast blind und hat sein Gedächtnis und sein Orientierungsvermögen verloren. Sie kann ihn nicht einen Augenblick allein lassen. Sie erzählt, dass sie ohne ihr Hobby, die Fotografie, in der Depression versackt wäre. Sie stellt Diaserien zusammen, und jemand schreibt ihr die Texte dazu. Wir beschließen, etwas zusammen zu machen, wenn wir uns noch einmal in dieser Klinik begegnen sollten, eine Fotoserie über dieses schöne

Land. Sie kann fotografieren, und ich schreibe. Ihre Augen sprühen, und das verschlossene, abgehärmte Gesicht wird auf einmal lebendig. Auch mir gefällt die Idee. Wir könnten ein paar schöne Texte aus den Tagebüchern von Henry David Thoreau dazunehmen, der wie kein anderer die Vorzüge der kargen Jahreszeit beschrieb und noch aus dem Geringsten, den dürren Gräsern, unscheinbaren Moosen und Flechten, Lebensfreude zog und die Gewissheit, in der Welt geborgen zu sein. An unserem Abend hatte ich aus den Tagebüchern von Thoreau vorgelesen, und alle waren bewegt.

Nein, wahrlich, das ist kein Haus der Lemuren mehr.

Genau vor einem Jahr, am 4. November, erlitt ich den Schock des ersten Röntgenbefunds. Damals braute sich ein Unglück zusammen, von dem ich nicht wusste, wie es ausgehen würde. Es wurde ein Leidensweg, aber er war nicht nur das. Er war auch eine intensive Selbsterfahrung, eine Wiedergeburt, ein Auftrag und eine Hoffnung. Ich hatte Krebs, und vielleicht muss ich sagen: ich habe Krebs, weil niemand weiß, ob ich ihn wirklich los bin. Wie dem auch sei, ob er wiederkommt oder nicht, er gehört zu mir und steht – davon bin ich überzeugt – mit meinem Wesen und meinem Lebensweg in einem ursächlichen Zusammenhang. Heute weiß ich mehr darüber, was der Heilung bedarf, und es ist diese umfassende Gesundwerdung, auf die meine Hoffnung sich richtet, mehr als auf die dauerhafte Heilung meines Körpers.

7 Ein Jahr danach

Seit dem Ende meiner Therapie ist ein Jahr vergangen. Die letzte Kontrolluntersuchung weist außer narbigen Residuen keine Spur des einstigen Tumors mehr auf. Vom medizinischen Standpunkt aus bin ich gesund, »krebsfrei«, aber ich bin nicht die Alte. An die Stelle der früheren chronischen Mattigkeit ist eine Ermüdbarkeit getreten, eine Nachwirkung der Therapie, die mir körperliche Grenzen setzt und mich zwingt, mehr zu ruhen als früher. Es sind andere Beeinträchtigungen zurückgeblieben, die mich mehr bekümmern, Konzentrationsstörungen und eine merkliche Gedächtnisschwäche. Meine liebe Ärztin versichert mir, dass solche Nachwirkungen einer schweren Chemotherapie normal sind und sich in ein bis zwei Jahren geben werden. Meine Nerven haben gelitten, und es gibt Zeiten, in denen ich in einem früher nicht gekannten Ausmaß depressiv, reizbar und ungeduldig bin. Die Chemotherapie hat tief in den Hormonhaushalt eingegriffen und die Beschwerden der Wechseljahre verstärkt. Manchmal habe ich das Gefühl, ein brodelndes Gefäß zu sein, das im nächsten Augenblick explodieren wird. Dann beschwöre ich Bilder von Kühle und Gelassenheit und wiederhole im Geist ein bestimmtes Mantra. Ich verstehe die Sanskrit-Worte nicht ganz, aber es wirkt auch so. Es glättet die Wogen, und da es mit einer Anrufung des Göttlichen in weiblicher Gestalt verbunden ist, fällt es mir nicht schwer, dabei an Sophia zu denken, das Weibliche in Gott in der christlichen Tradition.

Die Krebserkrankung und ihre Therapie waren ein Tiefschlag gegen meine Lebenskraft. Wird der Körper sich ganz davon erholen können, oder wird eine Schwächung zurückbleiben, die mich für einen Rückfall prädisponiert? Nach Ansicht meiner Ärztin wird es noch mindestens ein Jahr dauern, bis die Nachwirkungen überwunden sind. Nach makrobiotischer Auffassung dauert es sieben Jahre, bis der Organismus sich von einer Chemotherapie gänzlich erholt hat. Wie immer dem sei, ich muss Geduld haben. Ich möchte nicht nur einen Rückfall vermeiden und gesund bleiben, sondern mein Leben neu ordnen. Werde ich diesen Neuanfang, der mir während meiner Krankheit und Rekonvaleszenz vorschwebte, zustande bringen? Dazu gehört Kraft, die Hoffnung von Tag zu Tag, dass es aufwärts geht, die Zuversicht, dass die Lebenskraft zurückkehren wird, und der Mut, Schritte ins Unbekannte zu tun. Braucht es dazu nicht einen »Glauben, der Berge versetzt«? Ich kenne die Höhenflüge – nicht nur in der Cortison-Euphorie, sondern auch sonst in einer guten Stunde –, aber ich kenne auch die Abstürze, wenn das Leben wie von einem grauen Schleier bedeckt ist, der nicht weichen will. Buchstäblich von einem Augenblick zum andern kann die Stimmung umschlagen, die Hoffnung zu einem undurchdringlichen Nebel gerinnen, die Fülle des neugewonnenen Lebens sich in gähnende Leere verwandeln. In solchen Augenblicken steht mir die Erinnerung bei, dass jede Krise bis jetzt eine Antwort gefunden hat und dass ich letztlich gestärkt daraus hervorging. Das Gebet hat immer geholfen, auch die kurzen Stoßgebete und der inständig hartnäckige Anruf: »Ich lasse dich nicht, du segnest mich denn!« Dann konnte ich einen anderen Raum betreten und war wenigstens für eine Weile geborgen. Ich hatte wieder Vertrauen und konnte an das anknüpfen, was ich mir für die nächste Zukunft vorgenommen hatte.

Einen hohen Stellenwert in meiner praktischen Lebensgestaltung nimmt eine bewusste Ernährung ein. Bei meinen Nachforschungen bin ich immer wieder auf das Thema der Übersäuerung, eines Übels unserer Zivilisation, gestoßen.[17] Es ist eine Ironie, dass gerade in der Wohlstandsgesellschaft die Mangelerscheinungen der Übersäuerung auftreten als Folge einer zu fett- und proteinreichen Kost. Sie ist ein Problem der Übersättigung, nicht des Mangels. Eine basische Ernährung mit Elementen der makrobiotischen Lebensweise ist eine Rückkehr zu einer einfacheren Kost mit einem hohen Anteil an Getreide und Gemüse und wenig Fleisch. Sie kann wohlschmeckend sein, vorausgesetzt man kommt wieder auf den Geschmack von naturbelassenen, einfach zubereiteten Nahrungsmitteln.

Die tägliche Bewegung in frischer Luft gehört ebenfalls zu meinem festen Programm. Nicht immer habe ich Lust dazu, und manchmal fällt es mir schwer, den Spaziergang, die Gartenarbeit oder den Badeausflug in meinem Tagesablauf unterzubringen. Aber wenn ich einmal draußen bin, genieße ich die Unterbrechung und freue mich ganz einfach an der Bewegung. Wie tut es gut, einen Fuß vor den anderen zu setzen, die Beine und die Füße zu spüren, die wir in unserer Kultur und unserer Heilkunde so sehr vernachlässigen. Auch hier können wir vom Osten einiges lernen, etwa wie man sich selbst die Füße massieren und durch gezielten Druck auf die Fußreflexzonen den Energiefluss im ganzen Körper stärken kann. Seit ich nach der Chemotherapie wieder lernen musste, meine Beine zu gebrauchen, ist das schlichte Gehen etwas Kostbares geworden, eine wunderbare Gabe der menschlichen Natur, und ich stelle mir vor, wie meine Füße in der Erde Wurzel schlagen und wie die Kraft der Erde über meine Füße durch den ganzen Körper strömt.

Auch während des Gehens kann man innerlich still werden und meditieren. Wenn ich zu Hause, in einem Zimmer sitzend, meditiere, schließe ich die Übungen meistens mit einigen Schritten oder einem Rundgang mit den Baoding-Kugeln ab. Meditieren kann man im Sitzen, im Liegen, im Stehen oder auch während des Gehens. Nicht auf die Körperhaltung kommt es an, sondern auf das bewusste Atmen, auf die innere Stille und Sammlung.

Sie fällt mir nicht immer leicht, wenn die Unruhe des Tages mir scheinbar keine geeignete Stunde gönnt, um abzuschalten und in die Stille zu gehen. Ich habe meine guten und meine schlechten Tage, Tage der gesammelten Einkehr und Tage der Zerstreuung, an denen ich nicht wirklich bei mir ankomme. Und trotzdem hat es sich immer als heilsam erwiesen, wenn ich gesessen bin und geübt habe. Nur in diesen Augenblicken erlebe ich meine Gesundheit als eine tatsächliche und mich selbst als wirklich und geborgen, was immer auch geschieht. Dann weiß ich mit Sicherheit, dass ich keinem Stimmungstief erliegen muss. Wenn mir von Mal zu Mal die Gewissheit aufgeht, dass die Wirklichkeit unendlich viel größer ist als meine Wahrnehmung, wie ich das in den nächtlichen Krisen im Krankenhaus erlebte, dann kann ich die Tiefpunkte gelassener hinnehmen. Wenn sie auszuhalten sind, werde ich sie aushalten und mich bereithalten für die bessere Zeit, die gewiss kommt. Sie kann nicht ausbleiben.

Einer der Sätze, die ich mir immer wieder einpräge, lautet: »Es ist in unsere Macht gegeben, unsere Gedanken zu wählen.« Wenn ich mich für gesund *halte*, wird dieser geistige Impuls sich bis in die Moleküle meiner Zellen übertragen. Das ist der Quantensprung, die Schnittstelle, wo Geist von Materie nicht zu trennen ist. Sie durchdringen sich gegenseitig. Die physische Wirklichkeit wird vom Bewusstsein erschaffen, eine uralte Erkenntnis, zu der heute die Wissenschaft mit ihren eigenen Methoden gelangt.

Dass ich vieles, was ich denke und während meiner Krankheit erkannt habe, nicht so klar fassen kann, wie ich möchte, ist die gegenwärtige Realität, doch im großen Strom der Wirklichkeit ist dieser Zustand nur ein Augenblick. Zu der Geduld, die ich meine, gehört, die Gegenwart nicht überspringen, das Künftige nicht vorwegnehmen zu wollen. Die Fähigkeit, im gegenwärtigen Augenblick zu leben, kann man einüben. Jeder erfüllte Augenblick ist ein Kapital, von dem der nächste zehrt. So wird der Boden für die Öffnung bereitet, der das innere Programm auf »Gesundheit« schaltet. In diesem Sinne können eine Krebserkrankung und die Zeit danach eine Schule des Lebens sein. Noch habe ich die Folgen der Therapie nicht überwunden, aber ich nehme wieder teil am Leben. Ich habe Lust, Wege zu erforschen zur umfassenden Gesundheit von Leib und Seele, und freue mich, wenn ich anderen begegne, die sich auf denselben Weg gemacht haben.

Was hat mich geheilt?

Wenn ich mich frage, was mich geheilt hat, so danke ich meinen Ärzten, die mich nach ihrem besten Wissen entsprechend dem neuesten Stand der medizinischen Krebsforschung behandelt haben. Als mein Tumor die Größe einer Orange hatte, konnten nur die mörderischen Geschütze der Chemotherapie und ein umsichtiges Management der zu erwartenden Komplikationen helfen. Eine gute Grundkonstitution kam mir zustatten, so dass ich die aggressive Therapie verhältnismäßig gut durchgestanden habe. Ich hatte Glück im Unglück, aber ich musste den langen Weg der konventionellen Krebstherapie zu Ende gehen.

Ich frage mich manchmal, was geschehen wäre, wenn ich das Heilmittel aus Kanada konsequent weiter genommen hätte, statt damit aufzuhören, als ich in die Untersuchungsklinik kam. War das virulente Wachstum des Tumors nicht vielleicht doch darauf zurückzuführen, dass ich das Mittel absetzte? Hätte es, wie die Beschreibung verheißt, bei konsequenter Anwendung den Tumor nicht doch zum Verschwinden gebracht? Ich werde es nie erfahren, und meine Ärzte würden diese Möglichkeit nicht in Betracht ziehen. Aber »FlorEssence« ist kein Hokuspokus, sondern ein seit Hunderten von Jahren von den Indianern erprobtes Mittel gegen Krebs, das wissenschaftlich untersucht wurde und in Kanada als Heilmittel zugelassen ist.

Was wäre geschehen, wenn ich den Mut gehabt hätte, weiter mit dem Heiler zu arbeiten? Ich verlor das Vertrauen, als der zweite Röntgenbefund so katastrophal war wie der erste und die Ärzte mir klipp und klar sagten, ich sei fehlgeleitet worden. Aber woher wollen sie das so genau wissen? Die Darmreinigung und die basische Diät, die Herr F. mir verschrieb, konnten immerhin verschiedene Beschwerden beseitigen, und dieser Erfolg hält bis heute an. Hätte ich ihm weiter vertraut, wäre vielleicht auch das Ding in meiner Brust geschrumpft, statt immer weiter zu wachsen – diese »Raumforderung«, von der er behauptete, sie sei kein Krebs. Damals konnte niemand mit Sicherheit sagen, ob ich Krebs hatte oder nicht. Wann wurde dieses Ding zum Krebs? Auch das weiß niemand. Seit ich mich in der einschlägigen Literatur umsehe, stoße ich immer wieder auf Berichte von Krebskranken, oft in einem vorgerückten Stadium der Krankheit, die eine konventionelle Therapie verweigerten oder denen sie nichts mehr nützte und die dann mit alternativen Methoden gesund wurden. Es handelte sich bei diesen Patienten jeweils um starke Persönlichkeiten mit der festen Überzeugung, dass sie einen Weg zur Gesundheit finden würden. Mir fehlte diese Stärke und das Vertrauen, und so blieb für mich die Schulmedizin mit ihrer Transparenz und seriösen Wissenschaftlichkeit die einzig mögliche Alternative. Aber es gibt andere Wege, wenigstens als Ergänzung zur konventionellen Therapie, das sollte heute jeder Krebskranke wissen. Und immer mehr Ärzte fangen an, sich für diese Heilmethoden zu interessieren.

Ich bin überzeugt, dass es Gründe höherer Ordnung gibt, warum ich den langen, schweren Weg der konventionellen Krebstherapie gehen musste. Es gab keine Abkürzung für mich, keinen glimpflichen Ausweg aus der Sackgasse. Und wäre ich dem größten Heiler der Welt begegnet, so war es mir trotzdem nicht bestimmt, auf »sanfte« Weise geheilt zu werden. Ich musste den langen Weg gehen, weil ich sonst nicht gelernt hätte, was mir zu lernen aufgegeben war. Von diesem Standpunkt habe ich meine Krankheit und ihren Verlauf von Anfang an akzeptiert. Hätte ich sie im Handumdrehen, nur durch schmerzlose Maßnahmen wie Diät oder das Einnehmen eines Kräuterextrakts überwinden können, wäre ich heute vermutlich auf dem besten Wege in eine neue Sackgasse. Es gab nun einmal keine andere Lektion für mich als die harte, den Leidensweg bis zur Nötigung, die Angst fallen zu lassen und auf ihre Rückseite zu gelangen, wo das Heil ist. Ich brauchte Zeit – ein halbes Jahr, beinahe ein ganzes, um innezuhalten und mein ganzes Leben unter die Lupe zu nehmen. Ohne diese Bewusstseinsarbeit wäre das Jahr meiner Krankheit ein verlorenes gewesen, ein Einbruch ohne Sinn und Trost. Aber so war es nicht. Es war eine Zeit schmerzhafter Selbsterfahrung, es war eine Zeit der Besinnung und der Umkehr. Über die Macht des Geistes über den Körper habe ich mehr erfahren, als ich bis dahin wusste, denn ich habe es an meinem eigenen Leib und in meiner Seele erfahren.

Wenn ich die Frage stelle, was mich letztlich geheilt hat, so gibt es neben dem Verdienst der Ärzte auch andere Ursachen. Im Grunde wissen wir nicht, welche Faktoren bei einer Heilung, welche die Medizin für sich in Anspruch nimmt, im Spiel sind. Jeder Organismus verfügt über Kräfte der Selbstheilung, und diese können angeregt und gestärkt werden. Wer sich mit der Quelle aller Heilwerdung in Verbindung setzt, wer dorthin berufen wird oder sich auch nur dahin sehnt, kann diese Stärkung erfahren. Aus dieser Berührung mit der allgegenwärtigen kosmischen Heilkraft kann ein Schub der Besserung oder sogar eine vollständige Genesung kommen. Jeder Mensch kann sich mit dieser höheren Heilkraft verbinden, die das ganze Universum durchdringt. Aber die meisten von uns gelangen nicht freiwillig dahin, sondern aus Not, in der Bedrängnis einer Krise. Wenn kein anderer Weg offen steht, gibt es nur den Sprung in die Tiefe des eigenen Selbst, und dieser ist nichts anderes als der Sprung in die Transzendenz.

So ist mein *Annus horribilis* unverhofft zu einem *Annus mirabilis* geworden, ein Jahr voller Erfahrungen und Überraschungen, voll Lebensintensität und Schönheit, denn nie kam mir das Leben so schön und lebenswert vor wie in dieser Zeit, als mein Leben bedroht war. Es ist eine alte Erfahrung, dass das Leben dann am herrlichsten erscheint, wenn es in Gefahr ist. Die großen Erfahrungen, die wir Menschen machen können, sind immer die gleichen, doch wir machen sie auf je persönliche und daher auf immer neue Weise. Krebs als Volkskrankheit und als Lebenskrise ist heute ein so weit verbreitetes Phänomen, dass er geradezu zu einem Mythos unserer Zeit geworden ist. Dank der modernen Diagnostik ist er früher und präziser erkennbar, die Methoden der Behandlung haben sich verbessert, und die Überlebenschancen sind gestiegen, aber eine Bedrohung des Lebens ist Krebs noch immer. Die Medizin hat ihn nicht »im Griff«. Seine Ursachen und der Verlauf der Krankheit bei individuellen Menschen geben noch immer Rätsel auf. Er kann für den Betroffenen eine Existenzkrise sein, die ihn zutiefst erschüttert. So einsam wie ein Krebspatient, so an seine Grenzen gestoßen und gleichzeitig genötigt, sein Ich zu überschreiten, ist kaum ein Mensch. Krebs ist ein Leiden, aber zugleich eine Initiation in einen anderen Lebensraum. In ihm wird das Kleine und ganz Normale zum Außergewöhnlichen, zum Geschenk, wie die Fähigkeit zu gehen, wie alle Sinneswahrnehmungen, wie die Gabe des Herzens, das sich in nie gekannter Weise öffnen und sich der Welt, dem anderen Menschen, der Natur zuwenden kann.

Jeder macht seine eigenen Erfahrungen, aber es gibt auch solche, die viele Krebspatienten teilen. Viele meiner Mitpatientinnen vermuteten, dass psychische Faktoren einen wesentlichen Anteil an ihrer Erkrankung hatten, und das war auch bei mir der Fall. Die psychologische Krebsforschung bestätigt diesen Zusammenhang und hat sogar eine Liste der häufigsten Ursachen von krankmachendem Stress aufgestellt.[18] Bei mir war es eine stecken gebliebene Trauer, die mehr alles andere meine Erkrankung ausgelöst hat. Im ihrem Verlauf machte ich eine Reihe von Erfahrungen, die ich später in der Literatur wieder fand. Wie bei vielen Fällen von unerwarteter Genesung, den so genannten Spontanremissionen, für die die Medizin keine Erklärung hat, sehe ich einen wichtigen Faktor meiner Heilung darin, dass ich von Anfang an versucht habe, einen Sinn in dieser Krise zu sehen. Ich musste nicht weit suchen, die Botschaft war sonnenklar. Daher fiel es mir nicht schwer, für meinen Krebs die Verantwortung zu übernehmen und auf das zu hören, was er mir sagen wollte. Wie bei anderen, die ihren Krebs überwanden, war mein Lebenswille stark, aus dem Bewusstsein, dass ich in diesem Leben noch so vieles tun, so vieles besser machen möchte. Anstatt mich meiner Identität zu entfremden, bewirkte die Krise das Gegenteil: Sie brachte mich zu mir selbst. In den Zeiten, als das Leben gefahrlos vorüberzog, war ich mir nie so nahe. So erlebte ich die Therapie nicht nur als einen Leidensweg, als einen Gang durch das finstre Tal, sondern als Lebenschance. Sie war nie größer als in den Augenblicken der höchsten Krise, als ich mir bewusst wurde, dass ich sterben könnte.

Wie anderen Krebspatienten half auch mir der Rückhalt meiner Familie und meines Freundeskreises. Mir ist heute mehr bewusst, wie viel ich Menschen verdanke, wie wenig ich in Wirklichkeit die Einzelkämpferin bin, für die ich mich so lange gehalten habe. Das hat mich demütig gemacht und mein Bild von mir selbst und meinen Mitmenschen zurechtgerückt. Sogar den Haustieren habe ich zu danken, unserer alten Katze, die mehr als die Menschen in meiner Umgebung spürte, wenn ich elend war, die sich in meinen Schoss schmiegte und mich wärmte. Als es mit ihr zu Ende ging, war sie es, die bei uns Nähe und Zärtlichkeit suchte, und so haben wir einander geholfen, Kreatur der Kreatur.

Wie zahllose andere Kranke habe ich Kraft gewonnen durch Gebet, Meditation und Visualisierungen. Manche Bilder entnahm ich meinen Übungsbüchern, andere kamen mir spontan, und erst nach Abschluss meiner Therapie, als ich anfing, nach Büchern zum Thema Krebs zu suchen, erkannte ich, wie sehr sich die inneren Bilder auch bei anderen als heilend erwiesen. So konnte ein Patient, so wie ich, die Zahl seiner Leukozyten durch Meditation drastisch steigern.[19] Heute ist man in der Krebsforschung zu der Erkenntnis gelangt, dass Meditation tatsächlich eine physiologische Wirkung hat und dass geeignete Imaginationen, Bilder und starke Emotionen das Immunsystem stärken.[20]

Besonders berührt hat mich, dass in den Berichten über bemerkenswerte Genesungen die Liebe einen so hohen Stellenwert einnimmt. Die tiefste Ursache seiner Heilung lag für einen Patienten in der »Fähigkeit zu lieben, zu entdecken, dass Liebe unsere Mitte ist und dass Liebe alles bedeutet«.[21] Das war auch meine Erfahrung, und sie geht weit über das hinaus, was ich während meiner Erkrankung an Zuwendung erfahren habe oder anderen geben konnte. Wie eine Heilerin einmal sagte: »Nur Liebe kann das heilende Feuer entfachen.«[22] So konnte der Radiologe und Psychoonkologe Carl Simonton von Krebs als von einer »Botschaft der Liebe« sprechen.[23] Er versteht sie nicht zuletzt als eine Aufforderung, mehr Dinge zu tun, die einem Freude machen und in Einklang mit einem selbst stehen, mit anderen Worten, ein erfülltes, selbstbestimmtes Leben zu führen. Und der Chirurg Dr. Bernie Siegel sagt aus seiner Erfahrung mit exzeptionellen Patienten: »Ich bin überzeugt, dass bedingungslose Liebe der wirksamste aller bekannten Faktoren zur Stimulierung des Immunsystems ist. ... Die Wahrheit ist, dass Liebe heilt.«[24]

Es ist in unserer Gesellschaft schwer, außerhalb der menschlichen Primärbeziehungen von Liebe zu reden. Wir werden im Allgemeinen nicht ermutigt, in der Liebe ein Grundprinzip des Daseins zu erkennen. Wenn wir diese Erfahrung dennoch machen, dann in einer so genannten Gipfelerfahrung, in einem Augenblick der Erleuchtung, der rückhaltlosen Selbsthingabe oder in einer Krise, in der ein Mensch vor dem Abgrund steht. Eine lebensbedrohliche Krankheit kann zu einer solchen fruchtbaren Krise werden, und dass sie es wenigstens in bestimmten Augenblicken für mich war, halte ich für eine Gnade. Eine Gnade ist jedoch zugleich ein Auftrag. Er besteht weiter, ob ich auf Dauer gesund bleibe oder wieder erkranke, denn er ist unabhängig von den äußeren Umständen des Lebens. Was mich nach dieser Reise durch das finstre Tal am meisten berührt, ist dies: dass eine persönliche Katastrophe, die mich aus dem gewohnten Leben gerissen und in eine existentielle Verunsicherung gestoßen hat, mich gleichzeitig näher an meinen Wesenskern gebracht hat, näher zu der *Kongruenz*, die der Psychoonkologe Lawrence LeShan als ein wesentliches Moment der Heilung im Sinne einer Ganzwerdung betrachtet. Das Bild der Frau am Wasser, wie es mir spontan aufstieg und wie ich es in meinem Inneren bewahre, drückt dieses

Verlangen nach Ganzwerdung aus. Sie wird vielleicht nicht immer dort stehen bleiben – am Wasser, in dessen Nähe sie Orientierung und Heilung sucht, sie kann sich in Bewegung setzen und andere Orte aufsuchen, Orte und Lebenssituationen, in denen ihr Auftrag, die Botschaft der Liebe, sich erfüllen kann. Wie im Märchen vom Mädchen mit den abgehauenen Händen dieses Mädchen wieder aus dem Wald heraustritt, wo sie Schutz und Heilung fand, so wird auch die innere Frau das sanfte Gestade des Wassers einmal verlassen, um ihre Schritte zu lenken, wohin sie gerufen ist.

Zu einer »Quantenmedizin« der Krebstherapie

Ich bin meinen Ärzten dankbar dafür, dass ihre Zuversicht mir von Anfang an Mut gemacht hat. Vielleicht war es gut, dass ich wenig über die Therapie wusste, der ich mich anvertraute, weil kein anderer Weg der Heilung mehr offen stand. Über den Wettlauf mit der Zeit, den ein Krebspatient ebenso oft verliert wie gewinnt, wird von Ärzten und Patienten der Mantel des Schweigens gebreitet. Seither weiß ich mehr über die Verheerungen, die eine Chemotherapie im Körper anrichtet. Dass ich diese Schlacht fürs Erste gewonnen habe, danke ich meinen Ärzten und der medizinischen Forschung der vergangenen Jahrzehnte. Doch ich frage mich, ob die aggressive Chemotherapie hätte fortgesetzt werden sollen, als ihre medizinische Notwendigkeit mir nicht einleuchtete und ich das Vertrauen zu ihr verlor. Das geschah, als ich erlebte, wie risikoreich und störanfällig die medizinische Technik ist und wie einseitig die meisten Ärzte auf dem Boden der klassischen Schulmedizin stehen. Es gibt immer noch Onkologen, die von den Möglichkeiten der biologischen Begleittherapie, die in der Krebsbehandlung erfolgreich angewandt wird, nichts wissen wollen.

Was ich bei den tüchtigen und redlichen Ärzten, den Strategen meiner Therapie, am meisten vermisste, ist das Wissen um die geistigen und psychischen Zusammenhänge einer Krebserkrankung. Die Antike – Sokrates, Platon und der griechische Arzt Galen im 2. Jahrhundert – wusste um den Zusammenhang von Körper und Seele. Noch im 19. Jahrhundert war dieses Wissen verbreitet, wie Lawrence LeShan feststellte, als er das gesamte verfügbare Schrifttum über Krebs zwischen 1800 und 1900 durchforstete. Erst in unserem Jahrhundert, mit den Fortschritten der wissenschaftlichen Medizin und Technik, ist dieser ganzheitliche Ansatz in Vergessenheit, besser gesagt: in Misskredit geraten. Je mehr die Medizin sich spezialisierte, je mehr Apparate erfunden wurden, desto mehr geriet auch der Mensch unter den Blickwinkel des Mechanischen, bis er zu einem rein materiellen Körper reduziert wurde, dessen Teile man meinte wie eine Maschine reparieren zu können. Besonders in der Radioonkologie empfand ich es als bedrückend, dass der Mensch hinter den Apparaten verschwindet und in der Unpersönlichkeit der Maschinenwelt allein gelassen wird.

Ich hätte mir gewünscht, dass meine Ärzte mich mehr als Partnerin statt als Objekt ihrer Bemühungen betrachtet hätten. Ich wäre weniger verunsichert gewesen, und die Entfremdung, die ich gegen Ende der Therapie als quälend empfand, wäre in diesem Maß nicht eingetreten. Ich hätte mir auch mehr Beratung gewünscht für die Zeit meiner Rekonvaleszenz. Was kann man tun, um die unmittelbaren Nachwirkungen der Chemotherapie und Bestrahlung zu überwinden? Es war mein Glück, dass ich außerhalb des Spitals eine Ärztin fand, die für meine Fragen Verständnis hatte, die mir eine Begleittherapie empfahl, meine Ernährungsweise unterstützte und mir den Zuspruch gab, den ich brauchte. So muss ein Krebspatient sich notfalls selbst umsehen und das suchen, was ihm gut tut.

Studien haben gezeigt, dass zwei Patienten mit demselben Typus von Krebs auf die konventionelle Therapie und auf psychische Hilfen unterschiedlich reagieren. Es wäre wünschenswert, wenn die Krankenhäuser ihren Krebspatienten mehr Unterstützung geben würden, die es ihnen erleichtert, die eigenen Wege der Genesung zu gehen. Dazu gehört, den Krebs anzunehmen als eine Krankheit mit einer spezifischen Botschaft, die gehört und integriert werden will, bevor ein Mensch beginnen kann, sein Leben neu auszurichten und Hilfen für diese Neuorientierung zu suchen. Für die meisten meiner Mitpatientinnen auf der onkologischen Station und in der Reha-Klinik, die ich kennen lernte, hatte sich durch den Krebs an ihrer Lebensorientierung nichts geändert. Das ist erfahrungsgemäß eine schlechte Voraussetzung für wirkliche und dauerhafte Genesung.

Was wäre die ideale Therapie, und was für eine Medizin würde sie voraussetzen? Gerade aus Amerika, wo die materialistische Apparatemedizin auf die Spitze getrieben wurde, kommen seit einiger Zeit Anregungen für eine ganzheitliche Auffassung von Krebs. Auch hierzulande gibt es fortschrittliche Ärzte und Kliniken, die sich mit der konventionellen Krebstherapie nicht begnügen. Wer anfängt zu suchen, findet eine Menge hilfreicher Literatur, und oft führt eine Anregung zur nächsten und fördert ein ganzes Netz von Hilfen für den Fall einer Krebserkrankung zutage. Es ist möglich, sich in die heutige Krebsforschung Einblick zu verschaffen und das herauszusuchen, was einem selbst am nützlichsten ist.

Einer der bahnbrechenden Forscher, der aus Indien gebürtige amerikanische Arzt Dr. Deepak Chopra, hatte den Mut sich einzugestehen, nachdem eine junge Krebspatientin an den Folgen der Therapie gestorben war: »Ich werde den bitteren Geschmack nicht los, der daher kommt, dass ich wie alle Ärzte weiß, dass unsere heutigen Methoden der Behandlung von Krebs barbarisch sind.«[25] Die verheerenden Folgen der Chemotherapie auf das Immunsystem veranlasst viele Forscher, nach neuen Wegen der Krebsbehandlung zu suchen. Unter anderem hat die Genforschung neue Hoffnungen geweckt, dass ein Gen gefunden werden könnte, das den Krebszellen den Befehl zum Selbstmord erteilt.[26] Ein anderer Forschungszweig, die Psychoneuroimmunologie, befasst sich mit den »Verknüpfungen der Psyche, dem Nerven-, dem Hormon- und dem Immunsystem«.[27]

Immer mehr setzt sich die Erkenntnis durch, dass Krebs ein ganzheitliches Geschehen ist, das den gesamten Menschen in seiner Einheit von Leib und Seele, und nicht nur ein Organ seines Körpers betrifft. Es gibt Anzeichen dafür, dass die Kluft, die durch den Siegeszug der materialistischen Medizin zwischen Leib und Seele aufbrach, heute im Begriff ist, sich wieder zu schließen. Dass Gedanken und Gefühle, nicht bewältigter Stress oder Depressionen in chemische Vorgänge umgesetzt werden und sich als Krankheit manifestieren, ist heute eine wissenschaftlich belegte Tatsache. Ebenso hat sich erwiesen, dass eine positive Einstellung, Gefühle von Glück und Freude, Meditation und Spiritualität den Verlauf einer Krebserkrankung günstig beeinflussen und eine Heilung herbeiführen oder beschleunigen können.

Damit werden mit wissenschaftlichen Methoden Erkenntnisse nachgeholt, die im Grunde uralt sind und schon im »finsteren Mittelalter« Geltung hatten. So weiß die große Ärztin und Heilige, Hildegard von Bingen, von der Wechselwirkung zwischen Körper, Geist und Seele und von der Heilkraft der *viriditas*, der »grünenden Kraft«, die sie als umfassende, in Gott wurzelnde Lebensenergie verstand.

Die neuen Wege der Wissenschaft sind ermutigend und setzen mich in Erstaunen, denn was die Forschung mit tastenden Schritten und gegen die Skepsis des materialistischen Denkens als gesicherte Erkenntnis gewonnen hat, daran habe ich als betroffene Patientin nie gezweifelt. Mit Spannung verfolge ich, wie die Grundprinzipien der östlichen Heilkulturen, besonders der chinesischen und indischen, sich allmählich auf die westliche Medizin auswirken.[28] Nach dieser Auffassung gibt es nur eine Realität, die geistige, die man auch eine universale Intelligenz nennen könnte. Von dieser kosmischen Intelligenz aus betrachtet, ist die Welt mit allen ihren Lebewesen und Erscheinungen nichts als ein Aggregatzustand dieser größeren Wirklichkeit. Wenn ein Mensch erkrankt, ist sein geistig-seelischer »blueprint«, die formbildende Gestalt seines immateriellen Geistkörpers, in Unordnung. Wenn es gelingt, die geistige Prägeform zu ändern, dann wirkt diese Veränderung sich auch im Körper aus. Das kann im Nu geschehen, wie bei spektakulären »Spontanheilungen«, oder als ein allmählicher Prozess über einen längeren Zeitraum, aber im Wesentlichen hat das stattgefunden, was die indische Wissenschaft des Yoga das Eintreten in den vierten Bewusstseinszustand nennt. Wenn das Bewusstsein sich verändert, kann der Körper nicht anders, als ihm Folge zu leisten.[29] Die Erkenntnis der vedischen Seher, die auch die Begründer der ayurvedischen Heilkunst waren, dass die gesamte, mit den Sinnen erfassbare Wirklichkeit vom Bewusstsein abhängt, ist aus dieser Sicht nur folgerichtig. Mit anderen Worten, was der Heilung bedarf, ist nicht in erster Linie der Körper mit seinen Krankheitssymptomen, sondern die *Wirklichkeit* des Patienten, sein Bewusstsein, sein Bild von sich selbst und letztlich sein gesamter Lebensvollzug.

Die Art meiner Krebserkrankung hatte nach Ansicht der Schulmedizin eine gute Prognose, andererseits war meine sehr hoch dosierte Chemotherapie ein Risiko, das letztlich nicht kalkulierbar war. Wenn das Immunsystem durch die Zellgifte zusammenbricht, ist jeder Infekt lebensgefährdend. Mit letzter Sicherheit lässt sich nie einschätzen, wie ein Patient reagieren und welchen Verlauf die Krankheit nehmen wird. Dass ich standhalten konnte, führe ich, wie berichtet, weitgehend auf meine Meditationen und Atemübungen zurück, die mir wenigstens für wiederholte Augenblicke den Zugang zu dem vierten Bewusstseinszustand ermöglichten. In diesen Momenten identifizierte ich Gesundheit nicht mehr mit einem Zustand meines Körpers, sondern mit einem unantastbaren, von keiner tödlichen Krankheit gefährdeten Seinszustand, der mich wie alles Leben durchdringt und trägt.

Eine künftige »Quantenmedizin« wird dieser Tatsache Rechnung tragen müssen. Dann wird auch in Krankenhäusern den Patienten geholfen werden, diese Kraftquelle zu erschlie-ßen. Die optimale Krebstherapie wird demnach eine sein, die den besten Stand der medizinischen Wissenschaft mit diesen Metaerkenntnissen verbindet. Von der modernen Onkologie habe ich profitiert, aber ich bin überzeugt davon, dass die andere Seite – das Annehmen meiner Krankheit als Botschaft und Lernprozess und meine Meditationen – die wahre Ursache dafür sind, dass mir die Gesundheit wiedergeschenkt wurde. Vielleicht wird es einmal eine Krebstherapie geben, die es nicht nötig hat, gesunde Zellen zu zerstören, um den kranken beizukommen, die mehr auf die Selbstheilungskräfte des Menschen setzt, auf die Stärkung seiner Immunkraft und die vor allem die Einsicht des Kranken in sein Krebsgeschehen fördert. Das würde bedeuten, dass die Medizin, die in der Behandlung von Krebs nur stechen, schneiden, brennen und vergiften kann, sich auf einen Paradigmenwechsel einlassen müsste. Sie müsste eine wirkliche *Medizin* im Sinne einer umfassenden Weisheitslehre werden, die den Menschen als eine leib-seelische Einheit begreift. Es gibt bereits Pioniere einer ganzheitlichen, transzendenzoffenen Medizin, die Hoff-nungsträger einer neuen, erfolgreicheren und spirituelleren Krebstherapie.

Krebs als Volkskrankheit ist mehr als der negative, angstbe-setzte Mythos unserer Zeit, wie Susan Sontag ihn beschreibt.[30] Er ist auch das Gegenteil davon: eine Chance, über die Krank-heit sich selbst näher zu kommen und die Ganzheit zu erfah-ren, nach der die Menschen nicht aufhören sich zu sehnen. So erlebte ihn Elisabeth Kübler-Ross in ihrer Begleitung krebs-kranker Menschen. So habe ich ihn in meiner Erfahrung erlebt und möchte dieses schwerste Jahr meines Lebens nicht missen.

Ich weiß, dass ich trotz meiner Genesung mit meinem Krebs weiterlebe. Das bedeutet nicht, dass er fortwährend als Da-moklesschwert über meinem Haupt schwebt, weil die Mög-lichkeit eines Rückfalles nie auszuschließen ist. Er ist vielmehr eine Mahnung, dass es um Heilung in einem vollkommeneren, das ganze Leben umfassenden Sinn geht.

Das Leben geht wieder einen einigermaßen normalen Gang. Ich habe meinen Wohnort gewechselt, und dadurch hat mein äußeres Leben eine gewisse Veränderung erfahren. Ich sitze wieder am Schreibtisch, nicht so ausdauernd wie früher, nicht auf der Höhe meiner Kraft, mehr bestrebt, mir nicht nur sinnvolle, sondern auch lustvolle Arbeit zu schaffen. Ich nehme mir mehr Zeit für Menschen, für Bewegung in freier Natur, ich meditiere regelmäßiger und bin überzeugt, dass noch manche gute Wende in meinem Leben bevorsteht, wenn ich bereit für sie bin. Der Krieg in meinem Körper, die materialisierte Negativität, ruft nach einer Versöhnung, die begonnen hat, aber längst nicht abgeschlossen ist. Für diese Aufgabe braucht es Stärke, Zuversicht, Geduld und den Mut der Erinnerung. Viel »Arbeit am Verdorbenen«, wie das 18. Hexagramm des *I Ging* sie nennt, bleibt noch zu tun. Weil ich diesen Ruf früher nicht gehört habe oder ihm nicht in ausreichendem Maß folgen konnte, ist er durch meine Krankheit unüberhörbar an mich ergangen. Er ruft zu einem Werk der Versöhnung und der Liebe, denn nur darin liegt wirkliche Heilung. Wie Elisabeth Kübler-Ross sagte: »Krebs ist ein großer Lehrmeister.« Ich möchte keine schlechte Schülerin sein.

Nachbemerkung zu diesem Buch

Das Tagebuch, auf das dieser Bericht sich gründet, sollte zunächst nur den Zweck erfüllen, mir über meine Not hinwegzuhelfen. Der Gedanke, dass meine Erfahrungen auch für andere, ähnlich betroffene Menschen hilfreich sein könnten, und die Ermutigung des Verlags, darüber ein Buch zu schreiben, kamen erst später.

Es ist mir nicht leicht gefallen, die umfangreiche Chronik meiner Erkrankung wieder durchzugehen und zu entscheiden, was in einem zur Veröffentlichung bestimmten Bericht einen Platz haben könnte und was besser wegzulassen wäre. Vieles habe ich gekürzt oder in leicht veränderter Form dargestellt, denn man spricht zu sich selbst anders als zu einem Gegenüber. Meine Erfahrungen wurden durch diesen Prozess des Sichtens und Filterns nicht verwässert, sondern in meinen Augen eher deutlicher gemacht. Im Tagebuch einer langen Krankengeschichte mit fast täglichen Eintragungen gibt es notgedrungen zahlreiche Wiederholungen. Viele habe ich aussortiert, andere belassen, denn die sechs Zyklen meiner Chemotherapie und die täglichen Bestrahlungen während eines Monats liefen nach einer festen Routine ab, und um ihre Wirklichkeit erlebbar zu machen, kam ich um die Schilderung gleichförmiger Ereignisse nicht herum. Die Prüfung meiner Krankheit bestand zum Teil darin, dass ich immer wieder durch dasselbe durchmusste, durch die Höhen und Tiefen, das Warten, die Schlaflosigkeit, die Gedanken, die um dasselbe kreisten, um Vergangenes und die Not der Gegenwart.

Von dem ursprünglichen Plan, im ersten Teil des Buches den konkreten Verlauf meiner Krankheit zu berichten und in einem zweiten auf meine inneren Erfahrungen und Reflexionen einzugehen, bin ich wieder abgekommen. Diese Teilung schien mir nicht möglich, wenn ich das existentielle Erlebnis meiner Krebserkrankung nicht zerstückeln wollte. So habe ich die mir wichtigen Erfahrungen jeweils an der Stelle und zu dem Zeitpunkt wiedergegeben, als ich sie machte, im Klinikalltag oder zu Hause, auf einem Spaziergang, bei meinen Übungen oder bei der Lektüre eines Buches. Ihre Reihenfolge ist für die Bilanz meiner Erfahrungen nicht wichtig, aber sie hat sich nun einmal so und nicht anders zugetragen. Eine Krebserkrankung als Schule des Lebens ist kein Kurs, der einem in geordneter Reihenfolge bestimmte Einsichten vermittelt, sondern der Geist weht, wo und wann er will. Einmal ist man empfänglich für eine Einsicht, ein anderes Mal nicht. Ich war immer dankbar, wenn mir etwas zufloß, auch die schmerzhaften Erinnerungen und Erkenntnisse über mein Leben, und ich schrieb sie nieder, wie sie sich ereigneten. So steckt in diesem Bericht auch eine Art Lebensbeichte. Sie ließ sich nicht vermeiden, wenn ich die Wahrheit über meine Erkrankung sagen wollte, wie ich sie sehe. Hätte ich das Persönlichste und Intimste über meine krankmachenden Verstrickungen verschwiegen, hätte ich wenig zu sagen gehabt, und die »Botschaft« meiner Erfahrung mit Krebs wäre unverständlich geblieben. Ich vertraue sie denen an, die für solche Erfahrungen offen sind oder ähnliche gemacht haben.

Das Tagebuch, und nun in anderer Fassung: dieses Buch, ist auch eine Strategie gegen das Vergessen. Ich möchte nicht aus dem Gedächtnis verlieren, was mir in dieser Ausnahmezeit widerfahren ist. Sie war durch die Bedrohung meines Lebens das, was man in der Psychologie eine Gipfelerfahrung nennt. Viele Menschen haben – nicht immer ausgelöst durch eine tödliche Krankheit – Erfahrungen dieser Art, aber sie erinnern sich nicht daran, und so versäumen sie die Gelegenheit, etwas für ihr Leben Wichtiges daraus zu lernen. Sie können die Lebenswende nicht vollziehen, zu der ein »initiatisches« Erlebnis aufruft. Die Bewährung der großen Erfahrung ist der Alltag, der tägliche Lebensvollzug. Menschen, die Krebs hatten, sind anfällig für Stimmungsschwankungen und depressive

Verstimmungen. Gerade in solchen Zeiten ist es wichtig, die Botschaft der Erfahrung im Kopf und im Herzen zu bewahren.

Es gibt Tage, an denen der Einbruch in meinem Leben scheinbar nicht wieder gutzumachen ist, die abgerissenen Fäden nicht wiederherzustellen sind, an denen mir Zweifel kommen, ob ich wirklich gesund bin oder gesund bleiben werde. An solchen Tagen, wenn das Leben leer und grau erscheint, geht mir nichts von der Hand, und mir fällt das Üben schwer, aber gerade dann will ich daran festhalten, dass der Krebs nicht nur eine Bedrohung, sondern zugleich eine Wende des Lebens sein kann.

Ich möchte auch die Menschen nicht vergessen, die mit mir ein Krankenzimmer teilten, die in derselben und oft in größerer Not waren als ich. Ich trauere um meine Mitpatientin Martha Frühwirt, die früher erwähnte Frau F., die das Selbsthilfewerk der Frauen nach Krebs in Österreich gründete und bis kurz vor ihrem Tod leitete.[31] Sie steckte mich an mit ihrem Optimismus und ihrem Humor und half immer noch anderen, als es ihr selbst schon sehr schlecht ging. Sie stand für Solidarität und Hilfsbereitschaft und hat Menschen eine Heimat gegeben, die sich durch das Krebstabu in unserer Gesellschaft ausgegrenzt fühlen. Mit ihrer Initiative hat sie geholfen, von Krebs betroffenen Frauen neue Lebensperspektiven und das Gefühl zu geben, dass sie mit ihrem Schicksal nicht alleine sind. Auch sie wusste um die Defizite der konventionellen Medizin und versuchte, sie durch ihr Angebot an Kursen, Vorträgen und Gesprächsrunden und mit ihrer eigenen Warmherzigkeit auszugleichen.

Warum hat sie den Wettlauf mit der Zeit verloren? Rückfällig geworden nach dreißig Jahren Gesundheit und rastloser Arbeit, achtete sie nach dem Urteil unserer gemeinsamen Ärztin nicht auf ihre eigenen Bedürfnisse, bis ihr Immunsystem zusammenbrach und der geschwächte Organismus einer extensiven Chemotherapie nicht mehr standzuhalten vermochte. Wäre ihr zu helfen gewesen, wenn...? Aber solche Überlegungen sind sinnlos. Sie lebte ihr erfülltes Leben und hinterlässt ein bleibendes Werk, das ihr bei vielen Menschen ein liebevolles Andenken sichert. Wenn sie am Ende dieses Berichts aus der Anonymität der Initialen heraustritt, geschieht das stellvertretend für viele, deren Schicksal und Krankheit mich berührt hat. Ihr sei dieses Buch gewidmet, ihrer Arbeit und den Akzenten der Hoffnung, die sie mit ihrem Beispiel dem negativen Mythos Krebs engegensetzte.

Ein letztes Wort

Die größte Lektion ist die Liebe. In erfüllten Augenblicken erscheint sie leicht, doch unendlich schwer, wenn der Aufschwung der Seele nachlässt. Wie an der Liebe festhalten und sie zum Blühen bringen, wenn sie nicht mehr das ganze Dasein beflügelt, wenn sie nicht jeden Augenblick verzaubert?

Ich weiß und will es nie vergessen, dass sie mich auf unbegreifliche Weise getragen hat, als die Not am größten war. Immer kam Hilfe, unabhängig von den medizinischen Befunden und jeder objektiven Befindlichkeit. Im finstern Tal ist mir Wohlsein und Zuversicht geschenkt worden, die Gewissheit, dass ich in Wahrheit unversehrt bin, dass keine Krankheit den Kern meines Wesens angreifen kann. Ich war gesund, bevor dieses Unglück über mich hereinbrach, und ich bin es noch, wenn ich die Hindernisse zwischen mir und der Wirklichkeit, und sei es nur für einen Augenblick, überspringe.

Woher hätte diese Gewissheit kommen sollen, wenn nicht aus der Liebe, denn was ich empfand, war dasselbe wie in den Zeiten, als ich liebte. Es war das Wissen, angenommen zu sein mit allem, was ich bin, jetzt als Kranke, an Körper und Geist Reduzierte, dass ich nicht minderwertig bin, keine Versagerin, keine Verliererin des Lebens, weil ich mir diese Krankheit zugezogen habe. Es gibt einen Ort, wo eine Krankheit zum Tode keine Lebensniederlage ist, sondern ein Neubeginn. Eine solche Aussage würde mich mit Skepsis erfüllen, wenn sie von einem Menschen käme, der dieses Tief nicht selbst durchschritten hat. Aber sie ist meine eigene Erfahrung – wie sollte ich ihr nicht trauen?

Das Neue für mich, das Unglaubliche ist, dass man sich in das Abenteuer der Liebe stürzen kann ohne den *einen* geliebten Menschen, den Einzigen, dass alles zur Liebe einlädt, buchstäblich alles – jeder Mensch, jede Kreatur, die Verrichtungen des Alltags, das Bescheidene und das Erbarmungswürdige, auch das Widerständige und Unbequeme. Dazu ist eine

Bewegung nötig, eine neue Wahrnehmung, die nichts, keinen Winkel der wahrnehmbaren Welt ausgrenzt. Alles ist der liebenden Aufmerksamkeit würdig. Die »glücklichen Augen« sind ja nicht solche, die beglückt sein wollen, die ständig das Glück und angenehme Empfindungen suchen, sondern solche, die auf den Grund der Dinge sehen, wo die Dualität, diese so viel Leid bedingende Abgrenzung von Ich und Nicht-Ich, aufhört zu existieren.

Die Krebsgeschwulst an meiner Lunge, nahe dem Herzen, hat sich in etwas Lebendiges verwandelt, das mir in der Tat näher ist als mein Herz. Dort möchte ich es halten mit der Kraft, die Wandlung möglich macht und dem Vergessen wehrt.

Anmerkungen

1 Siehe den Essay von Susan Sontag, *Krankheit als Metapher.* Carl Hanser Verlag, München 1978. S.68, 74.
2 Hetty Draayer, *Finde dich selbst durch Meditation; Offen zwischen Himmel und Erde; Das Licht in dir; Zu neuen Räumen des Bewusstseins.* Alle im Kösel Verlag, München 1984-89.
3 Elisabeth Kübler-Ross (Hg.), *Reif werden zum Tode.* Kreuz Verlag, Stuttgart, 8.Aufl. 1981. S.210, in dem Beitrag von Mwa-limu Imara, »Sterben und Reifen«.
4 Annamarie Honnold (Hg.), *Divine Therapy.* Pearls of Wisdom from the Bahá'í Writings. George Ronald, Oxford 1986. S.183 (meine Übers.).
5 Andrew Weil, *Spontaneous Healing.* Fawcett Columbine, New York 1995. (Deutsche Ausgabe: *Spontanheilung. Die Selbstheilungkräfte des Körpers und ihre Aktivierung* Bertelsmann Verlag, München 1995, xx)
6 Malidoma Patrice Somé, *Vom Geist Afrikas.* Das Leben eines afrikanischen Schamanen. Eugen Diederichs, München 1996.
7 Eva Bell-Werber, *Stille Gespräche mit dem Herrn.* Turm-Verlag, Bietigheim, 5.Aufl.(o.J.), S.13.
8 *Henry David Thoreau: Aus den Tagebüchern,* hg. und übers. von Susanne Schaup, Tewes Verlagsbuchhandlung, Oelde 1996. S.47 (Eintragung vom 23.2.1841).
9 O. Carl Simonton, Stephanie Matthews Simonton, James Creighton, *Wieder gesund werden.* Reinbek, Rowohlt 1992. O. Carl Simonton, *Auf dem Wege der Besserung.* Reinbek, Rowohlt 1993. Lawrence LeShan: *Wendepunkt und Neubeginn, Psychotherapie gegen den Krebs.* Beide Klett-Cotta, Stuttgart 1993.
10 Florence Scovel Shinn, *The Secret Door to Success,* DeVorss & Co., Marina Del Rey 1940.
11 Rainer Maria Rilke, Marina Zwetajewa, Boris Pasternak, *Briefwechsel.* Insel Verlag, Frankfurt a.M. 1983. Brief vom 10. Mai 1926, S.113.
12 Alexander Solschenyzin, *Krebsstation.* Luchterhand, Neuwied und Berlin 1969, 2 Bde. Bd.II, S.192.
13 Lama Yeshe, *Introduction to Tantra Yoga: A Vision of Totality.* Wisdom Publications, Boston 1987.
14 Lama Yeshe, op.cit., S.14 (meine Übers.).
15 Op.cit., S.46 (meine Übers,).
16 Andrew Weil, *Spontaneous Healing.* Fawcett Columbine, New York 1995. S.54-58.

17 Siehe u.a. Norbert Treutwein, *Übersäuerung*. Südwest Verlag, München, 2.Aufl. 1998; Dr.med. Holger Sarlay, *Der Säure-Basen-Haushalt des Menschen*. Skriptum, Anschrift: A-9220 Velden, Sonnental 92.

18 O. C. Simonton, S. Matthews-Simonton, J. Creighton, op.cit., S.63f. Außerdem Dr. Michèle Markus u. Dr. Petra Dreesen-Sandmann, *Krebs – die Schlüsselrolle der Seele*. Ehrenwirth, München 1996. S.52.

19 Bei dem Patienten Craig schnellten sie von einem Tiefstwert von 200 auf einen Wert von 4.000, der bereits normal ist. Siehe Deepak Chopra, *Die unendliche Kraft in uns*. Heyne, München, 3.Aufl. 1997. S.137.

20 Siehe u.a. Caryle Hirshberg, Marc Ian Barasch, *Gesund werden aus eigener Kraft*. Knaur, München 1997. S.129-133.

21 Ibid., S.276.

22 Agnes Sanford, *Heilendes Licht*. Marburg/Lahn 1978, zitiert in Hirshberg, Barasch, S.182, und in Lawrence LeShan, *The Medium, the Mystic, and the Physicist*. New York 1974. S.107.

23 O. Carl Simonton, *Auf dem Wege der Besserung*, Reinbek, Rowohlt 1995. S.72.

24 Bernie S. Siegel, M.D.: *Love, Medicine & Miracles*. Lessons Learned About Self-Healing from a Surgeon's Experience with Exceptional Patients. Harper Perennial, New York, N.Y. 1990. S.181. (Meine Übers.) (Deutsche Ausgabe: *Prognose Hoffnung. Liebe, Medizin und Wunder*. Econ Verlag, Düsseldorf 1998)

25 Deepak Chopra, *Quantum Healing*. Bantam Books, New York 1989. S.264. (Meine Übers.)

26 Siehe den Bericht im *News*-Magazin (Wien), 20.11.1997, S.56-58.

27 Markus, Dreesen-Sandmann, *Krebs – die Schlüsselrolle der Seele*. S.7. Dieser fundierte, für Laien verständliche und umfassende Ratgeber zum Thema Krebs gibt einen Überblick über den gegenwärtigen Stand der Forschung und der therapeutischen Methoden.

28 Siehe die zitierten Bücher von Deepak Chopra, sowie Hirshberg/Barasch.

29 Deepak Chopra, *Quantum Healing*. S.191.

30 Susan Sontag, *Krankheit als Metapher*. Hanser, München 2.Aufl. 1980.

31 Siehe S. 111, 114f.